粤港澳大湾区发展
广州智库
GUANGZHOU THINK TANK
FOR G-H-M GREATER BAY AREA

粤港澳大湾区建设与广州发展报告

(2020)

ANNUAL REPORT ON
GUANGDONG-HONG KONG-MACAO GREATER BAY AREA CONSTRUCTION
AND GUANGZHOU DEVELOPMENT (2020)

麦均洪　主编

社会科学文献出版社
SOCIAL SCIENCES ACADEMIC PRESS (CHINA)

《粤港澳大湾区建设与广州发展报告（2020）》
编委会

主　任
章熙春　华南理工大学党委书记
张立群　华南理工大学校长

主　编
麦均洪　华南理工大学党委常委、副书记

编　委（按姓氏笔画排序）
丁焕峰　华南理工大学广州国家创新型城市发展研究中心主任、教授
王世福　华南理工大学粤港澳大湾区规划创新研究中心主任、教授
文　宏　华南理工大学研究生院副院长、教授
李石勇　华南理工大学社会科学处处长、研究员
李秋成　华南理工大学发展战略与规划处副处长、副教授
张　昱　广东外语外贸大学广州国际商贸中心研究基地主任、教授
钟　韵　暨南大学粤港澳大湾区经济发展研究中心主任、教授
徐维军　华南理工大学广州金融服务创新与风险管理研究基地主任、教授

编　务
赵　欣　华南理工大学智库建设管理办公室

前　言

建设粤港澳大湾区是习近平总书记亲自谋划、亲自部署、亲自推动的国家重大战略。2018年10月，习近平总书记在视察广东重要讲话中要求，广东要把粤港澳大湾区建设作为广东改革开放的大机遇、大文章，抓紧抓实办好。粤港澳大湾区建设是推动新时代形成全面开放新格局的新举措，承担着引领我国新一轮全面改革开放、转型升级、高质量发展，提高发展的平衡性和协调性的责任和使命。推动粤港澳大湾区建设和发展，必须以习近平新时代中国特色社会主义思想为指导，全面贯彻落实习近平总书记对粤港澳大湾区建设和加强粤港澳合作的系列重要指示和精神，全面贯彻落实中央决策部署，将粤港澳大湾区建设成为国际一流湾区和世界级城市群。

2019年2月18日，中共中央、国务院印发了《粤港澳大湾区发展规划纲要》，粤港澳大湾区建设受到社会各界的高度重视和广泛关注，广东正在举全省之力推进粤港澳大湾区建设。广州作为粤港澳大湾区中心城市，其发展与粤港澳大湾区建设休戚相关。为发挥社会科学理论界在推进粤港澳大湾区建设中的思想库、智囊团作用，为广州在粤港澳大湾区建设中发挥重要作用提供理论支撑和智力支持，中共广州市委宣传部、广州市社会科学界联合会、华南理工大学在2018年3月共同成立了粤港澳大湾区发展广州智库，智库整合粤港澳大湾区研究力量，建设一支以粤港澳大湾区建设作为主攻方向的研究队伍，围绕粤港澳大湾区建设的前沿理论和实践问题，特别是如何发挥广州国家中心城市和综合性门户城市引领作用，全面增强国际商贸中心、综合交通枢纽功能，培育提升科技教育文化中心功能，着力建设国际大都市展开持续深入的研究，不断推出高质量的研究成果助力粤港澳大湾区建设。

《粤港澳大湾区建设与广州发展报告》是粤港澳大湾区发展广州智库发挥新型智库作用，贯彻落实中央关于科学规划粤港澳大湾区建设的基本精神和要求，更好地服务于广州对接国家发展战略，推进粤港澳大湾区建设的重要研究成果。智库成立甫始，即组织专家学者开展对粤港澳大湾区建设战略规划、机制体制改革、政策实施等情况的系统研究，及时梳理和总结建设经验，对存在的问题提出建议和对策。《粤港澳大湾区建设与广州发展报告》聚焦新发展格局下粤港澳大湾区全球城市建设、科技创新、产业发展、开放合作、人文湾区建设等主题，系统梳理新发展格局下粤港澳大湾区建设与广州发展的基础、优势和现状，深入剖析粤港澳大湾区在开放、创新、合作与协调发展过程中面临的挑战和改革难题，提出有针对性的、富有建设性的、具有可操作性的意见和建议，对推动粤港澳大湾区建设以及如何发挥广州在粤港澳大湾区建设中的重要作用有积极的参考和启示作用。

《粤港澳大湾区建设与广州发展报告》是智库资政研究活力和协同研究能力的全面反映，也是智库决策咨询研究水平的集中体现。粤港澳大湾区发展广州智库将坚持服务党和政府决策的宗旨，通过跨地区、跨部门、跨体制聚合优势研究资源，持续深入地开展粤港澳大湾区建设研究，不断提升报告的研究水平，增强报告的社会影响力和咨政服务力，为粤港澳大湾区建设成为国际一流湾区和世界级城市群提供优质高效的资政建议和智力支持。

粤港澳大湾区发展广州智库
2020 年 3 月

目 录
Contents

总报告

"双循环"格局下的粤港澳大湾区全球城市建设
………………………………………… 谭　锐　郑永年／003

分报告

● 科技创新篇 ●

"双城联动"打造广州世界级创新平台战略与路径
……………………………… 丁焕峰　周锐波　刘小勇／033

● 产业发展篇 ●

"双循环"新发展格局下数字经济助力粤港澳大湾区高质量
　发展研究
…… 杜金岷　吴　非　杨贤宏　韦施威　晏景瑞　曾　林／054

新发展格局下粤港澳大湾区开放银行发展研究
………………… 于孝建　徐维军　张卫国　黄敏宜 / 085

● 开放合作篇 ●

新发展格局下粤港澳大湾区空间结构优化研究
……………………………………………… 贾善铭 / 115
对接国际投资贸易体系建设高标准统一大市场
……………………………………………… 张　昱 / 137

● 人文湾区篇 ●

推动健康韧性城市建设，促进大湾区城市高质量发展
………………………… 王世福　刘　铮　黎子铭 / 164
粤港澳大湾区重大突发公共事件的应急协同治理机制研究
………………… 文　宏　林　彬　杜菲菲　辛　强 / 197

年度观察

加快构建双循环新发展格局：意义、挑战和建议
……………………………………………… 张中祥 / 229
粤港澳大湾区最大的创新是共同打造优质制度供给高地
……………………………………………… 陈文玲 / 235
立足新发展格局和国土空间新格局　全面提升粤港澳大湾区
　战略优势 ………………………………… 高国力 / 240
粤港澳大湾区建设的新阶段、新理念和新格局
……………………………………………… 杨宜勇 / 246

广州城市品质提升与城市产业转型 …………… 胡　军 ／250

开展数字创新　建设城市大脑　赋能城市发展…… 张振刚 ／253

粤港澳大湾区发展广州智库 ……………………………… ／257

总 报 告

"双循环"格局下的粤港澳大湾区全球城市建设

谭 锐 郑永年[*]

摘 要： 粤港澳大湾区在构建双循环发展格局的过程中担当着重要角色。大湾区的外循环功能主要集中于广州、深圳、香港三个核心城市。广深港具有各自特有的比较优势：广州商贸业规模庞大、辐射力强，深圳科创产业迅速崛起，香港金融业全球领先。除了香港早已跻身顶级全球城市外，广深近年来加快了全球城市建设，不仅既有优势得到强化，还发展了许多新的优势，三个核心城市间的竞争加剧。未来，广深港的全球城市建设的目标是注重挖掘合作潜能，合理分工，率先实现社会经济的深度融合，切实提升大湾区整体的外循环功能。

关键词： 双循环　粤港澳大湾区　全球城市

一 双循环战略与粤港澳大湾区定位

（一）双循环战略的内涵

近年来，西方国家掀起的逆全球化浪潮和新冠疫情的全球流行对我

---

[*] 谭锐，经济学博士，华南理工大学公共政策研究院研究员，主要研究领域为城市与区域经济、产业政策、比较政治经济学。郑永年，政治学博士，香港中文大学（深圳）全球与当代中国高等研究院院长，教授，华南理工大学公共政策研究院学术委员会主席。主要研究领域为民族主义与国际关系、东亚国家和地区安全、中国的外交政策、全球化、中国政治等。

国的经济发展造成了巨大的负面冲击。面对这些严峻的挑战,党中央提出"构建以国内大循环为主体、国内国际双循环相互促进的新发展格局",即"要坚持扩大内需这个战略基点,使生产、分配、流通、消费更多依托国内市场,形成国民经济良性循环",同时"吸引全球资源要素","提升我国产业技术发展水平,形成参与国际经济合作和竞争新优势"。[①] 双循环战略对中国在世界政治经济格局发生大变动的背景下破局具有重要指导意义。

改革开放之初,我国在人力资本、物质资本、金融资本缺乏,以及现代化技术和管理水平较低的情况下,以廉价要素(如劳动力、土地、自然资源)为基础参与全球分工,实现了经济起飞。时至今日,这种模式造成了"低端锁定"的困境,即中国的经济活动长期被锁定在全球价值链的低端环节,高附加值端的经济活动无法得到充分发展。低端锁定对我国的长远发展是极为不利的。

首先,两头在外的加工贸易经济留存在本土的附加值较低,并且以大量损耗劳动力福利、自然资源和环境为代价。在国际资本主导的财富分配中,国内劳动力的收入份额过低,这导致国内需求被抑制且低端化,劳动力无法充分享受到经济增长带来的好处,并且影响后续的经济增长。其次,经济长期增长的内生动力培育困难或成长缓慢。经济长期增长要依靠科技创新,但是国内需求的低端化无法为本土的研发行为提供足够的动力,尖端和前沿的生产技术只能从国外引进,容易受制于人,华为、中兴在中美贸易摩擦中因技术断供而影响生产就是典型的例子。最后,弱化了我国经济对外部冲击的抗风险能力。如果过度依赖外需实现经济增长,国内经济就会对国际市场高度敏感,容易遭受冲击。随着中国深度参与全球化进程,过往发生的两次金融危机、中美贸易摩

---

① 《关于〈中共中央关于制定国民经济和社会发展第十四个五年规划和二〇三五年远景目标的建议〉的说明》,《人民日报》2020年11月4日,第2版。

擦、新冠疫情流行等全球性重大事件对中国经济造成的负面影响是巨大的。

为了维护国家经济安全，实现中国经济的可持续和高质量发展，实施双循环战略是必要而迫切的。未来，我国必须致力于在国内培育及引进高端生产和消费环节，从而形成一个完善的国内经济循环回路。从生产的角度说，双循环战略是对以往过度依赖他国主导型全球价值链（GVC）的矫正，同时也是对构建国内价值链（NVC）的重新重视。强化 NVC 的构建有两个层面的含义。

第一，从企业层面看，增强国内企业在技术研发、设计策划、市场推广、资本运作等方面的能力，成为组织产业活动的"链主"。经过数十年的发展，我国已经建立了门类齐全的工业体系，国内企业的产品制造能力有了质的飞跃，然而在原始技术创新、品牌塑造、资本运作、国际化等方面普遍较弱，因而影响了国内企业间的联结度，以及全链条组织能力，在国内构建较长的、完整的产业链和价值链也会遇到阻碍。国家要通过财税、贸易、金融、土地等领域的政策工具支持和激励国内企业提升能力，使优质企业扎根中国，在逐步壮大的过程中完善 NVC 的构建。强调 NVC 不意味着抛弃和取代 GVC，相反，两者有密切的联系，构建 NVC 是要扭转我国在 GVC 中的被动地位，将他国主导型 GVC 转变为本国主导型 GVC，从而掌握全球化的主动权。当前，我国已经有许多企业成长了起来，例如世界五百强企业中的京东、阿里巴巴、招商银行、联想、雪松、美的、格力等。未来要培育更多有能力"走出去"的本土大型跨国企业，作为中国在全球范围内组织生产的主力军。

第二，从空间层面看，国内各个区域要依据自身的比较优势纳入 NVC 当中。上下游产业、中高低端环节不应完全聚集在一个地区，而应该实现跨区域布局，形成区域间的分工与合作。中国无论从人口、土地还是从经济规模来看都是世界大国，国内各个地区之间的资源禀赋、地理区位、人口规模、所处发展阶段、经济结构都有较大的差异，这就形成了不同的比较优势，这是区域间展开分工合作的前提条件。例如，东部沿海地区最先得益于改革开放而融入世界分工体系，在此前的三四十年里，积累了大量人力资本、金融资本、生产技术、管理经验，也较早地改变了自己的制度环境和交通、通信、码头等硬件基础设施，因而比内陆地区开放度更高，更接近世界的生产技术前沿和一流管理水平，在优先发展高附加值经济活动（如研发、设计、品牌、金融）上具有比较优势。而内陆地区劳动力充足，自然资源丰富，可以通过承接制造、组装、生产服务等活动加快自身发展。区域间的分工合作既是资源在地区间有效配置的内在要求，也是实现区域平衡发展的有效路径。因此，各地区应该根据自身的比较优势，明确定位，加快转型，同时积极展开与其他区域的经济合作，共同推动 NVC 的构建。

（二）大湾区在内循环中的功能

粤港澳大湾区在内循环中的功能可以从生产和消费两个方面考察。从生产方面看，大湾区是一个生产力发达的城市群。大湾区土地面积仅占国土面积的 0.6%，却创造了全国 10% 以上的 GDP。2019 年大湾区的 GDP 达到 1.68 万亿美元，高于京津冀城市群的 1.23 万亿美元，[1] 低于长三角城市群的 2.96 万亿美元，[2] 但在人均 GDP 指标上，大湾区位居三大城市群之首，为 2.31 万美元。[3] 大湾区的内地部分以加工贸易制造业为起点，逐步深入参与到全球分工体系当中，并随着内外部经济条件的变化，不断应对挑战和积极调整。经过 40 多年的积累和发展，大

---

[1] 国家统计局编《中国统计年鉴—2020》，中国统计出版社，2020。
[2] 薛艳杰：《2019 年长三角城市群经济运行分析》，上海社会科学院长三角与长江经济带研究中心，2020 年 11 月 20 日，https://cyrdebr.sass.org.cn/2020/1120/c5522a99205/page.htm。
[3] 广东省统计局等编《广东统计年鉴—2020》，中国统计出版社，2020。汇率使用 100 美元 = 689.85 元人民币。

湾区内部的产业结构发生了深刻的变化。在2000年，除港澳外，大湾区内只有广州的三产GDP占比超过50%。到了2019年，广州的三产占比提高到71.6%，而深圳、珠海的三产占比分别达到60.9%和53.8%。[①]与此同时，其他珠三角城市的产业结构也都朝着更加服务化的方向转变。

第二产业占比虽然持续下降，但制造业本身在不断地高级化。广州、深圳、佛山、东莞、珠海等城市都在原有制造业基础上，不断探索产业升级的道路，普遍实行了以科技创新为核心思路的升级政策，淘汰和转移低附加值制造业，对存量制造企业进行智能化、信息化改造，大力引进高新技术产业和战略性新兴产业。科技创新战略鼓励和支持了企业的创新行为，从而使价值链向微笑曲线的后端延伸。随着大湾区制造业实现升级，一些产业会转移出去，从而对周边地区形成辐射带动效应。伴随大湾区内部产业结构的转型升级，一些企业选择向粤东西北地区或者广西、湖南、江西等周边省区转移。这就直接推动了承接地的工业化和城市化水平的提高，促进了当地的经济发展。

在推进制造业高级化的同时，第三产业逐步成为大湾区的主导产业。尤其是在研发、金融、贸易、物流、商业服务、信息服务等领域，大湾区在全国乃至世界范围内都具有领先地位。例如，《2020年全球创新指数》[②]报告显示，在全球科技集群排名中，"深圳—香港—广州"集群位居第二。大湾区的技术创新能力带动了创业，成为全国最重要的创业平台之一。新企业在这里孵化、培育和成长，当这些企业成熟之后，它们就会以大湾区为总部，在国内不同的地区布局，把产业链铺开，成为国内价值链的"链主"，引领国内的经济循环。生产性服务业的快速发展使

---

① 广东省统计局等编《广东统计年鉴—2020》，中国统计出版社，2020。
② Global Innovation Index 2020, WIPO, https://www.wipo.int/edocs/pubdocs/en/wipo_pub_gii_2020.pdf.

大湾区的价值链沿着微笑曲线两端扩展，显然，这种趋势有利于大湾区打破全球价值链的低端锁定效应，把握参与改善全球经济治理的主动权。可以预见，大湾区整体将从生产制造基地向世界级的经济服务平台转变，这个平台不仅服务于大湾区自身，也服务于泛珠三角地区，甚至辐射全国。

从消费方面看，大湾区是国内的超大规模市场之一。大湾区经济的蓬勃发展创造了大量就业机会，这吸引了全国各地的劳动力流入。2019年，大湾区11市的人口总和约7267万。同年，大湾区人均GDP超过2.3万美元，已经跨过按2万美元定义的发达国家门槛，其中，广州、深圳、珠海三个内地湾区城市的人均GDP均超过2万美元。[①] 大湾区的人口规模和收入水平造就了一个国内大市场，2019年，大湾区的社会消费品零售总额接近3.8万亿元，超过京津冀三省市当年的总和。[②] 湾区大市场推动广东经济从投资驱动型模式向消费驱动型模式转变。在2018年广东按支出法计算的GDP中，消费的贡献率为50.9%，比上年提高了2.5个百分点。[③] 大湾区的消费不仅在规模上持续扩张，消费结构也在不断升级。相关研究显示，大湾区居民越来越重视消费的质量，恩格尔系数呈现下降趋势，物质消费更讲求品质，同时旅游、教育文化、休闲娱乐、医疗保健等服务消费稳步增加。[④] 大湾区消费层次的提升有利于促进区域和国家的供给侧结构性改革，带动供给侧的升级，形成生产与消费的良性互动。

[①] 广东省统计局等编《广东统计年鉴—2020》，中国统计出版社，2020，第51页。
[②] "粤港澳大湾区城市零售业销售额"，澳门统计暨普查局，https://www.dsec.gov.mo/zh-MO/；国家统计局编《中国统计年鉴—2020》，中国统计出版社，2020。
[③] 广东省统计局等编《广东统计年鉴—2020》，中国统计出版社，2020。
[④] 国世平、荣亚平：《粤港澳大湾区消费结构变动趋势研究》，《消费经济》2018年第2期，第12~19页。

(三) 大湾区在外循环中的功能

大湾区的地理区位、历史发展路径以及城市群内部构成决定了它在中国经济的外循环中担当着更突出的角色。在改革开放前的很长一段时间，大湾区的广州、香港、澳门是国内为数不多的几个对外交流的窗口。1978年对外开放之后，越来越多的珠三角城市参与到经济外循环当中，与广州和港澳一道，共同成为构建我国外向型经济模式的支柱。40多年来，大湾区总体上在经济外循环中发挥的功能主要是为世界市场制造产品，并换取国内经济发展所需的产品。大湾区是商品进出的大通道，2019年大湾区进出口总额超过2万亿美元，占全国的38.7%，实现顺差1397亿美元。实际上，大湾区内地部分（珠三角九市）的进出口总额只有9901亿美元，而仅香港的进出口总额就达到了近10727亿美元。① 由此可见，香港对大湾区的外循环功能起到了放大的作用。

大湾区的贸易功能是与大湾区的制造功能紧密结合在一起的。大湾区长期以代工和组装制造业为增长动力，反映在贸易数据上就是，加工贸易进出口占比高于一般贸易。不过2008年金融危机导致世界经济结构发生深刻变革，受此影响，大湾区的加工贸易占比持续下降。到2019年，广东一般贸易进出口占比达到49%，高出加工贸易16.8个百分点，一般贸易顺差超过1000亿美元。② 这在一定程度上反映了大湾区制造能力的进步。不过，总体上看，大湾区具有国际竞争力的产业仍集中在劳动密集型产业上，如纺织、服装、鞋帽、箱包、玩具等制造业。近年来，大湾区技术密集型制造业的竞争力增强，尤其是在电子信息设备制造方面。2019年广东的机电和高新技术产品分别出口4280.73亿

---

① 广东省统计局等编《广东统计年鉴—2020》，中国统计出版社，2020；国家统计局编《中国统计年鉴—2020》，中国统计出版社，2020。
② 广东省统计局等编《广东统计年鉴—2020》，中国统计出版社，2020。

美元和2192.95亿美元，分别约占全省出口总值的68%和35%。[①] 然而，大湾区的人力资源禀赋和生产技术水平与西方发达国家还有不小的差距，许多核心技术和关键零部件仍然掌握在国外大企业手中，因此，大湾区在与它们进行贸易的过程中，所获得的贸易附加值较低。

要改变被低端锁定的状况，大湾区需要强化三项功能，即科技创新功能、总部经济功能，以及国际金融功能。一方面，这些功能能够助推制造功能发生质变；另一方面，只有完善这三大功能，大湾区才能从以往的"世界工厂"向全球经济服务平台转变，塑造由中国主导的GVC。

在科技创新方面，大湾区城市都有各自的优势，例如广州和香港有良好的高等教育和基础科研的资源，香港和深圳是国际和区域的金融中心，佛山、东莞、珠海的制造业基础可以催生产学研融合网络。大湾区城市要把这些优势利用好，联手打造国际科技创新中心。大湾区城市政府要顺应产业生命周期的规律，淘汰旧产业，引进前沿产业，吸引全球知名的高新技术企业落户大湾区；改善大湾区的制度环境、公共服务、基础设施以及居住环境，集聚全球顶尖的创新、创业和创意人才；通过改革传统的体制机制激发高校及科研院所的活力，构造高效的区域创新系统，解决技术"卡脖子"问题。只有拥有自主研发的核心技术，才能提高出口产品的附加值，占领GVC的高端。

在总部经济方面，大湾区需要借鉴日本和韩国的做法，致力于培养一大批本土跨国企业。跨国企业是组织全球经济活动的主体，由它们决定把价值环节安排在什么地方，决定全球资源和收益在区域间的配置。跨国公司一般把负责组织、协调、指挥、控制的总部，以及最具价值的部门放在它所诞生的国家。国外跨国公司的引入虽然有利于将中国市场与世界体系"联网"，但并不能增强中国对GVC的控制权及对收益的分配能力，大多数国外跨国公司只是把中国当作生产基地，以及可以赚

[①] 广东省统计局等编《广东统计年鉴—2020》，中国统计出版社，2020。

取丰厚利润的大市场。大湾区必须培育本土跨国企业，在本地形成强有力的总部经济。随着大湾区不断努力建设现代化、国际化、便利化的营商环境，现在已经涌现出华为、中兴、腾讯、比亚迪、招商局等大型本土跨国企业，但它们还是少数，大湾区未来还要孵化更多的本土跨国企业，才能支撑起中国在 GVC 中的"链主"地位。

在国际金融方面，我国整体开放程度还相对较低，与我国作为世界上第二大经济体的体量不相称，这既不利于吸收国际资本为我所用，也不利于扩大对外投资，推进"走出去"战略。中国要增强外循环能力，必须提升国际金融能力。为此，中国需要有一个处理国际金融交易的强大平台。大湾区有很好的条件和基础来担当好这一角色。在大湾区内，香港是具有世界影响力的国际金融中心，金融业整体发展水平较高；深圳是区域金融中心，证券业优势明显；而广州则在期货金融上有很大的发展潜力。香港、深圳和广州加深金融合作能够极大地提升我国的金融开放水平。例如，"深港通"开通 4 年的累计成交额超过 23 万亿元。"深港通"跨境资金总体保持净流入状态，累计净流入超过 524 亿元。这种金融互联互通模式大幅提升了国内资本市场吸引境外投资的能力。[1]

二 大湾区外循环的支点

（一）大湾区的全球城市

全球城市是全球化的产物，自 20 世纪 60 年代以来，其重要性越来越受到人们的关注。这些城市汇聚了一个国家最优质的经济资源，形成了高度发达的生产力、技术创新能力、思想文化活力以及对外开放和交流的功能，它们就是国家实力的集中体现，代表国家参与全球竞争，并

---

[1] 吴少龙：《深港通运行 4 周年 力促两地资本融通》，证券时报网，2020 年 12 月 7 日，https://stock.stcn.com/djjd/202012/t20201207_2599573.html。

在世界上形成经济、政治、文化上的影响力。顶级全球城市有四个维度的突出特征。

一是特殊的产业结构。以前一个城市的经济中心度主要由制造业和贸易活动决定，而如今，全球城市是虚拟交易、知识管理及资本积累等后工业经济活动的中心。全球城市通常是那些能够在全球范围内提供金融服务和生产性服务的城市。纽约、伦敦、巴黎和东京等全球城市之所以能够比其他城市有更大的影响力，是因为它们都是充满活力和创造力的金融中心，同时，大量的信息流和高度集聚的商业服务业维持和巩固了它们作为世界上关键的金融枢纽的地位。

二是创造能力。20世纪末期以来，"创造力"逐渐成为公共领域和私人领域成功发展的核心理念。科技、商业、文化上的创造性活动是助推城市、国家和世界经济发展的重要力量。城市发展不断卷入全球性的"创造力博弈"之中。由政府、企业、大学和研究组织构成的区域创新系统，能够为区域和国家的决策者们提供智力支持。作为全球城市战略性平台的一部分，区域创新系统通过提供各学科前沿的信息和知识聚集国内外领先的研究者和人才，从而提高城市的全球中心度。

三是文化魅力。全球城市作为全球战略性平台，一个重要但较少讨论的维度是城市的娱乐和媒体产业。这个维度常常被简单地理解为体育赛事，然而，娱乐活动对全球联结度具有更大、更广泛的影响，包括文化节日、表演艺术、媒体和电影、博物馆、餐厅酒店、国际购物中心，以及城市狂欢活动。尽管大多数人仅仅把这个维度看作"辅助功能"，但娱乐业本身还是以其创造性和创新性的文化特质吸引了国际注意力。同时，娱乐提供了必要的消费机会，也增加了城市特殊的文化魅力，这会吸引世界各地的专业人才到特定的城市区域定居。

四是全球接入度。国际人员交往和货物流通是全球化的一个显著特征，它显示了城市的国际联结度。从城市机场的世界性氛围，或者城市港口卸装中心的集装箱物流，很容易判断一个城市是否具有现代意义上的国际交往和多边国际贸易关系，许多城市和地区都在通过加强交通基础设施建设争夺全球城市的地位。

大湾区涵盖11个城市，各个城市所处的发展阶段有差异。从上述四个维度来看，香港、广州、深圳已经跻身全球城市行列，它们是大湾区发挥外循环作用的支点。香港由于历史原因很早就卷入了全球化的进程，并在20世纪90年代加入发达经济体俱乐部。改革开放后，香港成为中国与世界沟通的"超级联系人"。香港的国际金融中心地位和营商环境也得到世界认可，连续多年排在全球城市的前列（见表1）。广州和深圳是全球城市的后起之秀，近年来，广州在多个国际排行榜中都榜上有名，而深圳也较为突出（见表1）。随着经济总量的扩张、交通基础设施的改善以及对外开放程度的提高，广深在全球城市等级中地位不断跃升。根据全球化与世界城市研究网络（GaWC）发布的全球城市排名，广州在全球城市等级中由2010年的Beta级（第67位）上升为2018年的Alpha级（第27位），与意大利米兰、美国洛杉矶、韩国首尔等城市同级，八年跃升了40位。[①] 而深圳则呈现赶超的势头：2010年时还只是处在Beta级（第106位），到了2018年则与广州共同进入Alpha级（第46位），提升了60位。必须看到，与香港相比，广深还有较大的差距，虽然在经济总量上已经超过或接近香港的水平，但是在人居环境、营商便利度、创新创业氛围、全球通达性等方面还有很大的提升空间。

表1 广深港在全球城市排名中的位置

年份	榜单	参评城市数目（个）	香港	广州	深圳
2018	全球城市实力指数[1]	44	9	—	—

---

① The World According to GaWC, 2010, 2018, GaWC, https://www.lboro.ac.uk/gawc/index.html.

续表

年份	榜单	参评城市数目（个）	香港	广州	深圳
2019	全球城市指数[2]	45	33	25	—
2019	全球城市指数及新兴城市展望[3]	25	5	—	—
2018	GaWC 世界城市排名[4]	707	3	27	56
2019	全球城市竞争力[5]	200	11	14	5

资料来源：1. Mori Memorial Foundation, Global Power City Index 2018, 2018；2. Knight Frank Llp, Global Cities Index Q1 2019, 2019；3. A. T. Kearney Inc, 2019 Global Cities Report, 2019；4. GaWC, The World According to GaWC 2018, 2018；5. Ni, P., Global Urban Competitiveness Report 2018 – 2019, 2019。

（二）广州：活力全球城市

2018 年 2 月 24 日，《广州市城市总体规划（2017—2035 年）》草案公布，首次正式提出广州要建设"活力全球城市"的目标。同年 10 月下旬，习近平总书记视察广州时强调，广州要实现"老城市新活力"，着力在综合城市功能、城市文化综合实力、现代服务业、现代化国际化营商环境方面出新出彩。这一重要指示充实了活力全球城市建设的内容，同时也表明，广州的全球城市建设是综合性的。

从人口规模和土地规模上来说，广州都是大湾区三个核心城市中最大的。2019 年末，广州市常住人口达到 1530.59 万，年末户籍人口为 953.72 万。① 广州市行政区划面积达到 7434 平方公里，是深圳的 3.7 倍、香港的 6.7 倍。广州集中了党政军的重要职能部门，除了省市级党政府机关外，还聚集了中国人民银行广州分行、商务部特派处、南部战区司令部等具有区域性管辖权的机构。广州是国家对外交往枢纽，美国、日本、泰国、波兰、澳大利亚等 54 个国家在广州设立总领事馆，

---

① 广州市统计局：《2019 年广州市国民经济和社会发展统计公报》，广州市人民政府网站，2020 年 3 月 27 日，http://www.gz.gov.cn/zwgk/sjfb/tjgb/content/mpost_5746671.html。

广州与洛杉矶、法兰克福、悉尼等36个国际城市缔结友好城市关系。据不完全统计，华南美国商会、广东英国商会、广州日本商工会事务局联络事务所等22家境外机构在广州设立经贸机构。广州交通网络发达，是区域性的交通枢纽。白云国际机场是我国三大国际航空枢纽机场之一，正积极建成集国际中转、对外门户、国内枢纽三大功能于一体，服务于洲际联系和亚太地区的世界航空枢纽。广州港是我国华南地区最大的综合性枢纽港，未来将建成以远洋航运为主的国际航运枢纽，成为泛珠三角地区通往世界的物流门户。广州铁路是我国华南铁路枢纽，也是国家铁路主枢纽，目前形成了"四面八方、四通八达"的铁路网络。

广州建设全球城市有非常好的基础，而近年来广州在产业、贸易、交通、对外交流等领域所做的工作及取得的成绩极大地提升了自身的全球城市能级。

第一，广州积极引进全球高端生产要素，推动产业升级。投资超610亿元的富士康10.5代显示器全生态产业园项目，投资超200亿元的思科（广州）智慧城项目，投资超16亿元的GE生物科技园项目，以及中远海运散货全国总部、上海复星集团南方总部、科大讯飞华南总部、国机智能全国总部等总部型、创新型、枢纽型项目纷纷落户广州，城市发展后劲不断增强。截至2018年，已有301家世界500强企业在广州投资设立1017个项目。珠江新城、国际金融城和琶洲互联网创新集聚区加快聚集互联网创新、金融和商务等高端要素；广州、南沙、增城三大国家级经济技术开发区率先转型发展，在更高层次参与国际经济合作与竞争，成为先进制造业、对外开放及科技创新的重要引擎。

第二，广州大力发展外贸新业态，提升贸易质量。广州的跨境电商规模持续位居全国试点城市前列，2018年1~10月进出口202.7亿元，同比增长4.8%；完成飞机融资租赁29架，进口额24.7亿美元，同比增长64.5%；电子商务、市场采购保税物流、邮轮经济等贸易新业态迅猛发展。服务贸易创新发展试点任务全面完成，服务贸易保持了持续快速的增长，形成了率先将服务贸易领域纳入国际贸易"单一窗口"建设、进出境生物材料便捷通关、优化航运监管模式、创新融资租赁模式等多项创新经验。会展经济保持全国前列地位，2018年前三季度，全市重点场馆举办展览面积同比增长7%。

第三，广州的综合交通枢纽格局已基本形成，全球接入度提高。航空方面，广州白云国际机场现拥有2个航站楼、3条跑道、4个货站和3个快递中心。2017年，开通航线307条，其中国际航线153条；开通通航点220个，其中国际通航点87个。航运方面，广州是华南地区非洲航线最多最密的主枢纽港。2017年，开通集装箱航线197条，含外贸航线91条，内贸航线106条。航线覆盖欧洲、美洲、非洲、大洋洲、亚洲等地区的世界主要港口，全球主要班轮公司均在广州港开展业务。截至2017年底，广州机场旅客吞吐量达6584万人次，货邮吞吐量达178万吨，同比分别增长10.2%、7.5%，世界排名分别第13位、第17位；港口货物吞吐量达5.9亿吨，集装箱吞吐量达2037万TEU，同比分别增长8.4%、8.0%，世界排名分别为第5位、第7位。

第四，广州努力拓展城市对外交往网络，扩大影响力。截至2017年底，与全球71个城市、42个港口以及120多个区域性民间组织或机构建立了友好关系，逐步建成了规模适中、布局合理的全球友城网络，与美国洛杉矶、新西兰奥克兰创设"广州—奥克兰—洛杉矶三城经济联盟"，取得多项合作成果。广州在2007～2018年连任四届UCLG联合主席城市，开创了中国城市参与国际活动的新模式，在服务中央总体外交、参与制定和实施国际组织规则等方面，极大提升了广州城市国际话语权。广州成功举办了2017年广州《财富》全球论坛、2018年世界航线发展大会、2016年世界经济论坛商业圆桌会、2016年二十国集团

(G20)峰会第二次协调人会议等高端国际性会议。

(三)深圳:创新创业之都

1979年以来,作为制造业商品的出口中心,深圳经济高速增长,年平均增速约为30%。政府在表述深圳的功能时指出,深圳是连接内地和香港的桥梁,以及中国南部沿海的交通枢纽。深圳在高科技产业、金融服务业、对外贸易、航运以及创意文化产业上都具有领先地位。2019年8月9日,中央发文支持深圳建设中国特色社会主义先行示范区,文件明确了深圳的发展目标:到2035年,深圳将建成世界级的创新创业创意之都;到21世纪中叶,深圳要成为竞争力、创新力、影响力卓著的全球标杆城市。[①] 长期以来,国家对深圳的创新功能寄予厚望,先后批准深圳设立国家创新型城市、国家自主创新示范区、国家可持续发展议程创新示范区,承担探索创新型发展道路的重任。这次,中央给深圳的全球城市定位再次强调了创新的功能,这既是对深圳的期许,也是对深圳以往创新成绩的肯定。

通过发展低成本组装业获得成功后,深圳逐步推动构建本地创新体系,鼓励高科技企业的创新活动。2019年,深圳全社会研发经费投入达1328亿元,占GDP的比重提升至4.9%,处于全国领先地位。2018年以来,深圳每年有30%以上的科技专项财政资金投向基础研究和应用基础研究。目前,深圳各类创新载体累计超过2600家,鹏城实验室、深圳湾实验室建设步入正轨,人工智能与数字经济广东省实验室(深圳)、岭南现代农业科学与技术广东省实验室深圳分中心等重点科研中心启动建设。[②] 深圳市还推出包括"孔雀英才计划""鹏城英才计划"等

[①] 《中共中央 国务院关于支持深圳建设中国特色社会主义先行示范区的意见》,中国政府网,2019年8月18日,http://www.gov.cn/zhengce/2019-08/18/content_5422183.htm。

[②] 深圳市科技创新委员会:《深圳:建设具有全球影响力的科创新高地》,《中国科技产业》2020年第11期,第54页。

各种人才计划，从全球招揽高科技人才和管理人才，包括留学归国人员、海外大公司高管、高校实验室和科研机构的研究人员、诺贝尔奖科学家及其团队等，从而为信息、生物、医药、电子、金融等高端产业注入人才资源。这些国际化人才有助于深圳开展与国际前沿接轨的创新性活动。

如今，高新技术产业已经成为深圳的首要经济增长点、第一大支柱产业。2019 年，深圳高新技术产业实现产值超 2.6 万亿元，增加值达 9231 亿元，GDP 占比接近 35%。深圳的国家级高新技术企业达 1.7 万家，在全国大中城市中排名第二。国家级高新区的综合实力连续三年位居全国第二，其中，可持续发展能力指标排名第一。深圳科技专利数量连续 15 年排在国内城市首位。2019 年，深圳国内专利申请量约为 26.15 万件，占全国专利申请总量的 6% 以上；发明专利授权量为 16.66 万件，占全国专利授权总量的 6.73%。

深圳专利技术不仅规模大，而且国际竞争力日益凸显。2019 年，全市 PCT 专利申请量达 1.7 万余件，约占全国的 31%。其中，智能制造业 PCT 专利申请量增长较快。深圳、北京、上海等十座大城市同期的 PCT 专利公开量为 37003 件，其中深圳占了近 50%。深圳市创新主体在美欧日韩等发达经济体的发明专利公开量领跑全国各大城市。深圳既有的技术专利还具有较高市场价值。2019 年，深圳平均每件专利的质押金额为 305 万元，质押金额在 1 亿元以上的有 7 件。深圳 2019 年的有效发明专利为 13.85 万件，其中，超过 85% 的发明专利能够维持 5 年以上的有效性。[①] 深圳之所以有如此出众的技术专利产出，很大程度上得益于企业活跃的创新行为。企业是创新的主体，深圳 90% 的 R&D 活动是由企业进行的，90% 的 R&D 经费来自企业。[②] 创新和创业有着

[①] 唐杰：《经济发展中的市场与政府——深圳 40 年创新转型总结与思考》，《开放导报》2020 年第 4 期，第 60 页。

[②] 史成雷：《深圳创新的"6 个 90%"》，《南方》2020 年第 16 期。

紧密的互动关系,技术创新催生了新企业,而创业经历又使企业重视对创新的投入,许多领先的中国企业在深圳都建立了研发和孵化机构。

经过多年的努力,深圳已经营造出自由、公平、法治的市场环境,这形成了企业家的集聚效应。深圳的创业沃土培育了很多"原创型"企业,如华为、比亚迪、迈瑞等,这些企业的总部设在深圳,而市场遍布全球各地。深圳吸引了不少"移入型"企业,如华大基因、恒大、顺丰,这些企业发源在其他地方,发展和壮大却在深圳。还有的企业,如微软、阿里巴巴、小米、字节跳动等,把功能性总部放到深圳。各类企业在深圳的集聚,造就了深圳良好的创业生态。在高新技术产业的"链主企业"周围,有大量不同细分领域的中小企业与之互动,而这些中小企业靠着链主企业的技术溢出,很可能成长为行业的佼佼者。例如,立讯精密工业公司就得益于与富士康的合作。创始人王来春从富士康离职后创办了立讯公司,主要生产连接器。立讯并没有完全脱离富士康,而是与之形成紧密的合作关系,通过富士康的零部件组装将自己的产品应用于国际知名品牌。成长起来之后的立讯精密还在深圳、苏州、昆山、烟台以及台湾地区建立公司,服务当地富士康的生产布局。

(四)香港:国际金融中心

香港早在20世纪90年代初就已经迈入发达经济体的行列,此后一直维持着较高的经济发展水平。2020年,香港的GDP为3447亿美元,[①]如果把它视为一个独立的经济体,那么它在世界排名第36位,超过新加坡。[②] 作为全球最繁忙的自由港之一,香港的商品贸易总额高达1.13

[①] 《香港经贸概况》,香港贸发局,https://research.hktdc.com/sc/article/MzlwNjkzNTYS。
[②] 参见世界银行官网,https://data.worldbank.org/indicator/NY.GDP.MKTP.CD?most_recent_value_desc=true。

万亿美元。① 据 WTO 统计，香港是全球第八大商品输出地。香港是外国资本青睐的投资对象，2018 年本地吸纳的外国直接投资（FDI）额达到 1157 亿美元，全球排名第三，仅次于中国内地。若以 FDI 的存量计，本地接收的投资金额接近 2 万亿美元，仅次于占据全球首位的美国。与此同时，香港的对外投资规模亦相当可观，对外投资存量位居全球第四。②

香港在世界经济中的主要功能是为国际企业沟通中国与世界的贸易提供一个战略性的节点。香港的经济状况越来越依赖中国内地与世界一体化的程度。得益于国际贸易的繁荣，香港逐渐演化为国际金融中心，在全球金融网络中占有重要位置。2020 年，香港上市公司总市值达 6.1 万亿美元，由此成为全球第五大、亚洲第三大交易所。③ 在 2020 年 9 月公布的第 28 期全球金融中心指数（GFCI）榜单中，香港位列第五，位列纽约、伦敦、上海、东京之后。④

对中国内地许多企业而言，香港作为全球城市，其最重要的特质在于它的国际金融中心地位，这种地位对它们进行海外投融资活动非常有利。由于地理相近、语言相通，加之香港在回归之后与内地的经济融合程度不断提高，香港证券市场成为许多内地企业海外融资的首选平台。在 1997 年 7 月 1 日之前，H 股公司和大红筹公司共有 94 家。回归之后，这两类公司 20 年增加了 310 家，年均新增 15.5 家。从募集资金的规模来看，回归之前，内地企业每年从港股市场募集的资金只有一两百亿港元；回归之后，特别是在 2005 年之后，内地企业赴港上市数量猛

---

① 数据来自《2019 香港统计年刊》。按《2019 香港统计年刊》第 286 页所载汇率进行货币换算，1 美元 = 7.839 元港币。本节大部分数据年份为 2018 年。
② 《香港经贸概况》，香港贸发局，https://research.hktdc.com/sc/article/MzlwNjkzNTYS。
③ 《香港经贸概况》，香港贸发局，https://research.hktdc.com/sc/article/MzlwNjkzNTYS。
④ 《全球金融中心指数排名 香港升至第五位》，中国新闻网，2020 年 9 月 25 日，https://www.chinanews.com/ga/2020/09-25/9300264.shtml。

增，募集金额在 2014 年达到近 5589 亿港元的高峰。① 2019 年底，在香港上市的内地企业已达 1241 家，累计集资额达到 66371 亿港元，合计市值达 279534 亿港元，分别占香港市场上市公司总数的 51%、集资总额的 63%，以及总市值的 73%。② 近几年，"沪港通""深港通""债券通"和基金互认等市场互联互通机制的建立，一方面提升了香港与内地资本市场的连通性，为国内企业发展筹集了资本；另一方面则提高了香港市场的交易活跃度和市场参与度，巩固和加强了香港金融的国际影响力。

在我国金融业开放程度整体不高的背景下，香港是我国吸收外商投资的一个重要渠道。改革开放后，大量国际资本想要进入中国市场，香港敏锐地抓住了这个机遇，逐渐从原来的沟通内外的商品贸易中转站转型成为引进外资进入内地的枢纽。商务部数据显示，截至 2018 年 12 月底，内地累计批准港资项目 45.69 万个，实际使用港资接近 1.1 万亿美元，港资约占内地累计吸收境外投资总额的 54%。另据香港金管局统计，截至 2020 年 3 月底，香港银行业对内地银行和企业的债权约 3 万亿港元，占银行业对外总债权的 24%。

香港作为国际金融中心，不仅在"引进来"方面发挥着重要作用，在国家实施"走出去"战略的过程中也扮演着不可或缺的角色。2008 年的全球金融危机导致国际经济金融结构深度调整，为适应调整，中国加快了经济转型和扩大对外投资的步伐，一些大企业、大银行积极向海外寻求拓展业务和扩大市场份额的机会，普遍把香港作为资本输出的大通道。据商务部统计，截至 2018 年 12 月底，内地对香港非金融类累计直接投资近 6224 亿美元，约占对外直接投资存量总额的 53%。截至 2020 年 3 月底，香港银行业对内地银行和企业的负债约为 25511 亿港

---

① 贾国强：《撑起港股半边天》，《中国经济周刊》2017 年第 25 期，第 22~24 页。
② 张颖：《改革开放与香港国际金融中心建设》，《中国金融》2020 年第 22 期，第 93~94 页。

元，占银行业对外总负债的将近1/4。①

鉴于香港是沟通内地与世界资本进出的枢纽，借助香港的国际金融中心地位来推行人民币国际化战略就成为顺理成章的事情。早在2003年，香港就已建立全球首家离岸人民币清算体系，香港还拥有全球最大的人民币资金池、活跃的人民币交易市场，以及多元化的人民币产品体系，因此在离岸人民币业务上具有多种优势。截至2020年4月底，香港的人民币存款和贷款余额分别达到6543亿元和1612亿元。4月人民币跨境贸易结算为5402亿元，同比增长28.4%。国际清算银行的调查显示，2019年，香港离岸市场人民币、外汇以及衍生工具的交易量均占据全球首位，日均交易量1076亿美元，比三年前增加了40%，比排名第二的伦敦高出90%。近两年来，内地资本市场进一步开放，内地陆续推出12项对外开放新措施，以及取消合格境外机构投资者和人民币合格境外机构投资者投资额度限制等政策。这些政策有助于提高外资参与中国市场的程度，以及提升人民币资产作为国际投资和国际储备的功能。作为全球离岸人民币的枢纽，香港在其中做出了贡献。② 2019年，香港通过"沪港通""深港通""债券通"总共向内地输送超过10万亿元人民币的投资额。

三 加强核心城市合作　构建世界级经济平台

（一）日趋增强的城市合作

作为粤港澳大湾区核心城市，广州、深圳和香港地理位置相近、产业优势互补、市场潜力巨大，因而三者之间有很强的动力进行分工合作。自2019年《粤港澳大湾区发展规划纲要》发布以来，广深港之间

---

① 张颖：《改革开放与香港国际金融中心建设》，《中国金融》2020年第22期，第93~94页。
② 张颖：《改革开放与香港国际金融中心建设》，《中国金融》2020年第22期，第93~94页。

的合作步伐加快，正在朝着多领域融合的方向推进，三者的分工合作正在经历由浅入深、由单一到多元、由双边到多边的演变，已经形成我中有你、你中有我的合作格局。

广州作为华南乃至全国的综合性门户城市，国内国际交通网络密布，商贸物流服务业发达，为其他城市的商品和服务提供了广阔的市场交易平台，中国（广州）进出口商品交易会（广交会）是其中最重要的品牌之一。2019年春秋两季的广交会吸引的采购商人数超过38万，覆盖的国家和地区达到214个，成交金额约590亿美元。[①] 广州是中国南部重要的原材料及商品的集散地和消费地，广州已经建立了多个大宗商品交易中心，如塑料、化工、金属等，一些产品的价格指数已经成为全国市场行情的晴雨表。2020年10月，中央批准成立广州期货交易所筹备组，这意味着广州期货交易所的创建工作进入实质阶段。未来，广州在期货业上将大有作为。广州有600多个专业批发市场，涵盖纺织、服装、玩具、建材、电子、茶叶等近30个门类，在国内具有很强的影响力。例如芳村茶叶市场是全国规模最大、商铺最集中、辐射面最广的茶叶集散地，同时也是国内著名茶品牌的孵化地。广州集中了全省近七成的高等院校，完善的人才培养体系对周边城市有很强的溢出效应。广州的一些著名高校，如中山大学、华南理工大学、暨南大学等，每年有20%左右的毕业生流入深圳工作。显然，尽管深圳本地的高校少，但同样可以获得所需的高质量人才。必须看到，这种溢出效应并非单向的，深圳同样对广州有正外部性。

深圳是大湾区创新创业活动的沃土，培育了一大批本土名企，如华为、中兴、腾讯、大疆、平安、招商等。这些大企业在广州设立分支机构，在一定意义上也是对广州的一种"反哺"。更重要的是，这些大企业也发挥着培养人才的功能。在大企业工作过的人才积累了丰富的行业

---

① 参见历届数据，中国（广州）进出口商品交易会网站，https://www.cantonfair.org.cn/。

经验和技术，当他们寻求创业地时，近在咫尺的广州对他们有很大的吸引力，因为广州有很好的商业基础和制度环境。只要广州能在人才引进、创业支持、营商环境、城市文化等领域上有更大的突破，那么广州就可以获得更多的创新型人才。腾讯旗下的微信就是一个很好的例子。微信总部设在广州，这既是腾讯战略布局的结果，也是广州城市特质的吸引力所致。微信总部的落户催生了琶洲互联网创新集聚区，这对营造广州的信息技术产业生态起到了不小的作用。深圳作为区域性的金融中心，拥有相对于广州更完整的金融服务业体系、更活跃的金融市场，以及更多种类的金融业务。深圳证券交易所是深圳最重要的金融市场。截至2018年底，深交所上市公司2134家，上市股票2172只，市值16.54万亿元。年内股票成交金额累计49.98万亿元，股票筹资额3945.35亿元。[①]借助大湾区建设的东风，深圳围绕深港金融合作主题不断谋求金融创新，如探索建立跨境理财通机制、扩大跨境资产转让业务试点、设立人民币海外投贷基金等，这些探索必将进一步提高深圳的金融服务功能。而深圳金融地位的提升，无疑会让广州的市场主体在投融资时有更多的选择。

香港的辐射带动作用更加明显，在投资、金融、高等教育、科研、创意设计等领域，香港仍然在大湾区首屈一指，能为广州和深圳的发展提供能量。香港一直是广州和深圳最大的贸易伙伴，广深吸收的FDI中，八成左右来自香港。香港的国际金融中心地位为广深企业提供了更广阔的资源平台，帮助它们进行海外融资。凭借地缘优势，在赴香港上市的内地企业中，总部在深圳和广州的企业最多。受用地紧缺、产业高度服务化和社会分配固化的影响，香港的教育及科研优势很难推动当地的经济结构转型，但是当这些资源流到广深时，则会形成强大的生产力。香港的高等教育在全球享有盛誉，其独特的教育体系为大湾区培养

---

① 深圳市统计局等编《深圳统计年鉴—2019》，中国统计出版社，2019，第61页。

了顶尖的创新人才，如大疆创新的创始人汪滔曾就读于香港科技大学电子及计算机工程学系。大疆于 2006 年创办，专注于无人机的生产和研发，如今已经变成市值超 240 亿美元的独角兽企业。2021 年伊始，广州进一步加快了与香港科技力量的合作步伐。2021 年 2 月 19 日，广东省推进粤港澳大湾区建设领导小组发布了《广州穗港智造合作区建设实施方案》。文中提出，预计到 2022 年，合作区的智能制造业将与香港科技研发、工业设计、航运物流、金融服务等先进产业实现充分对接和融合发展，一批智能制造关键核心技术攻关项目将取得重大突破，培育出若干智能制造的示范项目和跨境对接服务平台。在教育融合方面，广深对两所香港高校的引入具有里程碑式的意义。2019 年 9 月，教育部批准广州筹备设立香港科技大学（广州）。根据规划，香港科技大学广州校区首期将于 2021 年 6 月底前完工，预计 2022 年正式开学。香港科技大学（广州）致力于培养具有创新能力的高端人才，在招生上先招硕士、博士研究生，重点实施数字社会、生物医学及生物医药工程、人工智能、先进材料、机器人与自动化系统等跨学科培育计划。深圳在引入香港高教资源方面捷足先登。早在 2014 年，教育部就批准设立香港中文大学（深圳）。大学以创新驱动为宗旨，以服务粤港澳大湾区为己任，研究领域涵盖人工智能、数据科学、生物医药、先进材料、金融物流等学科，契合国家及地方发展新兴产业和未来产业的需要。大学为大湾区输送了不少人才，目前，大学已培养了三届本科毕业生，四届硕士毕业生。毕业生就业地区主要集中在深圳、广州、北京、上海等地，其中粤港澳大湾区是毕业生首选的就业区域。

（二）新发展阶段下的合作条件

上述事实表明，广深港三个核心城市之间的合作潜力和收益是巨大的。为了使城市合作更具成效，三地需要携手联动，创造出更多顺应新发展阶段要求的有利条件。在改革开放初期，广深的工业化水平都还比较低，香港与广深合作的主要模式是"前店后厂"，即港资与广深的劳动力及土地要素相结合，广深作为制造业基地生产各类产品，而香港则为原材料和产出品的进出口提供金融、物流、营销等服务。在这种分工模式下，广深与香港的经济互动以资金流和货物流为纽带，人员的流动是次要的。经过40年的发展与积累，广深逐步实现了产业结构的转型升级，服务化程度越来越高。2019年广州第二产业占GDP比重为27.3%，比1999年的43.6%下降了16.3个百分点。同期，深圳的第二产业占比为39%，20年下降了11个百分点。[①] 相应的，广深的第三产业稳步上升。广深的商贸、物流、金融、科研、信息服务等第三产业也都成长了起来，甚至在某些领域与香港形成竞争关系。

产业结构变化带来的是分工合作模式的变化。以往广深与香港的"制造业—服务业"垂直分工关系逐渐变成"A服务业—B服务业"的关系，即服务业的水平分工关系。在服务业分工时代，人员在城市间的频繁流动成为要素流动的重要组成部分。在旧金山湾区内部，日常约有35%的人跨地区通勤，越发达的城市跨地区通勤的人数越多，旧金山市每天接纳超过15万跨县（county）通勤人员。此外，湾区每天还涌入超过12万居住在湾区范围以外的上班族。[②] 分工模式的变化要求城市间能够为人员的交流与互动提供便利条件，这既包括交通通信、空间规划、环境治理等硬件基础设施，也包括公共服务、社会保障、信息共享、规则制度对接等软件基础设施。

深圳与香港直接接壤，跨境通勤非常便利。深港之间有7个陆路口岸，深港之间利用信息化技术手段不断改善通关效率，使得跨境通勤呈

[①] 广州市统计局等编《广州统计年鉴—2020》，中国统计出版社，2020；深圳市统计局等编《深圳统计年鉴—2020》，中国统计出版社，2020。

[②] Metropolitan Transportation Commission，www.vitalsigns.mtc.ca.gov/commute-patterns#chart-0.

逐年上升的趋势。2019年,经深圳口岸出入境人员为2.4亿人次,而仅香港来往内地人员就达到1.6亿人次。[①]尽管广州与香港没有陆地连接,但国家也在想方设法拉近两地之间的距离。2018年9月,广深港高铁全线贯通。广深港高铁全长141公里,贯穿广州、东莞、深圳、香港四个湾区城市。从始发站广州南站至终点站香港西九龙站,全程仅需48分钟。广州还开通了南沙客运港至香港中港城码头以及香港机场码头的海上航线,乘坐高速客轮,全程分别需要90分钟和70分钟。

在促进人员跨境互动交流的软基础设施方面,广深港近几年也取得了不少进展。广深在人才引进政策方面都有人才绿卡制度,持有人才绿卡的港澳人士能够在子女教育、购房、购车和投资经商等方面享受当地户籍人口的同等待遇。之前港澳台人士到内地就业所需要的就业证也于2018年取消,使用港澳台居民居住证、港澳居民来往内地通行证、台湾居民来往大陆通行证等有效身份证件就可以办理与人力资源和社会保障相关的各项业务,这大大便利了香港居民在内地就业。而2020年6月发布的《粤港澳大湾区(内地)事业单位公开招聘港澳居民管理办法(试行)》则允许港澳居民应聘大湾区九市的市属及省属事业单位的工作岗位,这一政策是粤港澳社会融合的重要举措,有利于促进特区与内地的人才交往交流,为港澳青年参与内地建设提供了渠道。此外,为方便两地科研交流,2019年元月出台了《广东省科学技术厅 广东省财政厅关于香港特别行政区、澳门特别行政区高等院校和科研机构参与广东省财政科技计划(专项、基金等)组织实施的若干规定(试行)》。文中提到,港澳的科研人员可以申请广东省资助的项目,并按规定使用科研资金。

---

① 苏晓、肖伟娜、许海林:《促进大湾区人员要素流动便利化》,《珠海特区报》2020年10月26日,第8版。

（三）打造世界级的"地域嵌入型经济平台"

广深港之间的内部融合正一步步地展开，我们有充分的理由相信，这种融合形成了更大的资源集聚效应。未来，广深港必须开展全方位的对接合作，统一制度规则，扩大相互间的开放，才能把大湾区建设成世界级的"地域嵌入型经济平台"，这对大湾区来说意义深远。我国的数量型经济扩张已经到了顶点，进入发达经济体行列无疑需要依靠质量型经济，即依靠高端资本、技术和人才。就资本来说，中国需要形成数个高端产业链，使得这些产业链具有地域嵌入性，即使外部形势发生变化也不会出现毁灭性流失的现象。

在西方发达国家，政府为资本、技术和人才创造了良好的"地域性条件"，使得这些要素成为"嵌入地域的要素"。高端要素的流动性很强，如果一个地域不能创造好的制度环境，它们就极易流失。尽管当代西方主要国家内部问题重重，也经历着各种危机，但并没有出现高端要素严重流失的情况。其中的原因在于，尽管当今西方社会财富分配情况日益严峻，但受影响的大多是底层社会，并没有影响到中上层社会，即社会的实际统治者。中上层阶级才是真正掌握高端要素的阶层，西方体制中的合理因素仍然对他们形成强大的吸引力。美国从1930年开始就周期性地经历经济危机，但是它的高端资本、技术、人才并没有逃离美国，这些要素已经完全嵌入在当地的经济循环链条当中，流出来的只是一些低附加值的东西。世界上著名的三大湾区——旧金山湾区、纽约湾区和东京湾区——都具有类似的特质。欧洲诸国也有很多类似的地域经济平台，全球最优质的资本、技术和人才都吸附在这些平台上。

"地域嵌入型经济"要求政府提供一系列制度性条件和环境，高端要素被吸引进来之后，会产生很强的依赖性，不想走，也走不了。粤港澳大湾区要建成世界级的地域嵌入型经济平台，必须以广深港三个核心城市为基点，以三市全面融合为框架，以高端要素集聚为抓手。为使资本、技术、人才在大湾区聚集，推动大湾区内部的规则统一比任何时候都要迫切。大湾区下一步除了产业升级、技术升级、人才升级，还应强调内部规则的重要性。规则里面不仅有税收规则、金融规则、贸易规则、市场规则，还包括社会保障、产权、医疗、教育、科研等方方面面的规则。我们在"十四五"期间要非常重视大湾区内部规则的对接和统一，在总结和研究已经取得的合作成果上，要考虑构建更系统、更长远的统一制度架构，如果内部规则不统一起来，大湾区的整体竞争力就会提升得很缓慢。例如，许多大湾区内地城市在招商引资过程中，都会为外商提供特定的优惠条件，但这些针对外商的营商规则，深圳跟广州不一样，惠州跟东莞不一样，中山跟佛山也不一样，甚至同一个区的两个工业园之间的规则都不一样。这增加了地区间的交易成本，减少了统一规则所能形成的规模经济，会影响外商的落户意愿。在制度规则统一这方面，可以借鉴欧盟的经验。欧盟能把二十几个国家凝聚为一个共同体，依靠的就是"a set of rules"，也就是一整套的规则。就像20世纪90年代中国要加入WTO一样，在加入WTO之前，中国被排斥在世界体系之外。世界体系并不是抽象的，它是一整套规则，是各经济体必须遵循的一套规则。如果规则不统一，很难做到真正的辐射扩散。所以，大湾区要有竞争力，首先内部规则一定要统一起来，至少要对接起来。只有内部规则统一，才能强化内部的竞争力，才能更好地走向世界。

总之，我们应当认真而深入地研究世界上各类地域嵌入型经济平台的运作细节和规则，把粤港澳大湾区建设成超大规模的世界级经济平台。我们不仅要吸引到世界各地的优质资本、技术和人才，而且要促成它们在湾区内不断升级。这样，我们才能实现可持续的发展。

分 报 告

● 科技创新篇 ●

"双城联动"打造广州世界级创新平台战略与路径

丁焕峰　周锐波　刘小勇[*]

摘　要： 广深"双城联动"要始终坚持创新在发展全局中的核心地位和战略支撑作用，紧紧围绕建设"世界级创新平台"发展目标，牢牢把握集聚和开放两个核心要义，不断强化广深"双城"联动在国际科技创新中心建设中的支撑引领、整合协同、开放门户和辐射带动等四个方面的功用，着力构建高质量的科技创新供给、区域协同创新和科技转化服务三大支撑体系。广州应加快建设广州人工智能和数字经济试验区，将广州打造成全球数字经济技术策源地和全球数字经济创新要素配置中心；广深联动打造粤港澳大湾区世界级生物医药与健康产业科技基础设施集群。

关键词： 广深"双城"联动　创新发展　世界级创新平台

---

[*] 丁焕峰，博士，华南理工大学经济与金融学院教授，博士生导师，广州国家创新型城市发展研究中心主任，主要研究领域为创新经济与产业发展；周锐波，博士，华南理工大学经济与金融学院副教授，主要研究领域为区域经济与城市发展；刘小勇，博士，华南理工大学经济与金融学院副教授，主要研究领域为公共经济与城市发展。

一 引言

建设世界科技强国是我国建设社会主义现代化强国的基础和核心。2019年12月中央经济工作会议和2020年10月《中共中央关于制定国民经济和社会发展第十四个五年规划和二〇三五年远景目标的建议》均明确提出要推动区域协调发展，打造创新平台和新增长极目标，支持粤港澳大湾区形成国际科技创新中心，这表明粤港澳大湾区是我国加快建设世界科技强国的重要战略支撑。《中共广东省委关于制定广东省国民经济和社会发展第十四个五年规划和二〇三五年远景目标的建议》提出"以深化广深'双城'联动强化核心引擎功能"，"建设具有全球影响力的大湾区'双子城'"。充分释放广深"双城"联动效应，广州与深圳联手共建世界级创新平台，是广州市勇当排头兵的重要抓手。基于"双区"建设的历史机遇，广州如何充分协同深圳释放"双城"联动效应，如何打造世界级科技创新平台，是广州"十四五"时期必须牢牢把握的关键问题。

二 世界级创新平台的内涵特征与演变过程

（一）世界级创新平台的内涵与主要特征

世界级创新平台是一种全新的、最高等级的城市区域功能和经济形态，是一个国家和区域综合科技实力的核心依托和集中体现，预示着这个国家和地区在全球经济和科技分工体系与价值配置中所能达到的最大高度。世界级创新平台已成为我国转变经济发展方式、推动高质量发展、构建新发展格局的战略支点。积极谋划建设世界级创新平台，成为我国应对新一轮科技革命和产业变革、增强综合竞争力的重要举措，也是我国优势发展区域，特别是中心城市和三大城市群的责任担当和特殊功用。

我们认为,世界级创新平台的内涵是指具备全球范围内创新资源的集聚和配置、创新活动的组织和协同、创新成果的转化和应用等能力,拥有高质量科技创新供给体系、区域协同创新体系和应用转化服务体系等功能,位于全球创新网络枢纽和中心地位,对全球创新发展具有引领示范和辐射带动作用的世界级中心城市或城市群区域。

区域集聚性和全球开放性是世界级创新平台的两个核心要义。创新是一项开放、合作、交互的系统性活动。世界级创新平台作为科技创新高端要素的联结点和枢纽站,具有区域集聚性和全球开放性两大特点。能量能级和流量流速是评价世界级创新平台的两大标准。世界级创新平台需要足够的科技创新活动能量和流量,能量能级代表科技创新活动的强度密度、产出规模及其世界地位,流量流速反映的是科技创新活动的联动要素、流动速度、联系对象、服务范围及影响程度。只有"吸附"集聚力和"辐射"扩散力表现得强大且均衡,世界级创新平台建设才能更牢靠。

自主创新引领、区域创新协同、开放创新合作、创新辐射带动是世界级科技创新平台的四大功能。首先,世界级创新平台自身具有极强的自主创新能力,具备"从0到1"的颠覆性原始创新能力,能够发挥创新支撑引领作用。这源于科技自立自强,体现为前沿基础研究、关键核心技术和高新技术产业等领域的集聚、策源和涌现能力,是世界级科技创新平台的内在动力。其次,世界级创新平台拥有较为完备的创新链、产业链、供应链,是一个能发挥"1+1>2"联动效应的区域创新共同体,具备区域协同、高效创新合作能力。充分发挥共享、学习和匹配等创新效应,破除资源要素流动障碍,提高区域创新发展效能,是建设世界级创新平台的根本保障。再次,世界级创新平台拥有对全球流动性创新资源较强的网络通达性和地区吸附力。具备对全球高端创新要素的集聚、引导、组织和控制能力,是建设世界级创新平台的根本保证。最后,世界级创新平台具有较强的科技创新产品转化、输出和扩散能力,反映在全球科技创新活动中便是控制力和竞争力,这是建设世界级创新平台的根本目的。

(二) 世界级创新平台演变过程

一般来说,世界级创新平台将经历从创新园区到创新城市,进而通过城市群的互联互通发展形成更高层级的创新平台。

(1) 普通园区阶段。当前只有少量创新产出,处于一个地区创新发展的初始阶段。创新资源分散,园区创新产出少而不精,对科技创新格局的影响甚微。

(2) 专业创新园区阶段。一个规模较小但快速成长的创新园区,它成功地集聚了以科技劳动力和资本为代表的创新资源,创新集中于某一产业,少量技术创新处于世界前沿,重要创新力量源于少数大公司。集中于商业模式创新。

(3) 创新城市发展阶段。该阶段产业多样化,基础设施完善,人力资源丰富。跨国公司有较强的技术溢出效应,大量创新出现在邻近地域和相似产业上。城市创新投入与创新产出规模较大,关注商业模式创新,更加关注技术和产品的突破。

(4) 世界级创新平台阶段。创新城市进一步发挥其效益,辐射范围扩大,在此阶段,创新城市直接打破单打独斗的壁垒,通过要素资源的流动形成优势互补、资源优化配置的新格局,以都市圈和城市群形态在全球范围内形成影响力。

(三) 世界级创新平台建设经验启示

世界级创新平台典型代表有硅谷、班加罗尔、新竹科技园等。这些平台的建设给我们带来以下经验启示。①创新人才的集聚。创新的主体是企业，创新的关键在于人才，高水平创新人才是创新发展的第一资源。例如，硅谷集聚了斯坦福大学等著名高校、数十家国家级研究中心、上千个科学院和众多工程院院士，其开放的科技人才流动机制，吸引了世界各国一流的科技创新人才不断涌入，形成了多样性高素质人才池。②"产学研"的紧密合作。创新过程是多种因素聚合在一起促成的"化学反应"，硅谷和京东的创新发展之路证明，其成功离不开"产学研"的协作。③巨头企业的示范带动。大型优势企业是产业和创新发展的基础，配套产业和相关商业基础设施完善，形成了较强的竞争优势。④政府的科学规划和有效服务。政府作为宏观管理者、利益平衡者和服务者，在战略规划、体制创新、创新体系、科技攻关及基础设施建设等方面，以全球视野科学规划和服务城市创新发展。⑤发达的金融市场。任何创新型活动都离不开金融业的支持。从技术的研发、试验示范到产业化的各阶段，存在着各种各样的资金流动，特别是技术到市场的中间环节、市场扩大的环节。⑥完善的基础设施和交通网络。从各世界级创新平台发展历程看，都有较发达的城际轨道交通和海、陆、空立体交通网络。

三 城市联动模式与双城联动经验启示

（一）城市联动模式总结

发达国家的成熟创新区域普遍形成了涵盖多个城市、行政地区的区域创新功能分工协同格局。按照创新区域内创新中心的数量以及城市能级的区别，可以将城市联动模式分为以下两种。

1. 多中心平等型联动

该联动模式的城市间发展能级相近，创新区域内存在多个创新中心，创新联动主要由市场自发驱动。如波士华城市群中，华盛顿是美国首都，纽约是美国最大的城市和金融中心，曼哈顿是纽约市中心最繁华的一个区，各联动主体发展水平相近，属于强强联合类型。该种模式主要由区域内企业、大学和研发机构等紧密联动，形成紧密的区域创新网络，城市间产业、技术、创新资源等多元协作关系融为一体。再如硅谷主要是通过斯坦福大学等创新主体，为创新区域内各主体输送人才和知识，以及通过区域内龙头企业、中小企业和初创企业等各类企业相互竞争与合作，从而实现知识流、物质流、信息流、技术流等创新流在城市间的流动，加强城市间的联动。

2. 中心极化互补型联动

该模式的城市间发展能级差异较大，创新区域呈现明显的中心—外围城市功能分工格局，城市联动互补特色明显，通过纵向整合城市间的产学研资源，在区域内形成从研发到生产的完整产业链。如纽约大湾区、东京大湾区，纽约、东京等核心城市以创新策源与创新资源配置为主，外围城市化地区以高水平制造为主。伦敦世界级创新平台则形成了伦敦以知识服务与金融投资为主、牛津和剑桥以科学研究为主、伯明翰以制造技术创新和应用为主的分工格局。韩国形成了首尔集中研发、营销和管理控制等总部功能，仁川生产制造的产业链模式。这种分工协同创新一体化模式充分发挥了各城市创新禀赋，有利于通过优势互补提升创新竞争力及创新效率，同时也进一步强化区域创新中心城市的主导地位。

(二) 双城联动的东亚经验及其对广深双城联动的启示

双城联动有利于形成区域创新中心，为区域注入源源不断的增长动力。而东亚双城联动也体现出一定的规律和特征，其联动基础是比较优势，根本路径在于加强顶层规划，建立机制化、制度化与体系化的协同发展机制，构建高效的交通体系，降低要素流动成本和市场交易成本，促进要素集聚与创新。

1. 双城联动的东亚经验

核心城市联动发展，辐射带动周边地区，形成网络型城市发展格局，是城市群发展的普遍规律。在东京都市圈、韩国首都圈一体化背景下，东京与横滨、首尔与仁川双城联动先行一步，为广深双城联动提供了有益借鉴。

（1）事前规划，有法可依。日本和韩国十分重视制定和完善科学合理、前后衔接一致的发展规划。如在东京与横滨双城联动过程中，在广域层面上先后五次制定了"首都圈整备规划"并专门规划具体城市的特定问题。日本以《首都圈整备法》与《首都圈市街地开发区域整备法》作为基本法，明确规定首都圈整体定位，成为首都圈内城市协同发展最根本的法律依据。

（2）智库衔接，多方共建。由智库对来自不同层面和领域的规划进行衔接和协调落实，是东京与横滨双城联动的重要法宝。如，智库日本开发构想研究所结合国家整体发展要求，实现东京湾自身发展目标，化解东京湾区内城市间的矛盾，形成规划方案。在规划的具体实施上，日本首都圈内成员县市通过"九都县市首脑会议"形成了"多方参与，共建共管"的协同局面。

（3）量化标准，定期考核。日本对规划实施效果制定了较为明确的考察标准与定量指标，并每年发布一次首都整备圈报告，以监测与考评规划的实施与推进情况。以职住平衡为例，其考核标准为：平均通勤时间控制在36分钟左右，减少通勤时间在60分钟以上的人口数量。

（4）定位明确，合理分工。明确城市在城市功能、产业发展、基础设施建设等合作领域的定位和分工，避免同质化竞争，更好地发挥城市间比较优势，是国际双城联动的又一重要经验。东京与横滨产业错位发展特点明显，东京重点发展服务业、批发业、金融业、高科技产业等，横滨则是重要的工业集聚地和国际贸易港口。首尔与仁川两市的联动也重视合理分工，如，首尔金浦机场由原来国内国际两用改为国内专用，建设仁川国际机场，两个机场分工明确。

（5）重视交通，强化联系。不断提高区域交通基础设施水平，畅通区域要素流动渠道，是国际双城联动的工作重点。如日本在五次首都圈基本规划中，都遵循了公共交通优先的原则；同时注重发挥私营资本投资公共交通的积极性，除了JR（日本铁路公司Japan Railways）线路外，联系东京与横滨两大中心的还有两条由多条私铁拼接而成的城际铁路。韩国政府也重视城市间快速联系通道的建设，实现了多种交通运输方式共享，形成了以轨道交通为主、公共汽车为辅的公共交通体系，提供了多样化的交通出行方式以及良好的接驳方式。

（6）纵向整合，打通链条。纵向整合产学研资源，完整拥有从研发到生产的各个环节。东京横滨工业区内建立了专业的产学研协作平台，通过"产学研"体系协调运转，发挥各部门联合攻关的积极性，并进一步建立更有竞争活力的创新体系。韩国利用首尔人才、技术等战略要素优势，仁川工业基础和运营成本优势，两个城市联动形成功能互补的产业链模式，促进了临港产业规模化发展。

2. 对广深双城联动的启示与建议

（1）地方思维先升级，对标世界高标准。地方竞争思维是广深合作的一大瓶颈，建设大湾区、打造世界级创新平台，不能止步于一枝独秀。只有思维和观念先行，才能让广深两地的资源要素优势最大化。以竞争合作思维与全球视野提升广州和深圳的整体竞争力。可积极探索建立与周边城市三方共同合作机制，打开双城联动新局面。构建多元利益共享机制，引导两市共创共享"双城"联动红利。

（2）规划制度为保障，协同发展精细化。以规划引领促进协同发展的机制化、制度化与体系化。可借鉴日本经验，将规划上升到法律层面，保证规划权威性，进一步完善空间规划体系不同层面的协调机制和不同形式的管理机构。充分发挥社会各界共建共享的能动性，加快构建具有不同背景、不同投资渠道来源、不同专业领域侧重的社会合作机制载体，依托智库等区域联动协调发展平台，创新区域协调合作机制。

（3）自身定位更明确，全方位对接协作。深圳要发挥作为经济特区和社会主义先行示范区的引领作用，打造全球标杆城市。广州要充分发挥国家中心城市引领作用，加快推进实现老城市新活力、"四个出新出彩"。秉承"优势互补、分工合作、资源共享、共同推进"的合作原则，全方位推动产业、科技、教育、医疗、金融、基础设施等领域对接协作。

（4）交通联动再升级，打破合作距离感。把交通一体化作为先行领域，做好两市综合交通基础设施规划衔接，打破双城联动的空间距离感和心理距离感。完善两市中心区、重点新区平台之间的快速路通道建设，共同谋划好广深第二高铁、广深磁悬浮等项目。促进两地机场与临空经济协同发展，强化港口体系建设并发展多式联运。

（5）科技联动为核心，协同发力新基建。广深在科技领域具有很强的互补性，要以科技作为双城联动的有效切入点和核心。要进一步深化校地合作，推动科技成果加速转化应用。协同布局，更快抓住本轮新基建红利，促进数据要素自由流动，打造联动发展新引擎。坚持以市场投入为主，支持多元主体灵活参与合作，加快新型基础设施建设进度。建立公平的竞争和利益分享机制，完善风险分担机制和民营企业退出机制，让参与新型基础设施建设的各方力量能够充分协同合作。

（6）公共服务一体化，共建共享惠民生。城市群的发展是中国经济得以持续增长的巨大潜力所在。中小城市和大城市都是公共服务的载体，双城联动要推进城市群高质量发展，加强公共服务一体化，推动资质、规则、人员等方面交流对接，发挥广深两市的带动示范作用。可进一步提升异地就医结算服务水平，探索职工医保缴费年限互认；联合培养医疗人才，建立医疗联盟。整合特色文化资源、会展经济，积极交流合作。开展科研合作，共同建设高水平智能化重点实验室或研究中心。破除高校合作创新壁垒，打通学分互认、教师互聘机制，加强高校协作，共同实现重点学科布局，促进高等教育均衡发展，形成良好教育生态。

四 广深创新发展特征与世界级创新平台建设存在的问题

新时代粤港澳大湾区进入创新发展阶段，广深两地创新优势与分工呈现不同特征。

（一）广东城市创新网络呈现"核心—边缘"结构特征

第一，从时间轴演化过程来看，广东省创新网络的空间演化由单核核心集聚阶段向"多核心、多节点"发展，最终向多中心链式网络阶段完善。广州市和深圳市的核心作用在演化过程中愈发强烈，同时辐射能力不断增强，网络呈现广深核心双星璀璨，东莞、佛山、珠海等亚核心交相辉映的多中心形式，核心分布于珠江三角洲并呈 N 字形轴线发展，核心城市群强强联合，表现出"核心—半边缘—边缘"的层级结构，以及"廊道式联系、枢纽式辐射"的网络核心—外围层次特征。

第二，从空间上的网络格局来看，广东省创新网络属于枢纽—网络式的结构。城市群对核心城市的依赖度较高，核心城市在网络中的连通作用在一定程度上也依托于腹地城市，可以认为广东省创新网络符合"依托腹地支撑的条件多中心枢纽—网络"结构。分行业的子网络分析显示，网络的枢纽结构并非固定死板，不同子网络枢纽城市并不完全相同，密度与规模等网络特征也因产业而有所差异，充分反映了网络的动态性与多中心性。

第三，从探究网络结构的多元影响因素来看，地理距离、产业结构、创新制度是影响网络结构的重要因素。其中地理距离对创新合作有阻碍作用，产业差异与创新制度均有利于创新合作的达成，而社会文化差异因素对创新合作的影响不够显著。

（二）粤港澳大湾区各城市的创新比较优势

分析 2015～2019 年粤港澳大湾区各城市分行业的发明专利授权量，我们发现粤港澳大湾区城市群的创新产出向部分城市和部分行业集中，其中行业主要集中在电信服务（I63）、电子设备（C39）、医药制造（C27）、电气机械（C38）等中，城市主要集中在深圳、广州、东莞、佛山之中。深圳聚集着计算机、通信和其他电子设备制造业（C39）、电信服务（I63）企业，使得深圳在这一行业及相关领域的专利数量远超其他地区；广州在化学原料和化学制品制造（C26）上的专利数量最多；东莞与深圳在创新合作方面紧密联系，因此东莞的创新产出主要集中于计算机、通信和其他电子设备制造业（C39），电信服务（I63）；佛山在专用设备制造业（C37）上的专利数量最多。

研究发现，具备比较优势的行业更加集中在中心城市之中，具有较多创新优势行业的城市是广州、深圳、佛山、东莞，其中广州是在技术创新方面具有最多优势行业的城市，广州与深圳的创新优势行业基本上是不同的，表明广深具有深度合作的基础。珠江西岸的珠海、中山、江门在化学纤维制造业（C28）、医药制造业（C27）上的生产优势较为明显，惠州和肇庆承接了石油化工、木材加工和金属制造等产业的生产。

（三）广深"双城"联动建设世界级创新平台存在的问题

广深"双城"依托较为完整的产业链条、国家创新战略支撑和较完整的区域创新体系，在创新创业孵化体系、高科技产业发展和创新成果转化上积累了优势，但还存在一些明显的不足。

一是基础研究比较薄弱，原始创新能力相对不足，一些领域核心关键技术受制于人，科技原创能力、创新源头效能有待进一步提高。世界知识产权组织《2019年全球创新指数报告》表明，深圳—香港位列全球第二大科技创新集群。但深圳—香港集群在专利申请总量中的份额为5.54%，约为东京—横滨集群的一半；在出版物总量中的份额为0.54%，约为东京—横滨集群的31.39%，同时落后于很多位于前100位的其他集群。[①] 基础原始创新能力短板制约了世界级创新平台建设。同时，相比于北京、上海，国家在广州、深圳布局的科技战略力量、"国之重器"如国家大科学装置和国家级实验室等数量也相对较少。世界顶尖大学和高端顶尖人才也相对匮乏，在前沿基础研究、关键共性技术、核心零部件等方面科技创新实力较为薄弱。

二是粤港澳大湾区在跨境、跨界、跨市创新资源要素自由流动、互通共享等方面存在壁垒。粤港澳大湾区涉及"一国两制"、三个关税区、三种货币、三种法律制度、四个核心城市，在经济制度、法律体系和社会管理模式等方面还存在一定的差异，许多政策落地存在"玻璃门""弹簧门"等现象。城市之间对创新资源要素的争夺和竞争非常激烈，客观上限制了人才流、资金流、信息流等创新要素的自由流动。三地创新要素市场化自由流动、科技—产业—金融等创新链衔接，以及产学研政部门间的深度融合，都还存在不少制度障碍。产业同构及新兴产业项目竞争、跨地域财税利益协同分享等问题会影响创新要素跨地域流动及区域协同创新共同体建设。

三是粤港澳大湾区的科技创新生态系统还不完善，国际化协同程度不高。同世界三大湾区相比，粤港澳大湾区在尖端研发创新和高技能应

[①] 刘胜、陈秀英：《粤港澳大湾区建设：打造世界级创新平台标杆》，2020年4月15日，http://news.cssn.cn/zx/bwyc/202004/t20200415_5114143.shtml?COLLCC=1085902332。

用人才、重大科技基础设施建设、金融对科技创新支撑能力、"政产学研用"各环节协调程度、中小微企业创新激励政策支撑力度等方面存在不足，区域间科技创新发展存在不平衡、不协调等问题。

五 广州建设世界级创新平台战略建议

立足新发展阶段、贯彻新发展理念、构建新发展格局，我国实施创新驱动发展战略面临难得的重大机遇、全新的挑战和更高的要求。广州要把握新一轮科技创新发展的时代脉搏，紧扣广东构建新发展格局战略支点的任务要求，按照"尖端引领、协同融合、开放共享、体制突破"的思路，着力构筑高质量科技创新供给体系、区域协同创新体系和应用转化服务体系，建设世界级创新平台。

（一）广州建设世界级创新平台战略

1. 坚持科技自立自强，汇聚国家省市战略科技力量，构筑高质量科技创新供给体系

汇聚国家省市战略科技力量，共同构筑高端创新平台体系，培育基础扎实牢固的创新策源能力，全面提升区域创新发展核心引擎功能。广深两市要紧紧把握国家实验室与国家重点实验室体系重组和"双区"建设的契机，充分利用举国体制优势，积极承担国家重大科技战略任务，努力打造前沿科技领域的"国之重器"与创新高地。

广深两市应瞄准重点前沿科技领域和国家战略需求，合力进行政策干预，大手笔引进"大院大所大装置大平台"，共同构筑"综合性国家科学中心、国家实验室、国家重点实验室、国家技术创新中心、国家工程研究中心等"高端战略创新平台体系，携手构建区域创新新优势。共同谋划布局一批重大科技基础设施，采取广深共建"两点布局""互设基地"等灵活布局模式，提高两市重大科技基础设施的密度和能级，

着力构建前沿基础研究的创新供给平台体系。

坚持从"四个面向"找方向，以关键共性和前瞻引领技术为突破口，构建关键零部件与核心技术供应体系，推动"优势产业"应用场景试验区落地。联合国家实施关键核心技术和产品突破计划，重点围绕新一代电子信息、集成电路、人工智能、智能网联汽车、生命健康、新型材料等尖端领域，建设一批响应国家战略需要的重大技术攻关平台和工业技术研究基地。充分发挥大型企业在关键核心技术研发中的引领作用，组建相应优势产业发展联盟和研究院，出台核心关键技术攻关规划。

2. 坚持科技互联互通，打造开放型区域创新共同体，构筑高质量区域协同创新体系

发挥大湾区各地比较优势，共同构筑区域协同创新体系，打造精准对接的技术产业创新链条，全面提升区域协同创新能力。广深两市应紧紧围绕粤港澳大湾区开放型区域协同创新共同体和广深港澳科技创新走廊建设的契机，充分利用大湾区完整制造产业体系优势，努力打造全流程、深融合的创新生态链。

广深两市政府牵引、大型企业主导、高校院所支持，搭建一批制造业创新中心和工业技术研究联盟，打通从基础研究、技术开发到场景化应用、规模化生产的创新链条。广深两市应利用大湾区城市群经济活动密度高、强度大、衔接度好等集聚规模优势，率先推动物联网、区块链、5G网络、智能网联汽车、量子通信等新型网络基础设施建设。组建一批制造业创新中心或工业技术研究基地，搭建更多线上消费、车路协同、智能制造、智慧城市等网络化、数字化、体验式场景平台，抢占智能网络技术和数字信息革命制高点，打造技术创新全链条产业集群，建设新技术、新产品、新业态和新产业策源地。

广深两市应携手推动综合性国家科学中心和广深港澳科技创新走廊

建设，打造开放互通的区域创新平台体系，构建"枢纽门户开放、中心极点引领、轴带走廊支撑、平台载体联动"的"多中心、轴带化、网络化、组团式"的创新发展空间格局。围绕综合性国家科学中心建设，打造"明珠科学城—中子科学城—光明科学城"三城一体的世界级原始创新高地和大湾区创新"脊梁"。发挥广州"一区三城"和深圳南山中央创新区、光明科学城等创新枢纽的门户作用，增强面向国内国际"两个循环""两个扇面"的创新资源集聚、转化和辐射带动能力。广州应发挥高校和科研院所科研资源密集、青年人才众多、科创人员交往密切、商贸物流服务发达等优势，重点打造面向市场应用的创新创业孵化加速基地，围绕高校区建设青少年"科技创新特区"，依托广州科学城打造"中小企业能办大事"先行示范区。深圳应发挥超级总部经济密集、科技金融商务发达、高新产业技术先进、创新创业氛围活跃等优势，重点打造面向高端产业需求的集技术攻关、成果转化、制造应用于一体的创新门户枢纽。

3. 坚持科技共享共荣，深化科技创新体制机制改革，构筑高质量科技创新服务体系

深化科技创新体制改革，共同构筑科技创新服务体系，探索有利于技术、人才、信息、资本等创新要素高效便捷流动和区域融通的政策举措，全面提升区域创新平台服务能力。广深两市要构建产学研用分工协作体系，实现创新链、产业链、人才链、资金链的对接与深度融合，扩展资源优化配置的开放共享空间。

广深"双城"应依托国内超大规模市场和珠三角产业优势，携手港澳共同打造世界级科技成果转化基地和科技人才聚集地，推动先进制造技术向产业转移、向生产力转化。强化政府财政补贴支持，整合科技创新专项资金，引导社会资本进入上述原创性颠覆性技术领域，形成多元化科创投融资体系，构建"产学研政"协同创新生态系统。推动科

技金融深度融合，完善科技金融服务体系，加速科技成果转化，联合打造国际风投创投中心和全球创新资本形成中心。打造链接国内外创新资源的技术转移网络和成果转化大数据平台，筹建知识产权和科技成果产权交易中心，培育专业技术经纪人队伍。

广深两市政府牵头搭建科研成果集成平台，链接各地进行中的科研项目、已完成的科研成果与市场需求，实现供需对接、区域共享，推动科学发现、技术发明和产业发展"三发"的有机结合。探索创新要素区域融通和跨境流动，共建粤港澳大湾区国际化创新平台和大数据中心，高水平谋划建设科技信息服务中心、重大科学装置共享中心、仪器设备监测测试中心、知识产权交易中心、国际技术成果转移转化中心、国际科技创新创业社区等共性研发和成果转化平台。

（二）广州打造数字经济高地的几点建议

数字经济已成为全球经济增长引擎，信息、数据、算法、算力等数字资源正成为战略要素资源并改变城市的比较优势和竞争优势，谁能抢占数字经济高地，谁就可能引领未来发展。广州拥有人口、产业、市场、科研、教育、门户等多重优势，加快建设广州人工智能和数字经济试验区，加快推进新兴数字基础设施建设，广深联动打造世界级科技创新平台，将广州打造成全球数字经济技术策源地和全球数字经济创新要素配置中心。现提出以下建议。

1. 加快布局数字经济新基建，推进新型数字基础设施建设

（1）大力布局5G等新基建项目建设。加快5G基站、国家超级计算广州中心、基于GPU（图形处理器）的边缘数据中心等下一代数据中心、人工智能与区块链算力中心和高密度数据中心建设。打造高端工业软件服务体系，支持工业互联网平台建设。

（2）打造超大规模人工智能计算与赋能平台。建设新一代高性能

计算设施和大数据处理平台，构建计算科学研究枢纽和超算应用高地。推动相关企业围绕"算力、数据、算法"的研发与应用，建设人工智能超算设施，建立相配套的软件生态，实现对产业的垂直打通。

（3）建设医疗大数据训练设施。依托广州优质医疗资源和已有医疗数据资源，建立医疗大数据处理与训练设施，探索新型合作机制，支持医疗人工智能企业开展深度学习等多种算法训练试验。

（4）探索建设粤港澳大湾区世界级城市群智慧大脑工程。建设粤港澳大湾区一体化数据中枢和业务中台，支撑粤港澳大湾区开展规划管理、生态环保、公共服务、产业发展等方面一体化制度创新。推进智能化道路基础设施建设，积极参与国家智能汽车法规标准与技术标准体系、智能汽车大数据运控基础平台建设。

2. 广深联动打造世界级科技创新平台

（1）全力打造广州人工智能与数字经济试验区。发挥海珠、番禺、黄埔、天河四区优势，打造国家人工智能与数字经济发展创新源和成果应用转化基地。持续引进全球领军企业，加快打造创新型数字经济总部优势集群，形成良好政策体系，取得一批具有国际竞争力的原创性技术成果。

（2）积极争取国家支持，布局新一轮重大科技基础设施。围绕粤港澳大湾区国际科技创新中心建设，聚焦海洋、生物、空天、信息等领域，积极争取"十四五"重大科技基础设施项目落地实施。立足国家超级计算广州中心，积极争取算力基础设施落户广州，挖掘与应用生物医学大数据，形成广州生物医学大数据资源体系。

（3）建设若干世界级产业创新共享平台。构建粤港澳大湾区梯次布局、协同合作的产业创新平台体系。探索组建国家级制造业创新中心和完善市级新型研发机构等高精尖产业协同创新平台等布局。

3. 聚焦未来技术，打造全球数字经济创新要素配置中心

（1）打造全球数字经济技术创新策源地。一是突破关键技术。以

大数据、人工智能、云计算、物联网、网络数据安全、集成电路、新型显示、数字创意产业、新一代信息技术、人工智能与生物医药交叉融合等领域为重点，突破核心技术，构建具有广州特色的数字化转型技术和标准体系。二是推动"高精尖缺"创新成果转化。开展数字经济领域创新成果转移转化区域试点，提高成果转移转化主体内生动力，鼓励"高精尖缺"领域技术创新成果转化项目。

（2）建立高效安全的数据流通体制，打造全球数据流通枢纽节点型城市。一是建立高效安全的数据流通体制。争取建立区域性乃至全国性的数据交易中心，推动数据确权、数据定价和数据交易等方面的研究，汇集一批从事数据确权、数据定价和数据交易等领域的领军企业。二是积极打造全球数据流通枢纽节点型城市。争取国家穗港澳三地数据跨境开放共享及安全管理试点，在总结经验基础上，逐步推动与国际在数据开放共享及安全管理方面先行先试，打造全球数据流动枢纽型城市。

（3）打造数字经济企业和人才集聚高地。一是打造全国数字经济企业集聚地。培育数字经济企业矩阵，吸引全球数字产业、数字技术、数字服务相关领域的企业落户成长，加快推动行业企业数字化升级。二是优化科教资源，引导数字经济人才集聚发展。集聚领军人才，吸引国内外数字人才集聚，鼓励领军企业加强人才培养，推动在穗高校开设数字经济专业，打造数字经济研究平台，加大数字经济人才培养力度，提高数字经济复合型人才供给能力，为数字经济融合创新发展提供坚实的人才基础。

（4）强化国家交流，打造适宜数字经济发展的国际化营商环境。一是强化国际交流合作。积极与国际研发机构加强数字经济技术领域的合作交流。二是全力打造适宜数字经济发展的营商环境。审慎行使行政处罚裁量权。

4. 聚焦数字赋能，提升产业能级

（1）数字赋能农业，打造现代都市智能农业。大力推进农业数字化转型和农村数字经济发展。

（2）数字赋能制造业，加速推动产业转型升级。推进数字化与制造业融合发展，大力发展芯片产业链和高端工业软件，推进智能制造升级。建设广州市智能网联汽车电子集成系统产业综合基地。培育推广智能制造新模式，推动"工业互联网+供应链"创新发展。

（3）数字赋能服务业，构建数字服务贸易生态体系。一是推动"数字+服务业"壮大发展。重点发展数字贸易、数字金融等产业，推动"数字+服务业"壮大发展。二是大力推进数字贸易。推动数字贸易跨国企业总部等重大项目落户广州，推进本地数字贸易企业做大做强。推动建设数字服务贸易育成体系。三是在全面深化服务贸易创新发展试点的大背景下，构建数字贸易跨境服务支撑体系。集聚一批数字贸易企业和示范项目，推动数字贸易重点领域政策创新，打造守正开放、包容普惠的数字经济和数字贸易营商环境。

（三）广深联动打造世界级生物医药与健康产业创新平台的建议

一是广深联动打造粤港澳大湾区世界级生物医药与健康产业科技基础设施集群。围绕粤港澳大湾区国际科技创新中心建设，积极争取"十四五"重大科技基础设施项目落地实施，推动广州实验室、深圳湾实验室建设，支持省实验室面向生物医药与健康产业建设综合性大科学装置等一批重大科技基础设施建设。布局建设若干个粤港澳联合实验室，推动粤港澳生物医药与健康产业深度合作。布局建设国家生物安全四级实验室（P4）和一批生物安全三级实验室（P3）。布局人工智能和生物医药与健康产业融合性基础设施，形成生物医学大数据资源体系。

二是汇聚高端科教资源和人才，提升科教资源与产业匹配度。对接国家生物科技战略力量,鼓励支持龙头企业与高等院校、科研院所合作创建高水平创新研究院,鼓励在粤高校开设生物医药与健康产业相关专业,提升科教资源与产业匹配度,围绕生物医药与健康产业布局科教资源,以科教资源提升产业竞争力。深化高校、科研院所与企业人才培养合作,探索定制式人才联合培养模式,打造产业集群人才池。

三是实施提链工程,打造世界级生物医药与健康产业集群。建设一批特色鲜明、定位清晰、配套完备、绿色生态的高端综合性产业园区,围绕现代中药、生物药、高端医疗器械、医疗服务、健康养老、生物医药与人工智能交叉领域等重点领域,培育一批具有比较优势的细分领域产业集群,围绕创新链布局产业链,推动上下游企业协同发展,提升生物医药与健康产业集群价值链。实施产业集群核心关键技术强基工程。围绕产业链部署创新链,开展源头创新和底层基础性技术攻关,实现产业化全创新链布局,打造生物医药产业共性技术平台。构建开放创新创业生态圈,实施多梯次企业集群建设工程。进一步打造创业苗圃—孵化器—加速器育成链条,大力发展风险投资,提供专业、深度、全面的孵化服务和资本投资。

四是聚焦培育重点企业,提升核心竞争力。引进大型跨国企业。充分利用高等学校、科研院所的国际合作渠道,吸引全球顶尖生物医药与健康产业跨国企业在广深建设总部、研发中心和生产基地。多渠道集聚和培育一批具有引领性的龙头骨干企业,培育一批"独角兽"企业、"瞪羚"企业,建立"小升规"重点企业培育库,推动研发型企业创新发展。建立具有全球资源配置能力的现代药品和高端医疗器械流通体系,推动国际生物医药供应链公共服务平台建设,引入国内外生物医药高端服务型机构或团队。

五是强化国际交流,打造一流营商环境。积极对接国内外高端生物医药科技创新资源。以举办高水平生物医药产业峰会、高端论坛、学术交流活动等形式,搭建起跨国公司、国家级大院大所、高等院校、企业集团等的生物医药产业交流创新平台,支持"走出去"共建联合实验室、海外研发中心或科技园等。打造市场化法治化国际化营商环境。以数字政府改革建设为先导,推进营商环境综合改革,塑造营商环境新优势,对新产业、新业态实施包容审慎监管。健全政商交往行为规范指引,构建亲清政商关系。深化行业协会、商会和中介机构改革。

参考文献

丁焕峰、周锐波、刘小勇:《广深"双城"联动打造世界级创新平台战略》,《城市观察》2021年第1期。

丁旭光:《提升广州科技创新水平 推动粤港澳大湾区国际科技创新中心建设》,《探求》2020年第2期。

汪阳红、贾若祥主编《城市群:走协同共赢之路》,人民出版社,2017。

王丽:《中国城市群的理论、模型与实证》,科学出版社,2016。

王云、杨宇、刘毅:《粤港澳大湾区建设国际科技创新中心的全球视野与理论模式》,《地理研究》2020年第9期,第1958~1971页。

王峥、龚轶编著《京津冀创新共同体:概念、框架与路径》,科学出版社,2018。

〔法〕迈克尔·斯托珀尔:《城市发展的逻辑》,中信出版社,2020。

Cornell University, INSEAD, WIPO, *The Global Innovation Index 2019*: *Creating Healthy Lives—The Future of Medical Innovation*, Ithaca, Fontainebleau, Geneva, 2019.

KPMG, 2020 *Technology Innovation Hubs Report*, Delaware: KPMG LLP, 2020.

● 产业发展篇 ●

"双循环"新发展格局下数字经济助力粤港澳大湾区高质量发展研究

杜金岷　吴　非　杨贤宏　韦施威　晏景瑞　曾　林[*]

摘　要：本报告围绕如何依托数字经济助推粤港澳大湾区高质量发展进行深入探讨。首先，借鉴已有学者的研究方法构造数字经济发展评价指数，以此有助于准确把握粤港澳大湾区数字经济的发展现状，并通过与京津冀城市群、长三角城市群的横向比较揭示相应的竞争优势与短板；其次，立足"双循环"新发展格局，明晰粤港澳大湾区数字经济创新发展具备的基础条件、面临的机遇与挑战以及存在的优势与劣势；同时，梳理国内外发展数字经济的先进理念与创新做法，从中总结出可供粤港澳大湾区学习借鉴之处；最

---

[*] 杜金岷，暨南大学深圳校区管委会执行主任、中国（广东）自由贸易试验区研究院常务副院长、广州南沙自由贸易试验区研究基地主任、教授、博士生导师，博士，主要研究领域为区域经济发展、现代金融理论、公司金融；吴非，暨南大学中国（广东）自由贸易试验区研究院及广州南沙自由贸易试验区研究基地研究人员、经济学博士；杨贤宏，暨南大学中国（广东）自由贸易试验区研究院及广州南沙自由贸易试验区研究基地研究人员、经济学博士研究生；韦施威，暨南大学中国（广东）自由贸易试验区研究院及广州南沙自由贸易试验区研究基地研究人员、经济学博士研究生；晏景瑞，暨南大学中国（广东）自由贸易试验区研究院及广州南沙自由贸易试验区研究基地研究人员、经济学博士研究生；曾林，暨南大学中国（广东）自由贸易试验区研究院及广州南沙自由贸易试验区研究基地研究人员、经济学博士研究生。

后，在上述分析基础上，从新型基础设施建设、关键核心技术攻关、落实产业化应用、深化国际开放合作等方面提出切实可行的对策建议，从而为粤港澳大湾区打造"数字湾区"，推动经济社会高质量发展，在"双循环"新发展格局下发挥更大的支撑引领作用提供决策参考。

关键词：粤港澳大湾区　数字经济　高质量发展　"双循环"新发展格局

引　言

伴随新一轮科技革命和产业变革的加速演进，以人工智能、区块链、云计算、大数据、物联网为代表的前沿技术正在被广泛地应用到生产与生活的各个领域，世界正在全面进入数字经济时代。当前我国步入新发展阶段，经济从高速增长转向高质量发展成为必然趋势。推动高质量发展，不仅要牢固树立和深入贯彻落实以创新、协调、绿色、开放、共享为内核的新发展理念，更要立足国内的内生性需求，加快形成以国内大循环为主体、国内国际双循环相互促进的新发展格局。从数字经济的本质和效能来看，大力发展数字经济既是坚持新发展理念的集中体现，也是构建"双循环"新发展格局必不可少的助推器。粤港澳大湾区作为我国高质量发展走在前列的城市群，其在区位条件、产业基础、技术创新、对外开放等方面具备无可比拟的优势，成为我国推动形成"双循环"新发展格局不可或缺的战略支撑。应当说，粤港澳大湾区加快数字经济创新发展不仅是建成国际科技创新中心的必经路径，也是打造宜居宜业宜游优质生活圈的关键助力，这对于引领经济高质量发展具有相当重要的战略意义。因此，在"双循环"新发展格局下，粤港澳大湾区有必要充分发挥自身的既有优势尤其是技术创新优势，抢抓数字经济发展机遇。基于此，本报告立足粤港澳大湾区数字经济发展进程的评估，针对数字经济发展的理念、创新路径进行归纳总结，并提出有助于粤港澳大湾区数字经济高质量发展的相关可行对策建议。

一 粤港澳大湾区数字经济发展水平评价分析

数字经济在我国新发展阶段中扮演着越发关键的角色。就粤港澳大湾区而言，如何最大限度发挥数字经济赋能高质量发展是一道刻不容缓的"必答题"。要想答好该道"必答题"，亟须一套科学的评价标准来客观反映当前我国区域数字经济发展现状特征，以便为科学制定数字经济相关政策提供决策依据。

（一）数字经济发展水平测量方法简述

关于数字经济发展水平的测度，目前我国统计部门尚未正式制定出台统一的数字经济产业统计分类标准体系，致使无法对外公布我国区域各层次的数字经济规模统计数据。在我国数字经济统计核算滞后于数字经济蓬勃发展的情境下，国内学者通过构建相应的评价体系寻求量化测度数字经济发展水平的可行性。然而，现有的绝大多数文献资料基于省级层面进行探讨，无法细腻展现出我国城市层面的数字经济发展差异性，由此难以为对策建议的提出与政策举措的制定提供高效精准的参考依据。

鉴于此，本报告参考赵涛等[①]的研究思路，从数字经济的内涵及外延出发，兼顾相关变量指标的权威性与可得性，基于"投入—产出"的构建逻辑，在就业规模、基础设施、发展成果三大方面选取了计算机服务和软件业从业人员数、互联网宽带接入用户数、移动电话用户数、电信业务收入、中国数字普惠金融指数五大指标。其中，前四个指标的

[①] 赵涛、张智、梁上坤：《数字经济、创业活跃度与高质量发展——来自中国城市的经验证据》，《管理世界》2020年第10期，第65~76页。

数据来源于《中国城市统计年鉴》，最后一个指标引用自北京大学数字金融研究中心和蚂蚁金服集团共同编制的相关指数。关于数字经济发展指数的合成，本报告在对上述相关变量数据进行标准化预处理的基础上，进一步采用主成分分析法，初步测算出数字经济发展综合指数，并按照百分制对其进行折算。在此还需说明的是，本报告所涉及的评价对象并非局限于粤港澳大湾区相关城市，而是将290个全国地级及以上城市[①]（以下简称"全国城市"）纳入观测对象，如此测算得到的数字经济发展综合指数具有更强的可比性，以便与国内其他区域进行对比分析，从而可以提供更多的增量信息。

（二）粤港澳大湾区数字经济发展内部分析

从粤港澳大湾区的珠三角九市来看，在2016～2018年，各城市的数字经济发展水平呈现稳步上升的良好趋势（见表1）。其中，深圳市数字经济发展水平一直位列首位，广州市紧随其后。另外，东莞市、佛山市、珠海市也在数字经济发展领域保有一定的竞争实力，同样是打造"数字湾区"必不可少的重要角色。而余下的中山市、惠州市、肇庆市、江门市的数字经济发展水平则较为接近，尚有一定的进步空间。深圳市与广州市作为粤港澳大湾区数字经济发展的关键驱动力，在此有必要做进一步具体分析。

表1 2016～2018年粤港澳大湾区珠三角九市数字经济发展综合指数得分及排名情况

城市名称	2016年 指数得分	2016年 全国排名	2017年 指数得分	2017年 全国排名	2018年 指数得分	2018年 全国排名
广州市	45.29	5	52.32	6	60.18	5

[①] 由于香港与澳门在统计制度上与中国内地存在一定差异，而且测度数字经济发展水平所需引用的中国数字普惠金融指数尚未有关于香港、澳门的变量数据，故而香港及澳门未予纳入数字经济发展的评价对象。

续表

城市名称	2016 年 指数得分	2016 年 全国排名	2017 年 指数得分	2017 年 全国排名	2018 年 指数得分	2018 年 全国排名
深圳市	51.15	3	52.61	5	62.24	4
珠海市	12.77	54	18.97	39	22.53	33
佛山市	21.16	19	25.32	18	28.23	18
江门市	14.26	46	14.71	65	16.69	63
肇庆市	7.82	137	16.24	55	18.88	52
惠州市	13.38	52	17.29	50	19.32	50
东莞市	24.05	14	28.40	14	30.67	15
中山市	14.53	45	18.10	44	19.60	48

注：相关数据由作者测算后整理得到。

深圳市数字经济发展综合指数在 2016~2018 年的得分情况分别为 51.15、52.61、62.24，相应地位列全国城市第 3 位、第 5 位、第 4 位。由此可见，深圳市数字经济呈现加速发展的强劲态势，在全国数字经济版图中占据着举足轻重的地位。究其本质，数字经济的发展离不开技术创新的支撑。深圳作为我国重要的技术创新策源地，拥有一大批在国内外享有盛誉的科创型企业，在人工智能、区块链、云计算、大数据等数字技术领域处于世界领先地位，创造了丰富的专利成果。与此同时，深圳市对于数字经济领域也给予了不遗余力的支持。如 2020 年底，深圳市人民政府办公厅印发《深圳市数字经济产业创新发展实施方案（2021—2023 年）》，明确对高端软件产业等 12 个细分领域予以重点扶持，提出了"提升科技创新引领能力"等九项重点任务，这对促进深圳数字经济创新发展、打造数字经济产业发展高地具有重要的指引性作用。可以说，在"十四五"以及未来时期，数字经济将成为引领深圳经济社会高质量发展的核心引擎之一，必将会为粤港澳大湾区乃至全国范围提供可复制推广的数字经济创新发展经验。

广州市数字经济发展综合指数在 2016~2018 年的得分情况分别为

45.29、52.32、60.18，相应地位列全国城市第5位、第6位、第5位。由此可见，广州数字经济呈现较快的发展态势，在全国范围内具有相当明显的竞争优势。广州"十三五"规划纲要就对促进互联网创新要素集聚给予了格外关注，致力将互联网创新打造为引领广州科技进步的"火车头"。广州市政府在数字经济相关产业上的前瞻性布局也就部分解释了为何广州的数字经济发展水平能够位列全国前茅。近年来，有关"数字经济"的内容频频被写入广州市政府工作报告，广州市政府相关职能部门出台了诸多支持数字经济发展的政策举措。"支持广州建设国家人工智能与数字经济试验区"的表述更是出现在2020年的广东省政府工作报告中，获得了省级层面的大力支持。对此最为直接的体现便是原有的琶洲互联网创新集聚区升级为广州人工智能与数字经济试验区，在广东省推进粤港澳大湾区建设领导小组所印发的《广州人工智能与数字经济试验区建设总体方案》中得以确立。该文从创新要素配置、打造产业集群、深化开放合作、优化发展环境四大方面提出建设人工智能与数字经济试验区的主要任务。可以说，在政策红利的加持下，广州数字经济必将获得更为强劲的发展动能，不断发挥粤港澳大湾区数字经济高质量发展的示范引领作用。

（三）粤港澳大湾区与京津冀、长三角数字经济发展比较分析

粤港澳大湾区、京津冀城市群、长三角城市群是我国经济规模总量位列前茅的三大城市群。在推动数字经济创新发展方面，除了粤港澳大湾区之外，京津冀城市群与长三角城市群同样走在全国前列。因此，本报告选取京津冀城市群和长三角城市群作为比较分析对象具有相应的合理性和必要性。

首先，从各城市群数字经济发展的"头部城市"来看（见表2），在2016~2018年，粤港澳大湾区排名前三位城市分别为深圳市、广州

市、东莞市，均稳居全国城市前15位；京津冀城市群排名前三位城市为北京市、天津市、石家庄市，均稳居全国城市前25位；长三角城市群排名前三位城市分别为上海市、杭州市、苏州市，均稳居全国城市前10位。从不同城市群的"头部城市"在全国城市中的排名情况不难看出，在城市群数字经济发展的核心驱动力方面，粤港澳大湾区稍弱于长三角城市群，稍强于京津冀城市群。

表2 我国三大城市群数字经济发展排名前三位的城市指数得分及全国排名情况

城市群名称	城市名称	2016年 指数得分	2016年 全国排名	2017年 指数得分	2017年 全国排名	2018年 指数得分	2018年 全国排名
粤港澳大湾区	深圳市	51.15	3	52.61	5	62.24	4
	广州市	45.29	5	52.32	6	60.18	5
	东莞市	24.05	14	28.40	14	30.67	15
京津冀城市群	北京市	100.00	1	100.00	1	100.00	1
	天津市	30.75	10	34.48	11	33.42	13
	石家庄市	19.64	25	24.12	24	26.91	25
长三角城市群	上海市	65.27	2	72.47	2	81.77	2
	杭州市	36.69	7	43.57	7	45.87	7
	苏州市	31.40	8	39.36	8	41.62	8

注：相关数据由作者测算后整理得到。

其次，从各城市群数字经济发展水平的梯队分布来看（见表3），粤港澳大湾区城市数字经济发展水平分布基本稳定在全国城市第1~25位、全国城市第26~50位、全国城市第51~75位三个梯队，各梯队的数量分布情况较为合理，而且粤港澳大湾区在全国城市第1~25位及全国城市第26~50位两个梯队中的城市数量总占比稳中有升；反观京津冀城市群及长三角城市群，其中位居全国城市前50位的城市数量总占比则在2016~2018年呈现下滑的趋势。另外，同样与粤港澳大湾区有所不同的是，京津冀城市群与长三角城市群在2016~2018年均有若干个城市的数字经济发展水平依然位于全国城市第 100 位之后。综上所述，粤港澳大湾区的城市数字经济发展梯队分布更具合理性与竞争力。

表 3 我国三大城市群数字经济发展梯度分布情况

城市群名称	排名区间	2016 年 城市数量	2016 年 总体占比	2017 年 城市数量	2017 年 总体占比	2018 年 城市数量	2018 年 总体占比
粤港澳大湾区	1~25	4	0.45	4	0.45	4	0.45
	26~50	2	0.22	3	0.33	3	0.33
	51~75	2	0.22	2	0.22	2	0.22
	76~100	0	0	0	0	0	0
	>100	1	0.11	0	0	0	0
京津冀城市群	1~25	3	0.30	3	0.30	3	0.30
	26~50	2	0.20	1	0.10	1	0.10
	51~75	1	0.10	2	0.20	2	0.20
	76~100	1	0.10	1	0.10	1	0.10
	>100	3	0.30	3	0.30	3	0.30
长三角城市群	1~25	6	0.23	7	0.27	7	0.27
	26~50	8	0.31	7	0.27	6	0.23
	51~75	4	0.15	4	0.15	6	0.23
	76~100	2	0.08	1	0.04	1	0.04
	>100	6	0.23	7	0.27	6	0.23

注：相关数据由作者测算后整理得到。

最后，从各城市群数字经济发展的区域内差异来看（见表 4），就不同城市群而言，粤港澳大湾区城市数字经济发展综合指数极差由 2016 年的 43.33 扩大至 2018 年的 45.54，城市数字经济发展综合指数标准差由 2016 年的 14.41 增加至 2018 年的 16.75。同样的，2016~2018 年，长三角城市群内城市数字经济发展综合指数极差以及标准差呈现出较为明显的增长趋势。但反观京津冀城市群，其区域内的相关城市无论是在数字经济发展综合指数极差上抑或是标准差上均有所降低。由此可见，在数字经济发展水平上，京津冀城市群的区域内差距有所缩窄，粤港澳大湾区和长三角城市群的区域内差距反而有日益拉大的迹象。这从侧面反映了京津冀城市群协同发展取得了积极成效，也凸显了粤港澳大湾区在数字经济发展方面更加注重区域内协同创新与开放合作的重要性。

表4 我国三大城市群数字经济发展区域内差异情况

城市群名称	2016年 指数极差	2016年 指数标准差	2017年 指数极差	2017年 指数标准差	2018年 指数极差	2018年 指数标准差
粤港澳大湾区	43.33	14.41	37.90	14.17	45.54	16.75
京津冀城市群	93.35	26.74	90.73	25.81	90.30	25.49
长三角城市群	63.27	12.43	70.47	13.76	79.77	15.12

注：相关数据由作者测算后整理得到。

二 粤港澳大湾区数字经济发展环境分析

（一）粤港澳大湾区数字经济发展的基础条件

粤港澳大湾区是"双循环"新发展格局下连接国内国际两大市场、引领国内外双向开放的关键所在。自2017年十二届全国人大五次会议上首次提出"粤港澳大湾区"的概念，到2019年中央政府出台《粤港澳大湾区发展规划纲要》，这个世界级湾区从一个设想终于付诸实践。该规划纲要甫一推出，粤港澳大湾区作为中国改革创新试验和对外开放的重要窗口就备受瞩目。在外部环境恶化、欧美主要经济体需求趋于饱满、世界经济政策不确定性上升的时局下，传统的经济形态有着日益迫切的转型需求，通过数字经济践行新发展战略理念，推动大湾区整体经济更高质量发展成为题中应有之义。

粤港澳大湾区的一个重要特征即在于"9+2"：香港、澳门与珠三角九市。2019年，深圳、香港、广州、佛山等四个城市地区生产总值均超过1万亿元人民币，佛山市地区生产总值历史上首次突破1万亿元，深圳地区生产总值连续两年超过香港，金融业增加值占地区生产总值的比重不断上升，创历史新高。从制造业、信息业和金融业三个具有代表性的行业就业人数来看，粤港澳大湾区制造业吸纳了最多的就业人员，排在首位，超过 800 万人，与全国平均水平相比有着巨大优势。就大湾区而言，深圳和东莞两大城市的制造业劳动力优势突出，二者占比之和超过 50%。此外，佛山和广州的制造业劳动力也存在一定优势，均超过粤港澳大湾区平均水平。深圳、广州和香港信息行业劳动力占比之和超过 80%，信息化发展水平非常高。珠海尽管劳动力数量较少，但信息行业劳动力人数位居湾区第四，这体现了珠海发展数字经济的潜力。金融业中香港、深圳和广州三大城市劳动力数量遥遥领先于其他城市，为大湾区的经济高质量发展、数字化发展奠定了坚实的基础。

从粤港澳大湾区内部各城市的产业结构来看，第三产业是香港、澳门的经济支柱产业。在内地城市中，深圳市在电子信息制造业和软件行业有着深厚的发展基础，是推动 5G 技术、工业互联网等数字经济相关产业发展的高地。由于毗邻香港，深圳的第三产业也表现出较强的竞争力。广州市第三产业占比超过 70%，第二产业主要由汽车和机电装备产业等高附加值产业组成。除了四大核心城市以外，深圳、东莞和惠州形成了以电子信息产业为主的都市圈，广州、佛山和肇庆则发展了汽车和机电装备等产业。总体而言，粤港澳大湾区城市产业梯度分明，产业分工体系合理，高端制造业基础扎实，电子信息、金属制品等产业集群优势明显，呈现出多样化、差异性发展态势，具有较强的综合竞争力。

（二）粤港澳大湾区数字经济发展面临的机遇与挑战

1. 粤港澳大湾区数字经济发展的机遇

（1）数字技术提供发展赶超机遇

传统的经济形态有着日益迫切的转型需求，如：受限于带宽和延迟，4G 技术无法支撑网络设备终端和中央的瞬时、精准对接；数量庞大却分散的传统计算若不经整合，则无法发挥体量优势，无法应对行业精益求精的高精度要求。因此，利用以5G、云计算、人工智能等为代表的新兴技术，帮助实体企业由传统的电子化完成数字化转型，是粤港澳大湾区发掘新的经济增长点的必由之路。

粤港澳大湾区城市拥有华为、腾讯、网易等享誉世界的互联网头部企业，在数字技术领域的国内领先地位不可动摇，对国际主流标准的赶超态势不可阻挡。数字基础设施建设具有应用场景广泛、投资规模大、上下游带动力强的特点，围绕数字技术与传统产业的融合、制造业数字化转型，能够带动泛珠三角区域共同发展，为粤港澳大湾区经济高质量增长提供全面的数字化、信息化支持。

(2) 构建"双循环"新发展格局提供政策机遇

由于贸易保护主义抬头，国际市场对中国出口产品的集中需求消退，过去依托欧美发达国家巨量需求的发展模式受阻，转向"国内大循环"成为践行党和国家新发展理念的必然要求。双循环战略力图构建以国内需求特别是内部消费需求为经济增长根本动力的内生增长模式，在这一模式下如何满足庞大的内部消费需求，将是粤港澳大湾区撬动国民经济高质量增长的发力点。

据世界知识产权组织公布的综合创新分数排名，粤港澳大湾区城市群的创新水平位居全球第二，仅次于东京湾区；从世界各湾区的R&D投入经费来看，粤港澳大湾区的研发投入水平占本地区地区生产总值的比例超过3%，其他世界级湾区这一水平为5%。因此，粤港澳大湾区有希望抓住"国内大循环"提供的巨大需求市场带来的转型升级机遇，继续勇于创新，向供应链上游攀登，形成具有世界级竞争力的创新型湾区。

2. 粤港澳大湾区数字经济发展面临的挑战

(1) 全球经济下行压力不断增大

自2008年世界经济危机爆发以来，国内外市场需求大幅下降，而我国又是出口导向型经济体，因此国内大批企业不得不解雇员工、缩小生产规模。此外，人工成本的抬升也导致用工成本相对越南等东南亚发展中国家不再具有优势。粤港澳大湾区是我国最早开放的区域之一，经济特征显著表现为外向型。2018年，大湾区珠三角九市整体的对外贸易依存度（以进出口贸易额/地区生产总值比值衡量）约为85%，较同期的全国水平高出50%。粤港澳大湾区域经济受外部需求变化的影响较大。

外部市场需求的下降往往伴随产能过剩的出现，而粤港澳大湾区企业的产能过剩表现为低端产能过剩、高端产能不足与低附加值企业产能过剩、高附加值企业产能不足并存等结构性问题。数字经济的发展需要大量的前期投入，如新基础设施建设中的5G技术、6G技术、人工智能、大数据与云计算，其投资回报期往往长达5~10年。因此，如何做到发展传统经济与数字经济并行，精准对接国内大市场的需求，是当前粤港澳大湾区数字经济发展面临的现实挑战。

（2）世界经济政策不确定性加剧

数字经济是一项国际议题，离不开国际分工与合作，这也是经济全球化的关键所在，各大经济体相互依存，优势互补。然而，当前全世界经济政策不确定性急剧上升，中国在世界上的一些主要贸易伙伴在政治、经济等领域出尔反尔、搞贸易保护，各国经济政策的波动增大，企业经营决策受到影响。

由于粤港澳大湾区的第一大出口市场是美国，该地区自2018年以来受中美贸易摩擦的冲击较大。具体而言，贸易谈判中美国的关税清单和粤港澳大湾区的主要优势出口行业有着较高的重合度。探查美国2500亿美元和3000亿美元对华进口商品关税清单，虽然范围总共涉及22个行业，但在金额上主要是"机械、电气设备、电视机及音响设备"行业、"纺织原料及纺织制品"以及"杂项制品"三个行业占关税清单比重比较高，其中仅"机械、电气设备、电视机及音响设备"行业一项就占关税清单总金额40%的比重。上述三个行业也恰好是广东省的前三大出口产业。关税加征方案对于珠三角地区的出口企业造成了较大压力。

粤港澳大湾区的建设担负着成为中国乃至全球经济新增长极的重任。在经济政策不确定性上升，贸易保护主义抬头，美国对我国5G通信技术、芯片技术、人工智能等高科技领域实施出口管制、禁售等措施的背景下，推动产业融合、转型与升级，推动数字经济领域的务实合作，发掘内部消费增长潜力，是亟待解决的重要议题。

（3）湾区城市群制度摩擦

数字经济是一种新的经济发展形态，但离不开本地区的社会经济形态和实体经济基础。粤港澳大湾区城市群涉及内地珠三角9个地市，香港和澳门2个特别行政区，以及3个自贸区，体制较为复杂。不同地区的交易货币、科技人才、流通货物等要素禀赋结构均有不同，存在如下三方面的短板缺项。

第一，资金流动便利性不足。人民币实施盯住一篮子货币的有浮动的汇率管理制度，港币和澳门实施货币局制度，前者盯住美元，后者盯住港币。在三个地区均没有实现汇率完全自由流动的情况下，外资进入粤港澳大湾区尤其是珠三角城市还存在一定限制。

第二，人才不能充分流动。纵观美国加州硅谷湾区，抑或是日本东京湾区，大量的外来移民带着天赋和创新精神扎根当地，自身致富的同时也为当地带来了繁荣。目前，粤港澳大湾区内部香港、澳门口岸的出入境程序仍然较为复杂，签证办理不便，人才居留受到限制。此外，粤港澳大湾区中，境外在内地工作者停留超过一定时限就要按累进税率纳税，最多可达45%，这与香港15%的个人所得税率差距较大。数字经济离不开区域内协同创新的推进，而两地科技人才不能充分流动、长期扎根，不利于培育粤港澳大湾区的创新优势。

第三，货物流通受限。香港、澳门以及珠三角地区的海关和检疫部门技术标准不同，香港、澳门两地的商品规则、监管体系等已经与国际接轨，而珠三角地区则实施另一套不尽相同的标准，湾区内部珠三角地区与港澳市场间商品流通受到限制。

（三）粤港澳大湾区数字经济发展面临的优势与劣势

1. 粤港澳大湾区数字经济发展的优势

（1）地理区位优势

面对改革开放的不断深化，以及经济高质量发展的新要求，通过有着良好历史基础、投资环境，较强的交通网络的湾区城市群寻求新的经济增长极上升为国家战略。粤港澳大湾区拥有漫长的海岸线，港口吞吐量远超旧金山、纽约和东京三个世界级湾区的总和。按经济体量看，粤港澳大湾区城市群的经济体量相当于一个全球排名第11位的经济体；按空间面积计算，相当于世界其他三大湾区的面积总和。

参照世界其他湾区的发展规律，实现由工业经济迈向服务经济的转型升级是湾区下一阶段的发展方向。广州是中国南部重要的文化中心，具有丰富的科研资源、便利的交通和完整的产业链，能够为数字经济发展提供后备人才；深圳在电子信息制造业和软件行业具有明显的竞争优势，拥有华为、腾讯等在5G技术、工业互联网等数字经济产业方面的领军企业以及一批高端制造业企业；港澳则在国家经济发展和对外开放过程中凭借独特的地位发挥不可或缺的作用，既充当国际企业、海外人才进入内地市场的最佳门户，亦是辅助内地企业拓展海外市场、各类新经济对外交流沟通的重要平台。

（2）制度与政策优势

"一国两制"使粤港澳大湾区发展具备制度与政策优势。一方面，中央政府长期以来坚定不移地给予政策支持,使粤港澳大湾区各城市充分享受了改革开放几十年来中国快速崛起的政策红利。另一方面,港澳地区保留了便利的营商环境、对接欧美制度的法治环境,其原有的资本主义制度和生产方式与国际市场完全接轨。珠三角城市则承接了港澳地区高速发展带来的轻工业、服务业转移,推动了广东省城市化的进程以及服务业的高速发展。

2020年10月,党的十九届四中全会提出,要大力发展数字经济,并首次将数据增列为生产要素。在新时代新的要求下,利用数字经济推动经济高质量发展,是港澳与珠三角城市新的重要合作领域。实际上,粤港澳大湾区各地政府早已在政策方面给予充分支持,一个标志性的动作是广东省出台《广东省数字经济发展规划(2018—2025)》,加强数字经济顶层设计,健全新型基础设施体系,推进传统产业和领域数字化。

2. 粤港澳大湾区数字经济发展的劣势

(1)产业协同性不足

尽管粤港澳大湾区产业体系相对完备。但是从产业发展导向来看,珠三角各地区城市出现了追逐"新能源""新材料"等高端制造业建设、产业政策缺乏协同的现象。深圳、东莞和惠州均以电子信息、通信产业为主,其他城市则以电子设备制造产业为主。分城市来看,除了深圳、广州及港澳服务业发展实现了多元、差异化经营,大部分珠三角城市的服务业较为单一,集中在批发零售业。而港澳地区日益突出的制造业空心化问题,也使得当前珠三角内地和港澳城市产业布局之间呈现"剑走偏锋"的态势,甚至出现合作大于竞争的情况。随着广州、深圳等珠三角内地城市的服务业快速崛起,港澳经济为内地经济"输血"的动能不复存在,内地与港澳的经济实力发生变化,二者间合作关系减弱。

(2)实体经济"脱实向虚"

实体经济回报率下降、经济"脱实向虚"是世界经济的一个重要发展趋势。自20世纪90年代起大量轻工业转移到珠三角之后，香港地区并未选择产业升级，而是选择继续发展服务业。金融脱离实体经济一方面使得香港的金融、旅游、贸易空前繁荣，一度达到香港地区生产总值的50%；另一方面也催生了房地产泡沫。澳门由于历史原因主要依赖博彩业和房地产业。

与港澳的金融高度发展不同的是，广东省的实体经济基础较为扎实，金融对实体经济的支持则略显不足，金融业发展较为缓慢。金融发展与产业机构升级存在时滞，可能导致实体经济发展受阻。创新是推动经济数字化、高质量发展的关键所在，企业的创新离不开银行信贷资金的支持。金融与实体经济发展速度不匹配，使得金融无法较好地培育本地区实体企业的创新优势，不利于发掘新的经济增长动力。

三　国内外发展数字经济的先进理念、创新做法及启示

（一）国内数字经济引领城市创新亮点

1. 北京：以科技优势开创数字经济创新活力，落实前沿政策先行先试

北京依靠全国独有的政策资源、教育资源，全面推动数字经济创新环境的建设，成为我国数字经济创新发展的集聚中心。当前，北京培育了美团、京东、字节跳动等具有全国甚至全球重要影响力的数字经济领军公司，拥有小米、联想等具有全球影响力的现代信息制造业的头部企业，同时聚集了我国五大电信运营商的总部。

北京依靠长期经济发展积累的巨大科技创新资源优势，打造全国数字经济产业的集聚中心。借助强大的高等教育资源背景，北京在高端产业研发方面具有其他地区无可比拟的人才优势以及科研环境优势，同时在创新研发投入方面一直位列全国首位，从而稳固了其作为全球十大科技创新中心之一的地位。

北京在打造数字经济产业平台上先行先试，相关平台数量在全国处

于领先水平。北京当前全力推动朝阳、顺义、海淀国家新型工业化示范基地的建设工作，打造具有全国影响力的平台赋能模范园区。北京在第三产业数字化程度方面处于全国领先水平，特别是在金融科技等高端服务业中一直处于全国领先地位，并积极落实先行先试的原则，为相关领域提供切实可行的学习模板。在教育与信息网络化方面，北京在中小学教育中全面推行教育信息化融合，极大地丰富了相关教学资源。疫情防控常态化期间，北京打造了服务全国的中小学教学平台，占据全国云教育平台课程数量的95%以上，极大程度上帮助实现了停课不停学的要求。此外，在农业科技创新领域，北京拥有全国数量最多的农业数字化研究机构，持续向全国输出高效的农业数字化解决方案。

2. 上海：以"两网"为改革方向，推动政务数字化管理

上海作为我国城市综合治理体系的模范城市，其高度重视政务数字化、智能化管理的建设方向，重点推动城市管理"一网统管"与政务服务"一网通办"相关平台的建设。

上海"一网通办"两次被写入我国政府工作报告之中，并作为经典案例被写入联合国全球电子政府报告之中。以"一网通办"为改革试点方向，上海全面推行政务信息化建设发展。2019年，上海"一网通办"总门户注册人数超过2921万，累计服务人次超过21亿，核心门户对接数据来源超过16000个，累计提供超过1000种网上办理服务。上海"一网统管"主要包括城市管理、平安城市等众多领域，依托上海电子政府云系统，加速城市管理各系统之间的互联互通，实现全网统一管理，并制定统一的相关硬件采购建设标准。在疫情防控期间，上海市"一网统管"在应对重大突发情况方面起到了关键作用，取得了积极成效。

上海市"一网通办"与"一网统管"实现智慧城市精细化管理的全面覆盖，为打造政务数字化管理、城市高效运行做出了重要尝试。

"两网"在横向上加快政府各部门之间的系统统一标准建设步伐，而在纵向上则实现了"市—区—街道—社区"四级信息联动，帮助民众高效办事，帮助政府有效处置。

3. 杭州：借助电子商务整合服务业全面升级，优先建立云计算产业集聚地

杭州凭借世界领先的电商服务优势，引领服务业全面整合升级。一方面，杭州持续巩固电子商务相关产业优势，全面构建海陆空现代智能化物流体系，建设完善 eWTP 示范区。另一方面，杭州侧重于打造线上教育、办公、医疗新兴产业平台，针对相关重点领域，杭州出台了极具吸引力的产业扶持政策，为留住产业人才、引进产业人才，有针对性地持续释放政策红利。同时，杭州在移动支付领域的覆盖深度、广度都位于全国第一。在疫情初期，杭州向全国乃至全世界展示了城市数字化管理的卓越成就，率先推出杭州城市"健康码"，立马在全国形成示范效应，短短十余天，200 多个城市借鉴采用。

杭州优先打造云计算产业聚集示范基地。杭州高新区作为全国首批国家级高新区，其长期深耕于数字产业，培育了众多数字产业领军企业。杭州在数字经济产业领域已经形成齐全的产业链条，数字经济产业集聚发展效应明显，全社会 R&D 投入与万人发明专利数均位列全国第一梯队。"十三五"期间，杭州重点在云计算、人工智能、工业互联网等领域全面发力。当前，阿里云在亚太市场的占有率超过了美国科技巨头亚马逊和微软的总和，长期稳居市场占有率第一。截至 2020 年初，阿里云服务的全球客户企业已超过 300 万，包括 190 家世界 500 强企业，以及中国 A 股一半以上的企业。在阿里云引领和政府产业政策的引导下，杭州大型企业、中小企业都被带动起来，在区域内形成了云计算产业集聚效应，集聚了全国七成的云计算能力。

4. 重庆：以产业创新融合驱动数字经济升级

重庆市通过完善新型基础设施，配套相关产业创新驱动政策，探索

适用于中部地区的数字产业集聚发展新模式，并重点突出实体产业与大数据、人工智能的融合发展，驱动成渝经济圈的高质量发展。

重庆作为我国最大整车制造基地之一，借助传统汽车制造优势，驱动车联网相关产业整合发展。从整车制造到车联网系统，重庆都有一定的工业制造基础和产业技术积累。地形丰富多变的山城重庆，为无人驾驶等创新技术的研发与测试提供了众多试验场景。同时，重庆市规划两江新区将率先实现智慧道路全区域覆盖，成为我国车联网的先行示范区。

重庆全力实施大数据驱动发展战略，运用智能化技术推动传统产业转型升级，并逐步调整产业结构，稳步培育智能制造特色产业，打造中西部地区"智造重镇"。在产业智能化转型升级上，重庆着力半导体集成电路产业和显示产业，半导体领域汇聚了以万国、紫光为代表的产业集群，新型显示领域汇聚了以京东方等为代表的产业集群。同时，重庆运用数字信息技术推动"智慧名城"建设。打造城市大数据资源中心，推动大数据在政府管理、社会治理等众多领域落地应用，深度融合区域政务数据共融共通，建设智能化应用场景。

（二）数字经济强国他山之石

1. 美国

（1）动用国家力量确保数字经济领域的世界第一强国地位

美国在数字经济诸多领域领先全球，不仅在数字经济整体规模上远远大于其他国家，而且拥有的数字经济产业门类十分完整。虽然美国在数字经济领域在全球拥有绝对领先优势，但其仍将中国数字经济的高速发展视为重大威胁，故而在诸多领域运用美国国家力量打压、挤兑中国企业的发展空间，稳固其全球领先地位。

（2）制定强力产业政策，确保数字经济核心产业的领先地位

美国数字经济的增长贡献率是其经济增长的最大来源，并持续为美

国经济提供活力，为此，美国制定了强有力的数字经济相关产业政策，以应对世界各国特别是中国数字经济高速增长的挑战。

美国在数字经济领域的领先地位并非都源于自由市场的竞争，其中相关产业政策也起到了重大作用。美国在杜鲁门政府时期就成立了美国国家科学基金会，该机构一直是美国基础科研的重要投资方。美国国家基金会设立十大前沿领域（每四年更新一次），每年向高校科研机构投入巨额资金，用于十大前沿领域的新技术研发、创造以及相关商业化，并由此带动各州建立地方性科研中心，推动热点领域的科技创新，并鼓励私人公司参与到中心建设之中。

2. 英国

（1）在国家层面上制定数字经济优化升级战略

自 2008 年英国政府首次提出"数字英国"战略起，英国陆续出台多部国家层面的数字经济发展战略。2017 年，英国公开发布新版《数字英国战略》，对打造世界领先的数字经济综合体提出了全面且详尽的战略规划，战略分别从全球数字连接性、数字技能兼容性、数字经济领域发展、经济应用部门、网络空间、数字化政府建设、数据信息安全七个方面开展统一部署。

（2）深度建设数字政府服务平台

2016 年，联合国公开调查报告显示，英国政府数字服务和数字参与率稳居世界第一。英国是全球最先开展数字化政府建设的国家之一，2012 年发布《政府数字战略》，2016 年、2017 年相继发布《信息通信技术发展战略》《政府转型战略（2017—2020）》等政策文件，力争打破政府各机构之间的壁垒，运用数字信息技术实现公共数据共享，努力实现公民平等有效享有政府提供的公共服务权利。2019 年更新《数字服务标准》，提出 14 项具体数字服务标准，逐步增进公民及企业对数字信息服务的理解与运用能力。同时，英国政府还成立了数字经济咨询委员会，负责统筹数字经济在全英应用场景的建设,打造透明的数字服务体系。

3. 欧盟

(1) 加强数字基础设施建设

在2025年前,欧盟计划将所有成员国家庭的带宽提升到100mb/s以上,学校、医院、政府窗口部门等公共机构,将拥有更快的网速。同时,在《欧洲数据发展战略》中提出打造具有世界领先优势的云计算服务,全面评判了当前欧盟存在的供需矛盾,力求降低欧盟对外国数字经济企业的技术依赖程度。另外,欧盟计划在2021~2027年加大对超级计算机、人工智能、应用软件开发等领域的支持力度。

(2) 建立统一的数据标准

建立数据统一的标准,能解决数据开发中的诸多关键性问题,特别是在人工智能的各类应用场景下,数据如果没有统一标准,其互操作性将直接阻碍各行业之间的数据交流互通。建立统一的数据标准在欧盟内显得尤为迫切,欧盟成员国在政策、市场等众多方面还存在尚未统一的地方,这将直接影响区域内数字经济的发展。因此,欧盟极力打造统一标准的欧盟公共数据平台,制定统一、多方认可的平台法律框架。

(3) 提升公民数字技能和数据运用素养

欧盟认为,在当前经济环境下,数字素养已经成为公民应具备的基本素养,是数字经济时代的公民基本素质。同时,欧盟区域内大数据处理分析领域相关岗位需求是巨大的,目前还存在大量岗位空缺,这与欧盟公民数字技能较低有直接关系,欧盟计划在2025年实现公民数字基本知识普及率达到七成,培养50万名数字信息技术领域的从业人员。

(三) 对粤港澳大湾区数字经济发展的启示

1. 强化粤港澳大湾区对数字经济的扶持力度

数字经济是新经济的形态,是今后相当长一段时期内经济增长的重要来源，基于上述分析不难发现，无论是国内数字经济强市，还是国外数字经济强国，其对本区域内数字经济产业的政策扶持力度之大显而易见。粤港澳大湾区要在激烈的市场竞争中取得领先优势，必须不断出台完善区域数字经济发展的政策措施，通过多项举措进一步稳固区域竞争优势，持续引导私人资本进入数字经济相关基础设施建设之中。加大对数字经济的扶持力度，一是要强化数字经济的顶层设计，出台中长期数字经济产业发展规划，分步建立数字经济战略高地。二是要尽快打破阻碍数字经济发展的壁垒，充分落实"放管服"改革，鼓励相关科研机构大胆创新，提升对科技创新的容错率。三是要加大对数字经济主体的财政税收支持力度，在税收、土地用地等方面给予切实优惠，在核心技术开发等众多方面给予补贴鼓励。四是积极组织高水平数字经济活动，借助深圳、广州的科技创新中心区位优势，充分探索打造具有全球影响力的产业集群。

2. 打造高标准的数字经济设施环境

数字经济设施环境情况直接影响当地数字经济的发展水平，数字基础设施是支撑数字经济平台有效运转的基础保障。建立高标准数字基础设施建设标准，全面提升数字基础设施的数量与质量，有利于创建更具市场吸引力的营商环境。作为粤港澳大湾区内的重点城市，深圳、广州可以利用其在传统信息设施方面的优势，加速推动5G、大数据、人工智能等新一代基础设施升级改造。首先，要拓展5G的应用场景。5G作为新一代通信技术具有更多运用的可能性，充分挖掘5G的运用场景，既能有助于充分使用基础设施，还可能延伸出更多的数字经济产业。其次，推进云计算在政府机构、大中小企业中的应用。云计算能为政府和企业提供更高效的信息处理能力和更低廉的维护成本，并能提升区域内整体的智能化水平。最后，加快物联网等智能终端设备的普及速度，从需求端推动数字经济产业链的发展。

3. 保护数据安全，提升数字环境治理水平

加速数字经济全面发展的同时，不能忽视数据安全问题。当前数据共享与隐私保护的冲突、企业利润与社会福利的权衡等已是数字经济的重要研究方向。在市场层面，要规范数据交易的制度要素，在隐私保护、数据确权方面都需制定统一标准，打通数据正常市场流通的通道，实现数据有效市场交易；在技术层面，运用区块链等技术对数据产生、流通等链条环节进行安全化、标准化处理，为维护数据信息安全提供坚实有力的技术支撑。在法律层面，明确界定数据各环节主题全责范围，为打击数据经济犯罪行为提供法律依据，并加大对数据信息安全的宣传力度，坚决打击数据安全类犯罪行为。

4. 探索建立新型监管模式，鼓励数字经济创新发展

进一步深化湾区内"放管服"改革，在合理适度的前提下放宽数字经济领域的准入条件，消除影响新经济产业发展的各类阻碍。湾区内不同发展水平的城市可以针对自身情况制定出台地方性数字经济法规，加大对数字经济领域内知识产权保护力度，提升综合行政执法的合法性。建立对互联网从业主题的全生命周期监管，研发相关监管科技系统，用大数据技术监管大数据企业，提前甄别、防范并有效化解危机。湾区通过建立有效监管体系为企业提供全生命周期的法律保障，鼓励中小微数字经济企业做大做强，同时激励数字经济头部企业再创新，降低头部企业再创新发展的政策风险。

5. 打造成为全国领先的数字产业集聚地

粤港澳大湾区内城市根据自身资源要素天赋，选择数字经济领域部分要素作为着力点，重点打造优势领域，实施重点领域克难攻坚任务，形成核心自主关键技术，并提升科技成果商业化的能力。针对数字经济领域大中小企业的不同需求，坚持精准实施、分类指导的原则，推动数字经济头部企业进一步释放发展活力。打造更具竞争力的营商环境，引

入并培育众多的数字经济产业企业，保护数字经济产业企业的知识产权，为符合条件的数字产业企业提供更多融资发展渠道。探索城市内优秀的数字经济企业向湾区内其他城市发展，为有潜力的企业提供更广阔的发展机遇，推动科技企业由空间物理集聚向网络化集聚转变，借助湾区内不同城市的不同分工，共同建设辐射全国的数字经济产业集聚高地。

6. 借助深圳先行先试政策优势，打造现代化数字治理体系先行示范区

深圳率先探索优化数据生产要素配置机制，持续推动政务数据共享共通，实现政务数据的公开透明化，降低政务与企业之间数据交流成本，探索构建数据交换安全通道，以及标准版流程。整合政府数据资源，降低数据交流成本，提高政府公共服务水平。全力推进智慧城市建设，探索大数据与城市治理深度融合，提升政府数据分析能力，为民众提供精细化、专业化的公共服务，并根据产业和应用场景变化及时调整治理模式。鼓励和支持社会力量参与到不涉密数据的开发、运用之中，提升数据在政府、企业、民众间的使用效率。面对数据信息违法行为，建立跨区域联合执法，并不断健全数据安全保障体系。

7. 加快粤港澳大湾区内数字经济企业国际化发展进程

支持湾区内本地数字经济企业积极实施"走出去"战略，与国际优秀的研发机构开展技术合作，并积极开拓国际市场，吸引全球知名金融科技企业来大湾区落地发展。鼓励数字经济企业参与到"一带一路"倡议中，在产学研合作、跨境电商、国际贸易等诸多领域开展全面合作，为沿线国家交流提供高质量的数据互联互通服务。探索建立和纽约、东京大湾区等世界级湾区的数字交流合作渠道，开拓粤港澳大湾区的国际朋友圈，定期发布湾区内数字经济研究报告，供国内外投资人、从业者及其他潜在用户参考。

四　粤港澳大湾区数字经济推动高质量发展的可行对策

（一）加强新型基础设施建设引领

1. 推动融合基础设施建设

打造双循环战略基础支撑、实现粤港澳大湾区高质量发展的前提在于基础设施建设的合理布局与高效运作。大湾区坐拥优越的地理位置，依靠以香港为核心的航空枢纽，以广州、深圳为代表的航运枢纽，再加上跨城市的多式联运枢纽，已经形成了互通互联的通道。数字经济新背景下进一步建设应加快海陆空铁、物流等基础设施向智能化升级，推动融合基础设施建设。充分运用信息技术改造提升现有传统基础设施和公共服务设施，利用5G、大数据技术应用于智慧出行、公共交通、智慧物流、智慧医疗、智慧教育等场景，推动传统基础设施趋向智能化、数字化、网络化发展。

2. 加快信息基础设施建设

新一代信息技术的高速发展需要粤港澳大湾区数字经济以新兴信息技术的基础设施建设为支撑。加快信息基础设施建设，一要加速信息基础设施建设布局，全面规划部署5G、物联网、数据中心及运算中心建设，实现城市、乡镇、园区平台信息化建设和网络全覆盖，推进物联网感知设施、高速智能信息网络、一体化大数据中心等信息基础设施建设；二要提高信息收集、处理、分析及决策能力，利用大数据、云计算及物联网等先进信息技术为湾区产业集聚、升级提供数据支持，实现区域内流通资源优势互补与协同整合；三要保障信息安全，推动信息建设有效运行还需要湾区加强规范信息网络安全管理与法律建设，保障信息交换、流通安全。

3. 布局创新基础设施建设

创新基础设施建设一方面要推动湾区内企业掌握核心技术，引进优势企业，发挥龙头企业创新带动作用、核心城市周边辐射作用，营造优势企业聚集、服务多元、投资活跃的创新发展环境，以此推进创新产业集聚；另一方面积极拓展多种创新场景，推进重点实验室、产业创新园区、科教创新，推进创新产业孵化器、科技成果转化平台、基础前沿技术研发平台等基地建设。

此外，粤港澳大湾区"一个国家、两个制度、三个关税区"的特征在某种程度上成为信息、资金等要素跨区域流通的障碍，区内各城市间跨区域、跨境协调发展缺少一体化服务机制，严重阻碍湾区协调发展。因此在基础设施互联互通、区域一体化协调发展的过程推进中还需加强配套服务体系的建设，推进各方政府共建共管、相互配合，创新服务模式，由湾区试点先行，自上而下构建协同服务机制，统筹规划湾区内事项规划和决策，由此发挥创新基础设施、要素流通机制、配套服务体系的协同效应，为粤港澳大湾区数字经济高质量发展创造有利的客观条件。

（二）促进技术研发，攻克"缺芯少核"难关

1. 技术研发激励，保护制度安排

一是提高技术研发的积极性，增加科技专项，对标产业技术需求，开展技术研发，针对湾区内一些高技术企业与行业提供政策和资金扶持。加强创新经济要素聚集，建设创新、创业集群，吸引资金、人才、信息与资源，有力推动技术研发良性互动。加速推进"广东强芯"计划，支持核心元器件、高端芯片、工业软件的重点研发，集中突破和攻克核心技术。推进湾区内国家实验室建设和省重点实验室综合建设，努力承担国家战略科技攻坚任务，加速推进粤港澳大湾区建设成为国际科技创新中心，形成结构合理、功能完备、自主可控的技术服务中心。

二是加强技术产权保护制度安排，完善产权保护的配套法律。加速

技术、数据、软件等确权、获权、维权流程，明确保障技术、数据拥有者合法权益，让拥有者敢于、愿意提供技术，同时落实技术转化应用收益政策和技术开发企业相关税收优惠政策，探索湾区技术安全保障一体化、规范化管理建设，构建更高质量、更深层次的技术资源良性互动长效机制。

2. 突破关键技术，协调创新资源

实现粤港澳大湾区科技高质量发展，关键在于突破一系列"卡脖子"技术障碍。在数字经济新时代，湾区发展要重点布局5G、核心芯片、人工智能、先进材料和生物医药等重大科技领域，实现核心技术自主掌握。同时积极促进技术"软建设"，在实践过程中应充分发挥粤港澳大湾区国际科技中心的引领作用，通过配套政策文件，加大科技投入和优秀人员互动，吸引技术人力资本注入。粤港澳大湾区还可以利用区域优势联合培养人才，采取联合办学或者定点扶持的方式来发展教育事业，为粤港澳地区的发展输出大批次的高素质的人才。密切关注全球顶尖学者和研发中心，积极与知名院校、科研机构、跨国公司开展技术交流，推进开展与国内外先进实验室、高科技企业有效合作，打破技术壁垒。

3. 提高创新成果转换能力

推动政府重点扶持、牵线企业、机构与高校创新研发活动的开展，依托香港、深圳等城市高校及科研院所打造产学研集群，以企业需求为导向，助力域内科研机构和高等院校精准承接，鼓励企业和科研机构建立共同研发中心，加强高校与企业之间资源的优势集成。深入建设湾区一站式的科技服务运营中心，以发展高端科技服务业集群、促进科研成果密集转化为总体目标，丰富创新成果的应用场景，加速推动创新成果与实体经济深度融合，重点打造域内数字经济、数字技术的试验区、示范区，加速创新成果落地，推进创新成果的转化应用。

（三）落实产业化应用，提升数字化治理能力

1. 推进产业转型升级

粤港澳大湾区发挥数字经济引领高质量发展始终强调产业转型升级，尤其广东坚持制造业立省，数字经济下更要依托技术重点为制造业"赋智""赋能"。坚持大力推进珠三角地区制造业智能化、数字化升级，打造"互联网+制造"，开展工业互联网创新融合试点，着力培育一批工业互联网平台商、服务商，贯彻整个制造业过程部署，摆脱固有模式、单一供给，推动针对企业难点和产业需求的个性化模式创新，促进传统制造模式向基于个性需求定制的新模式转变。同时，支持电子商务、跨境电商新业态高速发展，赋予其更高程度的开放。此外，优化粤港澳大湾区产业布局，一般制造业可以向域内周边一些经济相对欠发达的地区转移，核心城市大力发展高端产业，平衡珠三角地区的经济发展水平，缓解企业运行之中面临的人力和土地成本压力，进一步优化粤港澳地区产业布局。

2. 助力信息产业发展

粤港澳大湾区凭借深圳、广州两个高新科技产业聚集的城市，形成了较好的信息产业基础，接下来应聚焦信息技术产业，继续扩大数字产业规模。对于高技术行业如电子信息制造业、软件和信息技术服务业、电信、互联网等给予重点支持；对于5G、大数据等信息产业实施加速推进，积极培育信息产业园区，探索信息产业创新应用场景，加速数字经济相关实验室、跨境大数据中心落成，提升跨境、跨区域信息交互水平，让信息产业在壮大数字经济、推动产业转型升级等方面发挥更大作用；在人工智能领域促进产业集聚，建设人工智能示范园区、创新基地等，依托于此载体，加强技术、信息、人才、资金等要素聚集和优化配置，构建湾区智慧城市群，通过信息产业建设和推广，由点及面形成示

范和辐射效应，推动粤港澳大湾区数字经济发展创新与协作。

3. 提升数字化治理能力

以"数字湾区"建设为牵引，在政府层面上构建现代化治理体系，落实"放管服"改革、"数字政府"建设，以政府数字化引领发展，推动政务和信息化深度融合，推动政府服务的应用创新，提高政府办事效率，释放数字经济创新政府管理的巨大潜力和数字红利；企业层面构建具备海量数据采集与分析服务的综合型互联网应用平台，融合数据汇聚、标准规范、金融服务、物流服务等，为湾区一、二、三产业的企业提供规范开放的共享服务。支持具备一定数字化基础的企业大力开展数字化转型，构建企业发展云平台，基于云平台实现网络化协同、移动化办公和智能化改造，减少企业发展的物理阻碍，提高企业效率。鼓励中小微企业通过购买、租用的方式借力使用数字化技术、产品和服务，促进企业全方位向数字化转型。

（四）开拓国际市场，促进开放与合作

1. 继续加大开放力度

粤港澳大湾区作为世界级大湾区之一，始终坚持对外开放，致力于打造成为具有国际竞争优势的国际湾区。在我国经济发展进入新阶段的背景下，湾区发展应紧抓国内国际双循环相互促进，通过"引进来""走出去"双向加大开放力度。

一是持续加快"引进来"步伐。湾区目前致力于国际金融中心、世界级港口、自由贸易区建设，要立足现有资源和现实条件，进一步优化政务、市场、营商、创新及投资等诸多方面环境，努力建成与世界级湾区定位相适应的区域平台。利用清单模式、自由贸易港、自由贸易试验区的政策吸引全球资源，针对性吸引国际优势企业和科技产业入驻，有序放开电信领域外资准入限制，吸引更多的外资高端制造业项目落

地,融合多方力量共建粤港澳世界级湾区。另外,湾区发展应突出特色优势,区内门类齐全,商业环境好,应紧紧抓住跨境电子商务这一贸易发展新趋势,进一步发挥全球资源要素配置的核心作用,强化湾区对外开放窗口的重要引擎功能。

二是积极实施"走出去"战略,借力"一带一路"倡议,积极融入"一带一路"建设。围绕粤港澳大湾区的优势领域,与其他国家积极开展合作交流,积极参与对沿线国家的投资和建设,共同研究科技前沿问题及成果转化与应用,逐步提升湾区创新国际影响力。进一步注重提升对外开放水平,特别是提升数字经济产业对外开放水平,鼓励有实力的国内企业提高国际化经营水平,深度融入国际市场竞争。

2. 加快与国际高标准规则接轨

加快与港澳规则衔接、国际高标准规则对接是推动粤港澳大湾区更高水平开放、更深层次融入全球经济的重要举措。相比之下,香港、澳门地区拥有更高水平的国际化程度。湾区与国际高标准规则接轨应先以湾区内互通为抓手,深化粤港澳三地共性领域,就共识度高、群众密切关注的领域开展交流与合作,合力发挥全球金融中心、制造业中心、商贸中心、创新高地的粤港澳三地优势,搭建湾区内交流合作机制,促进彼此之间良性互通,推动湾区规则衔接更趋畅通。

接轨国际更高标准水平。一方面,加强与经济发展强劲的国家和地区合作,强化与美国、英国、德国、以色列、日本等科技强国的深度合作,在前沿或交叉学科领域实施基础科学研究合作计划。另一方面,湾区要主动嵌入国际分工体系高端环节。人工智能、区块链、云计算、大数据、物联网等前沿技术推动着全球格局发生深刻调整,湾区发展要把握机遇,加强湾区经济、科技发展前瞻性研究,积极促进产业升级,对接国际产业价值链高标准规则,实现粤港澳大湾区在国际分工体系中由低端向中高端攀升,推动粤港澳大湾区在国际竞争合作中发挥引领性作用。

参考文献

中国信息通信研究院政策与经济研究所、中央广播电视总台上海总站：《中国区域与城市数字经济发展报告（2020 年）》，2020。

中国信息通信研究院：《中国数字经济发展与就业白皮书（2019 年）》，2019。

新华三集团数字经济研究院：《中国城市数字经济指数白皮书（2019）》，2019。

荆文君、孙宝文：《数字经济促进经济高质量发展：一个理论分析框架》，《经济学家》2019 年第 2 期。

刘向耘：《从粤港澳大湾区建设看金融如何支持经济转型升级》，《金融经济学研究》2018 年第 1 期。

刘淑春：《中国数字经济高质量发展的靶向路径与政策供给》，《经济学家》2019 年第 6 期。

李晓华：《数字经济新特征与数字经济新动能的形成机制》，《改革》2019 年第 11 期。

邝劲松、彭文斌：《数字经济驱动经济高质量发展的逻辑阐释与实践进路》，《探索与争鸣》2020 年第 12 期。

吴海江、王超然：《粤港澳大湾区科技创新的现状、问题及对策》，《城市观察》2019 年第 6 期。

黄鹏、陈靓：《数字经济全球化下的世界经济运行机制与规则构建：基于要素流动理论的视角》，《世界经济研究》2021 年第 3 期。

朱发仓、乐冠岚、李倩倩：《数字经济增加值规模测度》，《调研世界》2021 年第 2 期。

陈晓东、杨晓霞：《数字经济可以实现产业链的最优强度吗？——基于 1987 - 2017 年中国投入产出表面板数据》，《南京社会科学》2021 年第 2 期。

王子丹、袁永、胡海鹏、廖晓东、邱丹逸：《粤港澳大湾区国际科技创新中心四大核心体系建设研究》，《科技管理研究》2021 年第 1 期。

凌连新、阳国亮：《粤港澳大湾区经济高质量发展评价》，《统计与决策》2020 年第 24 期。

谢菁、邹杨、宁祺器：《湾区经济发展战略对区域经济增长的影响——基于粤港澳大湾区的实证研究》，《当代财经》2020 年第 12 期。

新发展格局下粤港澳大湾区开放银行发展研究[*]

于孝建　徐维军　张卫国　黄敏宜[**]

摘　要：推进金融科技创新、加快数字经济发展是适应新发展格局的重要环节。开放银行作为一种提倡"开放、合作"理念的新型金融科技创新模式，是加快形成新发展格局的有效路径。从开放银行的本质与粤港澳大湾区的发展定位看，二者存在诸多契合点。大力推进粤港澳大湾区的开放银行建设，既能让银行借助湾区内丰富的创新资源和优越的合作环境加快数字化开放转型进程，推进银行业乃至金融体系的创新变革，同时也符合粤港澳大湾区金融产业协同融合和创新发展的诉求。本报告基于对国内外及大湾区开放银行发展现状的梳理总结，提出新发展格局下粤港澳大湾区开放

---

[*] 项目资助：粤港澳大湾区发展广州智库课题2019年度青年课题（2019GZWTQN01），项目名称：粤港澳大湾区开放银行发展战略研究；广东省哲学社会科学规划项目（GD20SQ11），项目名称：粤港澳大湾区大力发展特色金融产业研究；国家自然科学基金—广东联合基金（U1901223），项目名称：粤港澳大湾区跨境融资金融风险度量及协同管理创新研究；科技部科技创新2030—"新一代人工智能"重大项目（2020AAA0108404），项目名称：复杂金融信息网络下的系统性风险感知与智能决策研究。

[**] 于孝建，华南理工大学经济与金融学院金融学系副教授、华南理工大学金融工程研究中心副主任、硕士生导师；徐维军，华南理工大学工商管理学院决策科学系主任、广州市金融服务创新与风险管理研究基地执行主任、研究员、博士生导师；张卫国，华南理工大学工商管理学院院长、广州市金融服务创新与风险管理研究基地主任、教授、博士生导师；黄敏宜，华南理工大学经济与金融学院金融硕士。

银行的发展对策与建议，为构建多元、有序、安全、共赢的粤港澳大湾区开放金融生态提供思路。

关键词： 粤港澳大湾区　开放银行　开放 API　金融科技

一　引言

近二十年来，伴随中国经济的蓬勃发展，金融领域尤其是银行业面临新的挑战。一方面，金融消费者、小微企业等日益旺盛的金融需求无法得到有效满足。据国家统计局统计，2020 年末，我国社会融资规模存量达 284.8 万亿元，同比增长 13.3%，显示出市场主体强劲的信贷需求。实体经济的健康发展和金融市场的稳健运行，要求金融需求侧与供给侧的良好适配。因此，有必要优化金融供给体系，促进金融资源的高效配置，充分发挥金融对实体经济的支撑作用。另一方面，数字渠道成为金融服务行业竞争的一大赛道，金融科技企业的涌现和壮大向传统商业银行运营模式发起挑战。国内由阿里巴巴、腾讯带头的互联网企业向金融服务领域进军，在网络支付、互联网金融、零售银行等领域发力，准确把握当前金融消费者对金融服务的个性化、即时性、便捷性需求。

2019 年，贝恩公司对全球 22 个国家和地区超 13 万零售银行客户进行了访问调查。[①] 调查发现，数字渠道是当前金融消费者，尤其是青年群体获取如申请信用卡等金融服务的重要渠道，成熟科技公司提供的金融服务产品被普遍接受；在中国内地，数字渠道占总渠道比例已超过 50%，消费者对科技公司提供的金融产品的接受度高达 89%。金融科技企业和专业金融公司已成为传统零售银行业务流失的重要因素，这既是目前传统银行的痛点所在，也是银行未来发展的着力点。

商业银行越来越认识到数字化转型的重要性与紧迫性，着力寻求数

---

① 贝恩公司：《2019 年全球零售银行调查报告——传统银行如何走出业务流失困境》，2019。

字化创新手段，抢占新一轮科技革命和产业革命的高地，开放银行模式由此被多家银行采纳并逐渐成为传统商业银行应对新兴科技企业冲击、拓展金融业务应用场景、提升金融服务效率、促进数字化转型升级的新趋势。

开放银行是一种提倡"开放、合作"的新型业态模式，其出现起初源于英国和欧盟地区对大型银行数据开放的政策要求，随后在世界各地监管层及市场参与主体的积极探索下内涵日益丰富，并衍生出新式多样的发展形态。根据目前主要发展形态，可以将开放银行的定义归结为：利用API、SDK、H5等技术，将数据、产品服务、交易、流程等底层业务功能封装并输出到金融科技企业、第三方合作伙伴乃至整个商业生态系统的平台化商业合作模式。

2020年4月10日，习近平总书记在中央财经委员会第七次会议上首次提出"新发展格局"这一概念。构建以国内大循环为主体、国内国际双循环相互促进的新发展格局，是培育新形势下参与国际竞争和合作新优势的重大战略部署，而推进金融科技创新、加快数字经济发展是适应新发展格局的重要环节。开放银行作为一种新型金融科技创新模式，是加快形成新发展格局的有效路径。

作为国家经济增长极和推进构建新发展格局的重要窗口，粤港澳大湾区长期以来以科技创新为核心驱动引领和支撑全国经济、社会、技术发展，在金融产业结构和金融生态体系上具有独特的区位优势。随着同质化竞争加剧以及区域发展空间的挤压，区域内金融深化发展面临瓶颈，地区间发展不平衡现象也逐渐凸显。大力推进粤港澳大湾区的开放银行建设，既能让银行借助湾区内丰富的创新资源和优越的合作环境加快数字化开放转型进程，推进银行业乃至金融体系的创新变革，同时也符合粤港澳大湾区金融产业协同融合与创新发展的诉求。

目前，我国政府部门对开放银行发展的重视程度与日俱增。在全国层面,尽管尚未有明确的监管标准出台,但引导性政策正不断丰富。2018年5月,中国银行保险监督管理委员会发布《银行业金融机构数据治理指引》,以引导银行业金融机构加强数据治理,提高数据质量。在2019年发布的《金融科技(Fin Tech)发展三年规划(2019—2021年)》中,中国人民银行明确提出可"借助应用程序编程接口(API)和软件开发工具包(SDK)等手段深化跨界合作,在依法合规前提下将金融业务整合解构和模块封装,支持合作方在不同应用场景中自行组合与应用,借助各行业优质渠道资源打造新型商业范式"来促进开放银行生态建设。2020年2月13日,中国人民银行进一步发布《商业银行应用程序接口安全管理规范》,对商业银行应用程序接口的安全设计、部署、管理、集成、运行等过程提出安全技术与安全管理要求,同时也为开放银行数字化转型提供标准和参考。在区域层面,2019年,广东省发布《粤港澳大湾区发展规划纲要》《广东省推进粤港澳大湾区建设三年行动计划(2018—2020年)》《中共广东省委全面深化改革委员会关于印发广州市推动"四个出新出彩"行动方案的通知》等文件,在构建网络信息安全体系和加强数据隐私保护上均施以笔墨,为粤港澳大湾区开放银行的发展提供良好的网络环境和数据开放的基础。

二 粤港澳大湾区和开放银行的契合点

(一)"金融+科技"契合点

一方面,开放银行是金融与科技融合的产物,其对银行的数字化运营能力具有较高的要求,而粤港澳大湾区完备的金融生态体系和雄厚的金融科技实力为银行拓宽数字渠道、建设开放银行创造了有利的发展条件。

首先,粤港澳大湾区拥有一个世界级金融中心与两个区域级金融中心，背靠两大证券交易所，集聚大批金融机构，金融业综合实力强劲。其次，大湾区的金融科技实力突出。截至目前，广东省和香港两地已汇集超过4300家金融科技企业。在2020年3月发布的全球金融中心指数报告（GFCI 27）中，深圳、香港和广州三大核心城市纷纷跻身金融科技领域指数前列，位列第6、第7和第8名。[1] 珠三角的数字经济占GDP比重居于全国首位[2]，在人工智能、大数据、云计算等数字信息技术方面具备扎实的产业基础。2020年广东省新经济占地区GDP的比重达25.2%，新经济增加值同比增长3.0%。[3] 同时，粤港澳大湾区是我国创新要素的集聚地，具备较强的数字技术创新能力和优秀的科研成果转化能力。打造亚洲金融科技枢纽是香港的核心战略目标之一，香港正加大创投扶持力度，设立创科创投基金，为初创企业营造良好的科创生态环境。澳门正大力推进数字化智慧化城市构建，加快落实政府专有云计算中心及大数据技术应用项目的建设。广东省作为首批国家数字经济创新发展试验区之一，拥有大批科研实验室、创新平台以及丰富的高校人才资源。因此，建设开放银行，粤港澳大湾区拥有得天独厚的"金融+科技"优势，大湾区扎实的数字基础为开放银行发展形成强有力的技术支撑和驱动效用。

另一方面，打造国际金融枢纽、建设国际科技创新中心是《粤港澳大湾区规划纲要》中的重要内容，更是粤港澳大湾区的战略发展目标。构建开放银行，既能促进金融服务效率的提高，加快多层次、广覆盖、一体化的金融体系构建，进一步提升大湾区的金融产业竞争力，同时也有助于创新要素集聚，增强大湾区的科技创新发展能力。

开放银行模式具有两大特点，一是对用户数据的共享，二是对金融

---

[1] 英国Z/Yen集团、中国（深圳）综合开发研究院：《第27期全球金融中心指数》，2020。
[2] 21世纪经济研究院、阿里研究院：《2020粤港澳数字大湾区融合创新发展报告》，2020。
[3] 广东省统计局：《2020年广东宏观经济运行情况》，广东统计信息网，2021年1月24日，http://stats.gd.gov.cn/tjkx185/content/post_3183211.html。

场景的延伸。数据的共享整合能使各方准确把握信息要素，缓解信息不对称问题，提高信息使用效率；服务创新与场景创新能拓展现有金融服务的广度和深度，有效提升金融服务效率和质量。在科技创新方面，开放银行以开放 API、SDK、H5 等技术手段将商业银行与外部的软件应用开发商、第三方服务提供商、个人创业者等链接起来，有效激发参与主体对创新应用场景的研发热情，同时开放金融的推广也催生了一批数据传输、安全保障等服务提供商，间接为开放银行赋能，加快湾区内创新要素的流动速度，提升流动效率，带动区域内更广泛更深入的创新交流。

（二）"开放+合作"契合点

开放与合作，既是粤港澳大湾区鲜明的区位特征，也是开放银行理念所在，因此开放合作是粤港澳大湾区与开放银行的又一契合点。

粤港澳大湾区是比肩纽约湾区、东京湾区、旧金山湾区的全球第四大湾区。对比其他三大湾区，粤港澳大湾区在格局上具有"一国、两制、三币、四核"的特点，这一特征赋予了粤港澳大湾区得天独厚的金融开放环境与金融合作能力，为开放银行模式在湾区内的落实提供了优越的环境条件。在内部合作方面，粤港澳大湾区是我国最主要的跨境金融中心之一，具备丰富的金融合作基础。粤港澳三地通过各式各样的金融科技合作突破跨境服务壁垒。跨境就业逐步常态化，"跨境理财通"业务试点正加快落实，澳门与横琴的特色金融开放合作不断拓展和深化，推动粤港澳大湾区各地区各领域互联互通。在对外交流方面，粤港澳大湾区是我国对外全面开放的示范平台，也是构建国际交往中心的最佳区位选择之一。香港和澳门拥有高度自由化的金融市场与一流的营商环境，在对接国内与国际市场中发挥着积极作用。大湾区开放包容、多元合作的金融市场环境有利于境内外优秀金融机构与科技企业的高效对接,在与国际不断深入的合作中实现大湾区开放银行生态的国际化接轨。

从开放银行角度,"开放""合作"的开放银行理念与粤港澳大湾区的发展定位是一致的。一方面,开放银行通过数据的共享开放有助于打破行业、地区乃至跨境的信息数据割裂的状况,促进湾区内金融资源的协同融合,提升金融跨境服务能力。另一方面,创新合作是商业银行布局开放业务的主要方式,在与其他外部开发商、服务供应商多层次多领域的合作中,链接各方优质资源,创新金融服务模式,重构产业价值链。建设开放银行,有利于加速粤港澳大湾区人流、物流、资金流汇聚,促进金融产业结构调整优化,为粤港澳大湾区发展营造更优的开放合作环境。

三 全球开放银行发展现状

(一)各国开放银行发展模式

从驱动方向看,不同国家和地区的开放银行主要归为两种发展模式(如表1所示)。一种是由监管驱动或政府引导的"自上而下"模式,该模式主要通过政策、标准的方式引导银行数据和服务开放,进而促进中小金融机构和第三方服务机构的创新发展,激活金融及周边服务市场。欧洲、澳大利亚、新加坡和中国香港均采用此模式对开放银行进行积极探索,其中欧洲地区的制度探索走在世界前列。另一种是由市场驱动的"自下而上"模式,金融机构通过开放银行服务占据新市场,获取新的盈利机会。同时由于监管当局对数据开放采取非强制形式,银行商业模式及业务形态根据市场需求确定,因此呈现多元化特点。美国、以中国内地和韩国为代表的新兴亚洲市场即采用该模式,发展态势尤为强劲。

表 1 开放银行的两种发展模式

自上而下模式	自下而上模式
监管驱动或政府引导	市场驱动
通过大银行的开放促进中小银行及第三方机构的发展	通过开放银行占据新市场，获得新的盈利机会
有一定的开放银行标准	商业模式根据市场需求确定
欧洲、澳大利亚、新加坡、中国香港等国家和地区	美国、韩国、中国内地、印度等国家和地区

资料来源：根据公开资料整理。

1. 自上而下模式

英国是全球践行开放银行的"先行者"，其通过概念提出、研究机构设立、标准框架制定等方式，为开放银行实践创造良好的监管环境。早在 2010 年，英国竞争及市场管理局（以下简称"CMA"）就已率先提出开放银行概念以应对僵化的银行体系，打破大行垄断局面，促进金融业服务创新。2015 年 8 月，英国政府专门成立开放银行工作组（以下简称"OBWG"），OBWG 于次年 3 月发布《开放银行标准框架》(The Open Banking Standard)，提出开放银行数据、API、安全三大标准及相应的治理模式，用以维持开放银行标准的有效运行。在此基础上，OBWG 还列出详细的实施计划，逐阶段推进基于 API 的银行服务理念落地，该标准框架也被各国广泛借鉴、采纳。在落实开放措施方面，2016 年 8 月，CMA 要求英国前 9 家大银行（CMA9）联合出资成立开放银行实施组织（OBIE）。截至 2019 年第二季度，除 CMA9 外，还有 10 多家银行自愿加入开放行列，以及 85 家第三方服务商和 52 家账户提供者加入开放银行计划。① 在 API 响应速度上，英国 Open Banking 官网数据显示，2021 年 2 月平均 API 响应市场缩短至 559 毫秒，响应成

---

① APImetrics, "UK Open Banking APIs Performance Analysis: 2018", Finextra, May 03, 2019.

功数量 6.697 亿，成功率达到 99.23%。① 总体而言，英国开放银行规模扩张速度较为迅猛，但仍存在提升和优化空间。

同一时期，欧盟亦加紧出台开放银行监管法规。2015 年 11 月，欧盟从支付着手，在原有 PSD 基础上修正并发布新支付服务指令（Payment Service Directive 2），该法案强制要求欧洲银行自 2018 年 1 月 13 日起必须把支付服务和相关客户数据开放给第三方服务商，同时该法案首次纳入了支付发起服务商和账户信息服务商两类新兴市场参与者，并通过制定支付账户开放规则、强制实施用户认证体系加强数据保护，改善消费者体验。2016 年 4 月，欧盟进一步推出《通用数据保护条例》（GDPR），赋予用户对数据更多的管控权，以鼓励金融科技创新，重塑银行金融服务。

随后澳大利亚、中国香港等国家和地区也效仿英国和欧盟制定监管框架并逐一落实。香港金融管理局于 2018 年 7 月发布《香港银行业 Open API 框架》，框架中明确银行业开放 API "四步走" 路线图，分阶段落实各项开放 API 的功能。澳大利亚则是于 2018 年 5 月以金杜律师事务所（KWM）发布的《开放银行调查建议》（Review into Open Banking）作为参考出台了监管框架，对开放数据范围及具体实施计划进行一一明确。2019 年 8 月，澳政府通过《消费者数据权利法》（CDR）。在该法案下，澳公民被赋予对个人数据更大的控制权，且能更自由便捷地与信任的平台机构分享个人账户数据。尽管两个国家或地区都从监管层面积极推进开放银行进程，但具体实践进展缓慢，目前香港在金融服务批准机制方面仍存在问题，而出于对"网络安全环境"的担忧，澳大利亚 CDR 法案生效日期被推迟至 2020 年 7 月。

与欧洲、澳大利亚和中国香港不同，新加坡政府以引导为主，采取自愿性策略推动开放银行业务发展，在监管方面未设立任何强制性法规

---

① 参见英国 Open Banking 官网，https://www.openbanking.org.uk/。

```
英国成立开放银          英国OBWG发布        新加坡金融管理局联       澳大利亚政府通过
行工作组（OBWG）        《开放银行标准》      合新加坡银行协会发       《消费者数据权利
                                         布《API指导手册》        法》（CDR）
    ▽         2015年11月      ▽         2016年4月     ▽        2018年7月    ▽
 2015年8月      ▽       2016年3月       ▽         2016年11月      ▽      2019年8月
    欧盟发布因支付服        欧盟通过《通用                   香港金融管理局
    务指令（PSD2），       数据保护条例》                   发布《银行业开
    于次年生效            （GDPR）                      放API框架》
```

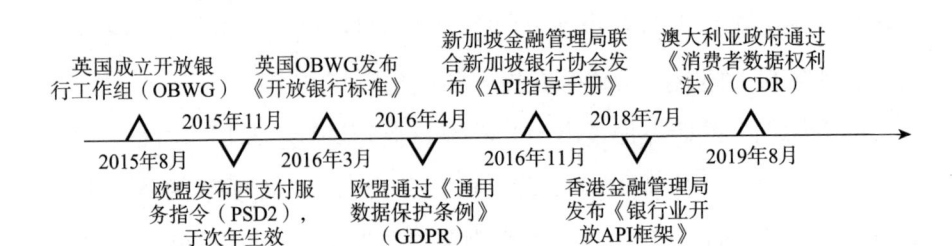

图 1　开放银行监管发展历程

资料来源：根据公开资料整理。

或条例。2016年，新加坡金融管理局（MAS）联合新加坡银行公会（ABS）颁布《API指导手册》（*Finance as a Service：API Playbook*），专门成立了包含六大类金融数据的API注册中心，引导银行自主开放API，鼓励中小银行金融服务创新。得益于政府政策指导，新加坡形成了良好的开放生态环境。至2018年末，MAS向公众开放用以查询金融业公开信息的APIs共42支，引导国内银行开放APIs 313支，新加坡也一度被咨询机构IDC评为亚太地区开放银行环境最成熟的国家。2020年12月，新加坡政府推出"新加坡财务数据交换平台（SGFinDex）"，用户可通过电子政府密码（SingPass）获取花旗、星展等七家银行和三家政府机构的个人财务信息和数据，未来也有望获取股票、债券、保单等投资工具的相关汇总信息。①

2. 自下而上模式

美国对商业银行数据开放并不采取强制性或引导性措施，开放银行发展由用户需求驱动。迄今为止，没有迹象表明美国正在制定新的开放银行法规，官方对数据共享只有指导性意见，API接口未设定统一标准。但得益于其成熟的金融体系和开放包容的金融环境，美国市场对新型金融科技创新反应迅速，银行、金融科技公司等市场参与者纷纷布局

---

① 《新华财经丨新加坡政府推出财务数据交换平台》，新华社客户端官方账号，2020年12月8日，https://baijiahao.baidu.com/s?id=1685473118521438604&wfr=spider&for=pc。

开放战略，如富国银行、花旗银行、BBVA 和 Capital One 均创建了开发者平台和许多 API，中间层如 Yodlee、Intuit 等科技公司为数据整合流通和第三方公司金融创新提供高效支持，形成富有生机的开放银行生态圈。在全球开放银行发展潮流推动下，由美国消费者金融保护局（CFPB）起草的《经消费者授权的金融数据共享和整合原则》于 2017 年 10 月正式出台，该原则规定消费者有权知悉产品服务提供商对自身数据使用情况的信息，以保护消费者的数据管控权，实现消费者授权下的金融数据共享。

在中国，金融科技企业来势汹汹，传统商业银行急需谋求新的发展渠道，数字化转型迫在眉睫。中国开放银行的发展可以追溯到 2012 年，中国银行首次提出"开放平台"概念，并于次年率先上线中银开放平台。但由于彼时银行业界对开放理念、平台概念知之甚少，故并未得到较高的市场关注度。随后几年陆续有银行推出开放类产品，其中多以 SDK 为载体嵌入场景。2018 年以来，随着开放银行理念在国内快速升温，银行开放速度明显加快，尤其是国有制和股份制银行，各行纷纷以平台化思路推出各具特色的开放银行服务（见表 2）。2018 年 7 月，浦发银行推出 API Bank 无界开放银行。随着对开放金融的深入探索与实践，浦发银行于 2020 年 9 月进一步发布《开放银行 2.0——全景银行蓝皮书》，致力于打造面向"全用户"、贯穿"全时域"、提供"全服务"、实现"全智联"的全景银行。紧随其后的，工商银行、建设银行陆续推出开放银行平台，招商银行也先后迭代上线招商银行 7.0 和掌上生活 7.0 两款 App，实现开放转型。据不完全统计，国内超过 50 家银行已上线或正在研发开放银行平台和服务产品。[①] 对实践银行的进一步整理，可以将其分为三类：一是以工商银行、浦发银行为代表的传统商业银行，二是以百信银行、民生银行为代表的直销银行，三是以微众银

---

① 中国人民大学金融科技研究所：《开放银行全球发展报告》，2020。

行、网商银行为代表的互联网银行。从实践主体和开放举措的多样性看，开放银行已成为大势所趋。

我国开放银行业务实践位于世界前列，而在监管上则采取包容创新的理念，未对其发展进行过多干预。随着进程推进，开放银行建设日益受到相关监督部门的重视。2019年，央行发布《金融科技发展三年规划》，其中提到可"借助API和SDK等手段深化跨界合作，在依法合规前提下将金融业务整合解构和模块封装，支持合作方在不同应用场景中自行组合与应用，借助各行业优质渠道资源打造新型商业范式"来促进开放银行生态建设。2020年2月13日，中国人民银行发布《商业银行应用程序接口安全管理规范》，从安全设计、部署、管理、集成、运行等流程为商业银行搭建应用程式接口提出安全技术与安全管理要求，同时也为银行向数字化开放银行转型提供标准和参考。

表2　中国主要商业银行开放实践

时间	银行	开放举措
2013年	中国银行	2013年，中银开放平台上线；截至2019年末共开放1600多个API接口，涉及跨国金融、代收代付、移动支付，以及地图读物、网点查询、汇率牌价等服务
2016年	微众银行	推出金融SDK，可在银行App内体验；2019年3月与腾讯合作研发面向"开放银行"场景的金融科技应用
2017年	上海华瑞银行	推出综合金融服务SDK产品"极限"，包括支付、电子钱包、电子卡包、极度贷、场景贷、企业经营贷六大类SDK产品
2017年	南京银行	推出"鑫云+"互联网金融平台，主要集中在互联网支付、消费信贷、云计算等领域
2018年	工商银行	启动智慧银行ECOS建设工程；API开放平台投入运营，包括账户结算、资金结算、员工薪资、商户收单、网络融资、投资理财、跨境财资、商户运营和安全认证九大类服务API
2018年	上海浦发银行	推出API Bank（无界银行）；截至2019年末，共开放400个API接口，包括网贷产品、跨境电商、集中代收付、公共缴费等32种功能分类 2020年9月进一步发布《开放银行2.0——全景银行蓝皮书》

续表

时间	银行	开放举措
2018年	建设银行	推出开放银行管理平台；涉及账户管理、支付结算、信用卡、投资理财、贷款服务、生活服务、直销银行、"建行惠懂你"八大类产品
	招商银行	迭代发布招商银行 App 7.0、掌上生活 App 7.0，由卡片经营全面转为 App 经营，开放用户和支付体系
	兴业银行	推出兴业数金开放平台，全场景支付系统、电商交易系统、聚合缴费系统三大系统及信贷、财务报表等多重功能
	众邦银行	推出众邦银行开放平台，服务范围覆盖供应链金融、投资、融资、钱包支付、公共服务等总计 180 多个接口
	百信银行	发布智融 Inside 系统作为统一开放入口；至 2019 年末已开放 350 多个 API 接口，输出信贷、理财、银行账户、智能风控等能力
	富民银行	搭建互联网开放平台并推广至多家金融机构、技术服务商、SAAS 平台型企业和平台企业，已接入超 100 个商户，提供金融服务能力数超 130 个
	新网银行	开放超 300 个 API 接口，涵盖购车、教育、交通出行、电商购物、创新创业、生产经营等服务领域
2019年	民生银行	依托直销银行打造开放银行，构建"云+开放平台+链接器"的综合金融服务平台，打造"BBC 开放式金融云""开放银行""ISV 开发者生态""产融结合方案库"等众多服务和商业模式
	光大银行	2015 年，推出光大直销银行，将银行的产品、服务直接以 API、SDK 等技术方式输出给第三方合作公司； 2019 年，进一步将"直销银行"升级为"开放银行"，对外提供 API 接口超过 400 个
2020年	农业银行	2020 年 1 月上线开放银行平台，开放了用户认证、账户服务、支付结算、信用卡、理财融资、信息服务六大类产品接口

资料来源：根据公开资料及各银行官网信息整理。

（二）全球开放银行生态

开放银行是一种全新的商业模式，其以开放平台作为媒介，将银行与科技公司进行双向链接。一方面，银行能通过与科技公司合作，利用其对场景的创新能力进行获客导流；另一方面，科技公司也能利用银行的数据资源及能力，为共同的客户提供契合需求的金融服务。因此，开放银行也是一个开放、合作、共赢的生态系统，不同层次参与主体在不同驱动因素下通过多方位合作，共同挖掘用户诉求，将各参与方的能力有效连接、转化，实现金融服务价值最大化。近十年来，开放银行理念逐渐在全球蔓延，一些银行与金融科技公司及时觉察到了金融数据共享的机遇，早早布局，积极践行金融数字化。在对开放银行模式的积极探索下，目前全球发展已初具规模。根据中国人民大学金融科技研究所的研究报告，开放银行生态结构可根据金融服务提供主体分为"账户层—中间层—生态层"三层，并与监管层、用户层共同构成开放银行生态体系（见图2）。

账户层是底层账户数据和金融服务的提供者，同时也可能是开放平台的搭建者，通过借助自有或他方平台以API形式实现与生态层的链接。该层次可能是拥有海量用户数据资源和强大金融基础设施的传统银行、券商机构，但碍于缺乏雄厚的技术背景，务须创新金融业务模式以满足更多用户需求；也可能是如数字银行、虚拟银行等的新型金融机构或金融科技企业，在新发展阶段下积极探索新型金融消费需求。在国外，西班牙、美国、新加坡等地的多家银行主动拥抱开放银行发展浪潮，纷纷推出自有开放银行平台。西班牙对外银行（BBVA）是全球数字化的先锋，其于2016年开始启动OPEN API平台，目前共计发布了用户肖像数据、账户数据、支付、贷款、实时通知等11个大类API。与此同时，花旗银行、富国银行也均在2016年分别推出API开放平台——API Developer Hub（API开发者中心）和Wells Fargo Gateway，引领开放步伐。在亚洲，得益于政府的主动引导，新加坡星展银行亦走在世界前列。星展银行致力于向科技公司转型，并于2017年底推出同行业最大的API平台，服务覆盖新加坡和中国香港，迄今为止已开放超过350个API，并与90多家企业实现了战略合作。

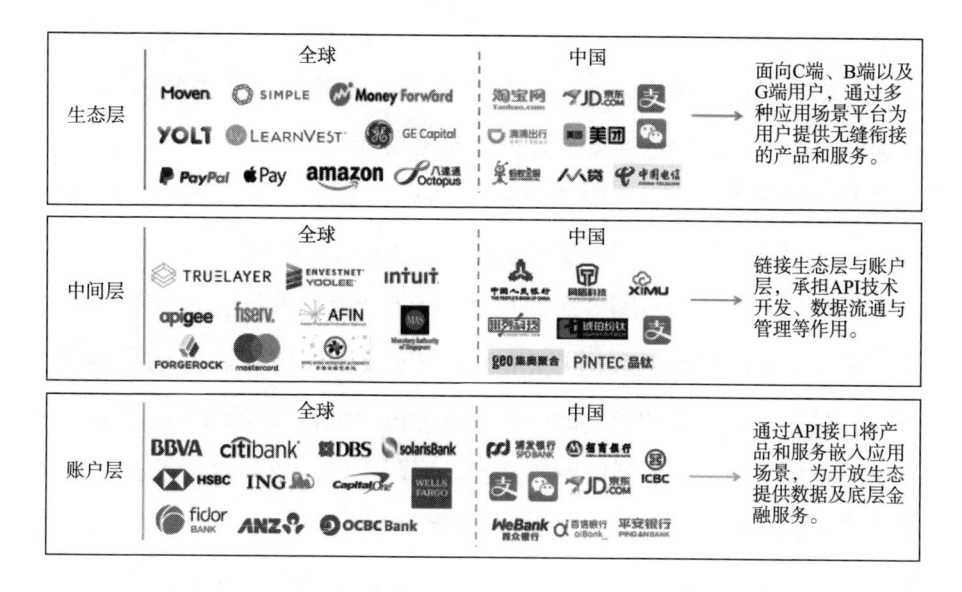

图 2　全球及中国开放银行生态结构

资料来源：根据公开资料及各公司官网信息整理。

中间层是开放银行生态中的技术支撑部门。开放银行的实现离不开API技术，同时开放银行构建也离不开人工智能、大数据、云计算等前沿技术的支撑和驱动。中间层在开放生态中承担API开发、数据流通、安全管理等作用，间接为开放金融赋能。该层次的参与主体包括政府部门、金融科技公司、IT技术服务商等，其中比较具有代表性的中间层企业有英国的Truelayer公司和美国的Yodlee公司。Truelayer构建了开放数据和支付支持两个API平台，用于为金融科技公司、零售商等相关合作企业提供银行API访问服务。截至2019年末，TrueLayer已与Monzo、Starling Bank、Zopa等多家金融科技公司实现业务往来，负责英国约65%的开放式银行业务。而同样是搭建第三方开放银行平台、提供中间服务的美国Yodlee公司，链接了全球1200多家金融机构，将整合的账户数据提供给第三方进行金融创新。Yodlee自成立以来已积累了16000多个全球客户金融数据来源，成为极具竞争力的数据整合商，其庞大的数据资源也为其后期搭建第三方开放银行平台奠定了坚实的基础。

上端生态层直接面向 C 端、B 端以及 G 端用户，在中间层的支持下调用底层账户层的数据信息，创新应用场景与金融解决方案。生态层的参与主体极为丰富，包括金融科技公司、电商平台、金融服务提供商、生活服务平台、第三方支付企业、个人创业者等诸多市场主体。各参与主体涌入商业生态圈，通过开放 API 调用底层银行的数据资源和服务组件，从不同领域创新、丰富和完善开放银行应用场景，为用户提供无缝衔接的金融产品和服务的同时，也为传统银行与提供技术支持的中层金融创新公司开拓了新的营收途径。国际上较为知名的生态层企业包括数字银行 Moven、Simple，财务管理平台 Yolt、Money Forward、LearnVest，第三方支付机构 PayPal、Apple Pay，电商平台 Amazon、GE Capital，等等。此外，生态层上还有广泛的服务类机构通过 API 等形式将金融服务接入自身平台，为客户提供多元化场景平台，以及丰富且便捷的开放式服务。

聚焦国内，开放银行理念持续升温，传统银行和金融科技公司正加紧探索、落实开放银行模式，其发展速度和受重视程度均在迅速提升。在国内，商业银行是开放战略的主要施行者和主力输出方。不同银行根据自身对开放银行的理解进行布局，或自建平台，或与第三方合作，逐渐向开放平台模式迈进。同时，开放生态中还存在大量的科技公司，如同盾科技、徙木金融、排列科技、琥珀纷钛等，通过金融云、大数据、智能营销、智能风控、生物识别、智能投顾等技术全面赋能开放银行。在生态层上，国内同样呈现百花齐放之势，淘宝、京东、滴滴等消费平台，以及蚂蚁金服、人人贷等金融平台在不同领域发挥差异化优势，创新金融服务，与商业银行和其他生态参与者展开深入合作，形成良好的开放银行生态闭环。从现实情况来看，账户层、中间层和生态层三个结构层次之间并不互斥，一家机构可同时属于不同层次，并在不同位置上发挥作用。以国内的支付宝为例，其最基础的功能是为用户提供第三方支付服务，同时又融合了理财、保险、生活服务、公益等多个应用场景以链接用户。经过多年的探索，支付宝已然发展成为一个功能性强、覆盖面广的开放式平台。

综合国内外开放银行发展经验，尽管国外在监管层面上领先一步，但在具体实践进度上差异不大。国外银行受监管要求，以开放数据、输出数据为主；而国内银行受市场需求驱动，以产品、服务和功能开放为主，通过小程序、App 或通过 API 接口连接第三方平台将金融产品和服务嵌入合作伙伴的各种场景当中，以拓展自有场景，实现引流获客。就开放程度而言，国内目前仍处于初级发展阶段，开放银行概念尚未统一，开放银行服务形式以拓展既有业务和场景为主，且到目前为止仍未形成一个系统化的行业标准、商业模式。

在数字化渠道成为金融服务获取主流渠道的当下，银行需要更灵活的业务模式以保持行业竞争力，因此商业银行数字化转型已是必然。构建开放银行是实现银行数字化转型的重要途径，而构建开放银行的关键之处在于构建开放、共享、包容的开放银行生态圈。2020 年，新冠疫情席卷全球，在对世界经济造成冲击的同时也为开放银行发展提供了契机。疫情期间，"非接触式服务"得到加速发展。网商银行带头发起"无接触贷款"助微计划，[①] 以在线申请的数字贷款方式为中小微企业、个体工商户及农户等提供贷款，放贷全流程线上化，无人工接触。"无接触贷款"计划在推出的 3 个月内，已为全国 1000 万家小微企业提供资金支持，有效缓解了中小微企业经营压力，助力企业复工复产和经济复苏。"无接触贷款"的推出是构建开放银行生态体系、助力数字普惠金融的有效尝试，随着消费者对无接触贷款、无接触金融的认可度提

---

① 《全国 100 多家银行参与"无接触贷款助微计划"》，新华网，2020 年 3 月 12 日，http://www.xinhuanet.com/2020-03/12/c_1125699167.htm。

高，金融数字化转型的速度将进一步加快。未来，开放银行将由产品到数据、由非核心到核心，逐步向开放账户信息阶段，乃至共建场景平台、共享平台收益的最终阶段迈进，与合作伙伴共享产品、服务、客户，形成一体、互融的生态系统。

四 粤港澳大湾区开放银行发展现状

随着开放银行理念在全球推广，大湾区内不少主体开始积极探索、践行开放银行模式，逐步形成独具一格的粤港澳大湾区开放生态。由于不同的政治体制与高度自治的政策，粤、港、澳三地在开放银行建设上存在明显的区别。鉴于澳门在开放银行实践上的空缺，本部分仅对香港和珠三角两个地区的开放银行发展现状进行梳理与总结，并根据现阶段的发展情况探讨粤港澳大湾区开放银行发展面临的阻碍与挑战。

（一）香港特别行政区：框架先行，逐阶段推进

2017年9月末，香港金融管理局（HKMA）推出迈向智慧银行新纪元的一系列举措，"促进开放应用程式介面（开放API）"即是七大举措之一。[①] 该举措鼓励香港银行与金融科技公司等第三方服务提供者通过开放API进行信息共享创新金融产品。2018年7月，HKMA贯彻"风险为本"原则，发布《银行业开放API框架》，作为香港开放银行建设的重要指引，鼓励香港金融机构借助开放API向第三方企业开放其内部系统和信息资料。该框架中明确了"四步走"实施路线图，四阶段开放API分别为查阅银行产品和服务资料、接受银行产品申请、读取或更改账户咨询以及进行交易，在每一阶段框架中均设立了其高阶API功能供银行参考（见表3）。

[①] 参见香港金融管理局官网，https://www.hkma.gov.hk/gb_chi/key-functions/banking/smart-banking/。

表 3　香港银行业开放 API 的实施阶段

阶段	开放 API 功能	例子	推出时间
第一阶段	查阅银行产品和服务资料	存款利率、信用卡优惠、收费等公开资讯	2019 年 1 月底前
第二阶段	接受银行产品申请	申请信用卡、贷款产品等	2019 年 10 月底前
第三阶段	读取或更改账户咨询	账户结余、信用卡结欠、账户交易记录	在 2020 年内公布一套技术标准，其后订定具体的实施时间表
第四阶段	进行交易	付款及转账	

资料来源：香港金融管理局官网。

目前第一、第二阶段已如期实施。其中参与第一阶段 API 开放的银行共 20 家，为公众提供超过 500 个用于查询银行产品服务的 API 接口，各银行开放 API 的详细资料则统一列示于香港科技园的 Data Studio 中。随着开放进程推进，开放 API 功能也逐渐深入。考虑到第三和第四阶段的实施复杂性，为更好落实开放任务，金管局计划推出更详细的开放 API 技术标准，视一、二阶段的落实情况再确定后两个阶段的具体开放日程，但截至 2021 年 2 月，该标准仍未出台。尽管实施时间还未确定，部分银行与第三方服务提供商已提前为下一阶段做准备，以双边合作的形式积极探索 API 应用场景。

香港特别行政区的开放银行建设深受英国开放经验的影响，以全局框架先行，采取稳健推进的方式逐阶段落实相应的开放 API 功能。与英国不同的是，框架目前并不强制银行开放 API，银行也可在符合要求的情况下根据自身情况对实施标准，包括框架、结构和数据，以及相应的实施计划进行自主把控。目前香港特别行政区共有 160 多家银行，包括 8 家虚拟银行，他们正以不同的金融科技战略布局数字银行相关业务。

在颁布开放 API 框架的同时，HKMA 也逐步在其网站上以 API 形式逐步开放包括统计数据、新闻稿、收银车日程表等在内的所有金融数据和重要资讯，鼓励公众应用这些数据和信息进行研究分析和开发新的服务产品。为响应 HKMA 倡议，2019 年 1 月 14 日，香港银联通宝有限公司正式推出香港首个开放 API 交易平台——JETCO APIX，吸引了业内 13 家银行[1]与包括 OpenS 赖斯、PrICIC. K. HK 和 MunyHalv. M. HK 在内的多家电子服务提供商加盟。此外，香港银行业正筹备一项金融基建新设施——"商业数据通"，突破传统"一对一"的模式，实现多方数据安全有效共享。[2]

（二）珠三角地区：自主探索，开放形式多样

改革开放以来，珠三角地区借助与港澳的融合发展孕育了广州、深圳两座超级城市，虽然在金融实力上还无法撼动作为国际金融中心的香港，但广深两地在湾区内的核心程度正逐日增长，发挥着珠三角区域经济发展的引擎作用。珠三角地区的开放银行建设以广州、深圳两地的实践为主，在缺乏政府指引的情况下，商业银行、科技企业等市场参与主体通过自主探索的方式布局开放银行，目前已有多家商业银行采取不同的形式落实开放战略（见图 3）。

三家银行总部设于大湾区内的全国性股份制银行——招商银行、平安银行和广发银行——近几年来不断加大科技投入资金规模，引入大批金融科技人才，努力提升在供应链金融、跨境金融等方面的金融科技创新能力，为开放银行模式探索提供坚实的技术能力支撑。在开放银行建设上，招商银行主要以 App 作为能力输出载体，分别通过招商银行 App 和掌上生活 App 在金融服务和生活场景两端发力，实现金融全场景线上化。截至 2020 年末，两个 App 的累计注册用户数达 2.55 亿户，累计

---

[1] 包括东亚银行、交通银行（香港）、花旗银行、中国建设银行、创兴银行、中国中信银行（国际）、招商永隆银行、大新银行、富邦银行（香港）、中国工商银行（亚洲）、华侨永亨银行、大众银行（香港）及上海商业银行。

[2] 范子萌：《香港金管局余伟文：构建"商业数据通"香港金融基建发展迎来新突破》，上海证券报·中国证券网，2020 年 11 月 2 日，https://news.cnstock.com/news, jg-202011-4612225.htm。

新发展格局下粤港澳大湾区开放银行发展研究 | 105

广州银行
牵手神州信息，在分布式ESB（企业服务总线）系统、互联网金融平台和互联网开放平台三大平台上达成合作。

城市商业银行

招商银行
迭代发布招商银行App7.0、掌上生活App7.0。
招商银行App为用户提供账户管理、支付结算、投资理财等金融服务；掌上生活App聚集于消费金融场景，如饭票、影票、生活缴费等生活场景。

微众银行
提出"3O"体系：开放平台、开放创新和开放协作。
目前已推出"微车贷"及"微动力"理财超市等基于场景的金融产品服务，提升用户使用体验。

全国性股份制银行

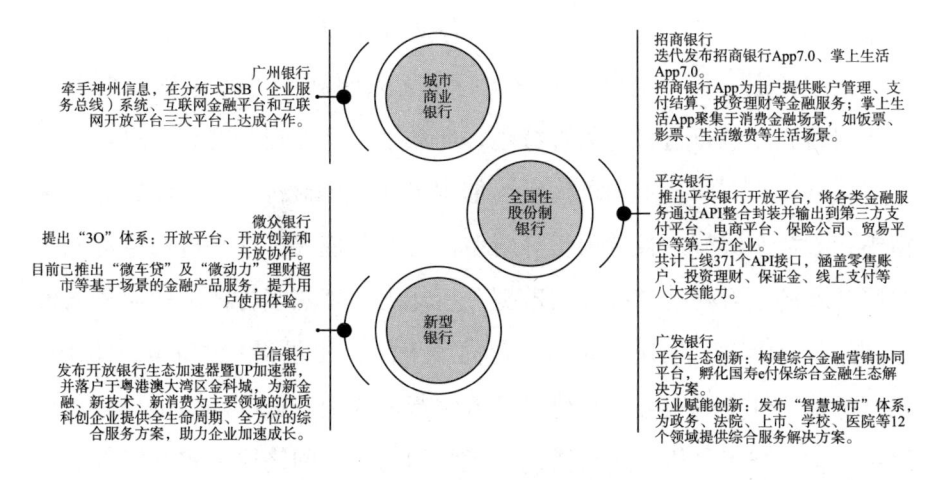

平安银行
推出平安银行开放平台，将各类金融服务通过API整合封装并输出到第三方支付平台、电商平台、保险公司、贸易平台等第三方企业。
共计上线371个API接口，涵盖零售账户、投资理财、保证金、线上支付等八大类能力。

百信银行
发布开放银行生态加速器暨UP加速器，并落户于粤港澳大湾区金科城，为新金融、新技术、新消费为主要领域的优质科创企业提供全生命周期、全方位的综合服务方案，助力企业加速成长。

新型银行

广发银行
平台生态创新：构建综合金融营销协同平台，孵化国寿付综合金融生态解决方案。
行业赋能创新：发布"智慧城市"体系，为政务、法院、上市、学校、医院等12个领域提供综合服务解决方案。

图3　珠三角地区商业银行开放实践
资料来源：根据公开资料及各银行官网信息整理绘制。

月活跃客户（MAU）达1.07亿户。[①] 平安银行则推出平安银行开放平台对接合作方企业，实现价值输出与生态赋能。至2020年末，该行开放平台已实现以API、SDK、H5等方式服务客户11900户，日接口调用量已超3000万次，全年累计交易达43.29亿笔。[②] 广发银行在开放银行建设上虽不及前面两家银行，但也紧跟开放步伐，着手打造开放银行金融场景生态，目前已形成两种创新模式。

其次，在大湾区内，以广州银行为代表的城市商业银行正逐步摸索开放模式的应用场景，通过与科技型企业的合作加快开放步伐。2019年，广州银行牵手神州信息与三大平台达成合作。一是分布式ESB系统，通过业务集成帮助广州银行实现应用系统架构升级[③]；二是联网金融平台，通过整合前端App、网贷平台、大数据平台等第三方服务，实现用户对金融业务与账户的统一管理；三是互联网开放平台，聚焦于生活场景，

---

① 参见《招商银行年度报告（2020年）》，2021年3月20日发布。
② 参见《平安银行年度报告（2020年）》，2021年2月2日发布。
③ 《金融科技｜神州信息签约广州银行分布式ESB项目》，神州信息官网，2019年2月27日，http://www.dcits.com/show-269-1171-1.html。

应用 SDK、API 等技术链接第三方服务提供商和外部开发者，输出新零售、大型商圈、移动电商、共享出行、无人便利店等特色场景服务。①广州银行正逐步打造自身品牌特色，向数字化商业银行之路迈进。

此外，互联网技术的迅猛发展催生出如直销银行、互联网银行、虚拟银行、数字银行、智慧银行等新型银行经营模式，这些机构通常拥有雄厚扎实的金融科技基础及大数据分析能力，聚焦于传统金融业务未覆盖到的长尾客群，依托互联网平台向线上用户提供借贷、理财、保险、融资等综合性金融服务。在建设开放银行模式上，这些新型银行具备在组织架构、技术分析、平台搭建、互联网运营、网络风险控制等方面的天然优势，目前微众银行和百信银行已在大湾区内落实开放战略，形成独具特色的开放模式。

（三）当前大湾区开放银行发展面临的挑战与风险

1. 部分银行开放思路模糊

现阶段有许多金融机构对这种新型的商业模式进行探索、实践，但从目前粤港澳大湾区乃至国内外的开放银行发展情况看，不少银行存在开放战略不清晰、开放发展思路模糊的问题。这一问题的根源主要在于对开放银行模式缺乏全面、深刻的了解。开放银行平台是在大数据、云计算等底端信息数字技术的基础上搭建的，要求银行具备较强的资金实力、数字化创新能力和数字平台搭建能力，同时将传统组织架构向开放、敏捷方向转变以适应新型开放运营模式。开放银行在全球范围内还属于新兴概念，但仅经过短短几年时间就已成为全球金融业的热门话题，这也导致部分银行在未做好充足准备的情况下贸然入场，反而更容易在开放潮流中迷失方向。

---

① 《金融科技 | 神州信息再签约广州银行互金、互开两大平台，打造智慧银行连接器》，神州信息官网，2019 年 3 月 15 日，http://www.dcits.com/show‐269‐1183‐1.html。

另外，开放银行模式以开放数据为基础，银行开放思路模糊的原因还在于对数据共享的态度。一是不愿共享。目前许多银行仍保持着传统保守的数据私有观念，开放的 API 类型聚焦在支付、缴费、消费贷等零售端产品，核心数据开放程度有限。开放形式局限于传统渠道思维，难以实现突破。二是不敢共享。当前无论是在内地还是香港地区，都缺乏一套规范开放 API 的技术标准和安全标准，构建和维护 API 的时间和成本将直接影响参与主体们的开放意愿。客户的账户信息是场景平台为其提供更个性化、更丰富的金融服务的重要依据，因此，对账户数据进行更深层次的开放，进一步挖掘开放 API 的商业价值，既能提升金融服务能力和效率，也更有利于激励金融创新。

2. 适应开放新业态的挑战

传统商业银行在数字化转型上明显比一些金融科技企业慢了一步，而且由于科技水平较低，转型难度更大。当前金融业已经不仅仅是同业内部的竞争，以互联网巨头 BATJ 为代表的科技企业基于多年的终端用户储备，以饕餮之势瓜分金融市场份额，挤压传统金融机构的发展空间。因此，加快适应新开放金融业态是商业银行的必然抉择。开放银行是一种新型金融服务业态，其不仅要求对数据开放共享理念的转变，还涉及银行业乃至金融业在运营机制、盈利模式、业务管理等方面的深刻变革，粤港澳大湾区当前状况与形成成熟的开放银行服务业态之间还存在一段距离。

一方面，开放银行模式下业务关联方增加，业务交互关系更为复杂，必须依靠合理化、系统化的运营机制才能实现快速响应客户诉求、动态调整产品结构，提供最大价值的客户体验。另一方面，由于开放业务的多样性，开放银行盈利模式也具有多种形式，包括交易费用、收益共享、许可费用、API 调用费、数据费用、支持费用等。[①] 调研结果显示，银行更偏好于与合作伙伴共享收益的方式，而金融科技公司则更偏

---

① 凯捷管理顾问公司、欧洲金融管理协会：《2017 年全球零售银行报告》，2017。

好于收取交易费用，也即在交易中抽取提成的方式。不论是哪一种方式，开放银行盈利模式都是一个长期且复杂的过程，银行必须立足自身，选择契合企业发展战略的开放模式。比如，资本实力雄厚、风险承受能力较强的大型银行可尝试自主研发或投资搭建开放银行平台，而中小型银行则更适合以与金融科技公司进行跨界合作或联盟的方式融入开放生态。

3. 数据跨境流通障碍问题

数据跨境流通障碍长期以来都是制约大湾区金融协调融合发展的关键因素之一，这对粤港澳大湾区建设以数据为核心的开放银行同样会造成极大的不利影响。粤港澳三地数据割裂的原因主要体现在三个方面：一是制度冲突，港澳和内地处于两种不同的社会制度体系，必然影响到数据的跨境传输；二是技术冲突，统计标准存在差异也是制约三地数据合并的一大因素；三是法律冲突，香港、澳门与内地在法律层面对个人数据隐私的界定及适用范围不同，且由不同的信息监督管理机构进行管理，这为数据在粤港澳大湾区开放银行模式下的互联互通埋下安全隐患，而对于可能存在的信息跨境流动冲突，目前国内的法律体系也未提出明确的责任归属和适当的解决方案。同时，相较于香港和澳门自由的数据流通环境，中国内地在数据出入境方面具备较严格的审查机制。

目前，国家在维护数据出入境安全方面不断发力。由国家互联网信息办公室发布的《个人信息出境安全评估办法（征求意见稿）》明确要求，网络运营者需对其在境内收集到的个人信息按要求完成安全评估方可提供给境外机构或企业，并以合同形式与境外信息接收者明确相应的义务，切实保障个人信息安全出境。在大湾区内，南沙区正探索建设离岸数据中心，有望推出"跨境数据试验区规划方案"，推动粤港澳大湾区数据融通与要素流动，打造粤港澳大湾区国际数据合作试验区。

4. 数据信息安全治理问题

开放银行模式下，由数据共享引发的信息泄露风险也不容忽视。开放银行通过 API、SDK 等科技手段将金融服务覆盖到用户的各种生活场景中，使数据信息流通范围更广，并显著提高了数据流动速度，从而加大风险敞口暴露的可能性。为防止信息泄露和黑客攻击，对数据进行有效管理尤为重要。

其次，当前的监管体系大多对银行等金融主体具有较高的关注度和约束力，但对第三方企业尤其是非金融企业缺乏有效的监督管理。在一家商业银行的开放体系中，往往涉及多个第三方，不同的第三方可能与银行存在不同的合同或契约关系甚至没有合同关系，而目前国内尚未有健全的机制来规范这些第三方对访问数据的使用权限和授权范围，对于数据被挪作他用等事件无法进行有效规避。同时由于涉及的参与主体较多，当发生信息泄露等纠纷时责任分配更为复杂，银行很可能会成为"枪靶子"。

现阶段，内地和港澳三地多部现行法律为信息安全防范、数据有效流通提供了制度保障，如《个人信息保护法》（中国内地）、《个人资料（私隐）条例》（香港）和《个人资料保护法》（澳门），但传统的金融监管框架越来越难覆盖新金融业态的发展深度。对此，粤港澳大湾区还需健全相关数据治理机制，出台相关监管指导意见，加强跨境数据确权，对市场各主体及其行为加以规范和约束，促进数据有效安全流通。

五 粤港澳大湾区开放银行发展对策

（一）规范标准，强化风险防控

相较于香港已先行一步制定并逐步推进银行开放 API 实施计划，内地政府部门目前对开放银行的模式形态、发展进程等理论与实践认识都处于较为滞后的状态。对此，政府应从顶层设计出发，描绘粤港澳大湾区开放银行发展全景图。坚持标准先行，在制定数据共享使用规范、开放银行技术标准、第三方准入标准和接入流程、平台建设与管理标准等规范中明确各数据主体的权利职责，针对不同机构及业务划定开放红线，减少重复建设、质量参差、技术不兼容等问题，既要预防过度创新，又要避免"一竿子打死"。同时充分考虑各参与主体需求，考虑启动"沙盒监管"，降低企业机构研发创新金融产品服务的试错成本。

粤港澳大湾区是两种制度、三种货币共存的开放经济区域，在地区间金融合作协同上面临更高的挑战及要求。在数据流通方面，可借鉴欧盟地区的经验，探索适用于大湾区的数据安全流通规则，开展数据跨境安全管理试点，保障数据出入境的自由与安全；同时建立统一的监管平台和区域级信息管理中心，对数据流通、使用进行实时性、系统化、一体化的监控管理，建立安全有效、切实可行的数据开放共享机制，维护开放 API 的平稳运行，确保数据在区域内或与外部交流的传输中得到充分保护。

随着开放银行的发展，金融交易活动的瞬时性、交叉性、复杂性骤增，欺诈风险、法律合规风险、平台管理操作风险、第三方信用风险大大增加，有必要在构建进程中完善相关监管政策，为开放银行健康发展提供制度保障。对此，建议加强监管科技应用，加大力度探索区块链、人工智能、大数据等前沿技术在数据确权、数据溯源等方面的解决方案，实现实时化数据跟踪、智能化风险管理，将新型科技手段切实运用到现代金融监管的各个方面，使系统性金融风险得到有效控制。

（二）政策引导，完善数字基建

加大政策支持力度、完善相关基础设施建设、引导企业自主开放，是加快构建开放银行的重要的外部驱动力。一方面，加大对开放银行生态建设的财政支持力度，为各数据主体在搭建开放平台、创新服务方式、拓展业务渠道等流程中提供资金、技术、渠道、信息等支持。优化湾区营商环境，营造公平、灵活、多元、有序的开放金融市场体系，激发湾区企业的创新活力，促进同业或跨界企业间的多元深入合作，并吸引更多金融机构、科技企业入驻，形成良好的正反馈效应。另一方面，数字经济已成为现阶段经济发展的主要推动力，因此必须持续加大对粤港澳大湾区数字基础设施的建设，在数字技术上重点扶植金融云、人工智能、云计算、大数据、5G等前沿科技，提升大湾区金融科技发展水平；在数字人才上优化创新培育和人才培养环境，如举办"黑客松"竞赛，孵化具备开放API构建能力的优秀企业和开发者，设立大湾区开放银行发展研究机构，对开放银行的最新进展动态及时跟进。

开放银行引导政策的制定还应兼顾前瞻性和可行性，综合考虑粤港澳大湾区金融业发展特点、产业优势与开放银行发展目标，引导粤港澳大湾区开放银行规范、健康发展。目前粤港澳大湾区内的开放银行实践集中在香港、深圳和广州三地，必须发挥三大核心城市的联动效应，以点带面，带动粤港澳大湾区内其余城市的技术交流与金融合作，实现湾区开放银行共建共荣。此外，建议搭建一个覆盖大湾区、统一对接整合各数据参与主体的金融数据库，提升数据使用效率，减少信息不对称，实现资金在区域内快速安全流转，使金融机构能更有效地发挥其中介作用。

（三）多方协同，实现价值共创

开放银行模式下企业竞争不再是"零和博弈"，多方协作与开放共享是开放金融生态健康发展的内在诉求。数据共享是开放银行的核心，但目前湾区内在银行间、银行与第三方间仍局限于账户信息、产品服务信息的共享，核心数据开放程度依然有限。在数字化变革潮流下，参与主体们应持续扩大与同业或外部生态关联方金融科技合作的广度和深度，以开放平台和金融生态双轮驱动，打造优势互补、无界融合的开放银行生态圈，发挥各方协同作用，实现平台共建、风险共担、价值共创。加强粤港澳三地跨境合作与国际交流合作，积极借鉴学习国际开放银行建设的先进经验，搭建业务合作与交流平台，探索更多 API 技术跨境应用场景。

同时，对于开放生态中最核心的参与主体，商业银行应找准定位，根据自身基础条件、资产规模、技术实力、人才储备，以及风险承受能力等情况选择适宜的开放银行发展模式。例如，具备雄厚资金实力和充足人才储备的大型国有银行或股份制银行可选择自建开放 API 平台，结合投资、孵化、合作等方式完善自有生态圈。像城商行、农商行这样的中小型银行可用资源有限，不具备自建平台的实力，可向第三方平台开发商、大型银行寻求合作，或与其他银行、金融科技公司组成金融科技联盟"抱团取暖"，共享金融数据和科技技术，共同研发场景服务；采取差异化、定制化发展战略，凸显自身优势特色，发挥主观能动性，紧抓数字化转型浪潮，在开放银行建设中实现"弯道超车"。

（四）科技引领，助力普惠金融

金融的最终目标是服务实体经济，开放银行通过"引进来""走出去"双向驱动，将自身金融产品服务能力封装并输出到整个生态，实现了市场穿透和服务边界无限拓展，为创新数字化普惠金融新业态提供了新的解决方案，有效提升了金融支持实体经济的能力。

在开放银行模式下，银行不再局限于其物理意义，而是非具象金融服务的代称。用户体验是银行提供优质金融服务的立足点，在多元化、个性化、智能化的用户结构和需求趋势下，银行必须加速推进自身数字化转型升级，坚持科技引领，借助数据分析手段充分挖掘用户需求，对银行产品和服务拆分再打包，重塑客户旅程，给予用户最有价值的金融服务。

具体来看，银行要充分利用大湾区扎实雄厚的金融数字产业基础，强化企业新技术研究能力、金融数字化能力以及技术价值输出能力，全面探索和丰富新型技术在开放银行模式下的应用场景；构建智慧、高效的开放业务运营模式，完善数据挖掘算法和多维度用户分析体系，促进精准敏捷获客，提升金融服务准确触达目标用户的可能性与准确性，提升用户满意度；加强技术风险管控，搭建智能反洗钱、反欺诈服务体系，优化人工智能、机器学习、图像识别、生物识别等技术场景应用，保证开放业务交易和运行的安全性；努力提升银行的场景经营能力，缔造更具有价值与吸引力的消费者体验。

参考文献

蔡文德、曾晓立：《开放银行国际监管经验借鉴及启示》，《金融科技时代》2019 年第 4 期。

陈筱然、邱峰：《银行业转型新模式：开放银行运作实践及其推进》，《西南金融》2019 年第 9 期。

董希淼：《"开放银行"视角下的数字普惠金融——在"2019 品牌杭州·生活品质总点评"之金融科技论坛上的演讲》，《杭州（周刊）》2019 年第 Z2 期。

华劭慧：《开放银行：构筑开放生态，打造无界金融》，《新金融》2020 年第 1 期。

季成、叶军：《开放银行生态圈：模式、挑战和对策》，《新金融》2019 年第 8 期。

林光丰、林进忠、郑勇明等：《开放银行发展路径、生态圈构建及影响研究》，《福建金融》2019 年第 9 期。

马超：《传统银行如何引领开放银行时代潮流》，《银行家》2019 年第 7 期。

谭志清：《构建开放银行：粤港澳大湾区金融创新发展的战略举措》，《南方金融》2019 年第 5 期。

徐凯、唐培：《如何应对开放银行发展新趋势与新挑战》，《中国银行业》2019 年第 4 期。

杨丽：《开放银行的实践和发展建议》，《华北金融》2020 年第 6 期。

英国 Z/Yen 集团、中国（深圳）综合开发研究院：《第 27 期全球金融中心指数》，2020。

张留禄：《金融科技引领金融创新与发展——以广州金融科技中心建设为例》，《金融科技时代》2017 年第 12 期。

周琰：《"开放银行"商业模式研究综述》，《甘肃金融》2019 年第 4 期。

21 世纪经济研究院、阿里研究院：《2020 粤港澳数字大湾区融合创新发展报告》，2020。

朗迪：《开放银行业白皮书（2018）》，2018。

麦肯锡：《开放银行的全球实践与展望》，2019。

同盾科技金融科技研究院:《开放银行全球创新发展与监管实践研究报告》,2019。

宜信:《开放银行与数字银行研究报告》,2019。

中国互联网金融协会:《2019开放银行研究报告》,2019。

中国人民大学金融科技研究所:《开放银行全球发展报告》,2020。

布莱特·金:《银行4.0》,广东经济出版社,2018。

李勇、李达:《开放银行:服务无界与未来银行》,中信出版社,2019。

Chen E., Gavious I., "Complementary Relationship Between Female Directors and Financial Literacy in Deterring Earnings Management: The Case of High-Technology Firms," *Advances in Accounting* 2016 (35): 114–124.

Kristin Mouer, "How to Build an Open Bank", *Garter*, 2017.

Mensi W., Tiwari A. K., Yoon S. M., "Global Financial Crisis and Weak-Form Efficiency of Islamic Sectoral Stock Markets: An MF-DFA Analysis," *Physica A: Statistical Mechanics and Its Applications*, 2017 (1): 471.

• 开放合作篇 •

新发展格局下粤港澳大湾区空间结构优化研究

贾善铭[*]

摘　要：《中共中央关于制定国民经济和社会发展第十四个五年规划和二〇三五年远景目标的建议》提出："加快构建以国内大循环为主体、国内国际双循环相互促进的新发展格局。"构建新发展格局成为我国未来长期坚持的发展战略。从区域经济理论和区域经济发展的实践来看，加快构建新发展格局对区域空间结构提出了更高的要求。理论研究证明，合理的区域空间结构是形成发展新动力、推进经济发展转型升级的重要方式，也是引导城市之间融合发展、实现城市群协调发展的重要途径。在这样的背景下，粤港澳大湾区要建设世界级城市群，需要结合加快构建新发展格局的要求积极探索，根据其目前空间结构的发展现状，采取针对性措施，实现空间结构优化，在加快构建新发展格局上走在全国前列，为新发展格局下实现区域空间结构优化提供粤港澳大湾区方案，贡献粤港澳大湾区智慧。

---

[*] 贾善铭，暨南大学经济学院副研究员，粤港澳大湾区经济发展研究中心研究员，主要研究领域为区域经济多极增长、区域协调发展、交通与区域经济。

关键词： 区域经济多极增长　新发展格局　粤港澳大湾区　空间结构优化

《中共中央关于制定国民经济和社会发展第十四个五年规划和二〇三五年远景目标的建议》提出："加快构建以国内大循环为主体、国内国际双循环相互促进的新发展格局。"构建新发展格局成为我国未来长期坚持的发展战略。构建新发展格局给我国区域经济发展带来了新的机遇，同时也要求各个区域根据加快构建新发展格局的要求做好各项工作，其中区域空间结构优化居于基础性地位，这是因为构建新发展格局的各项政策落地，都需要合理的空间结构作为支撑，粤港澳大湾区建设也不例外。构建新发展格局发展战略，为粤港澳大湾区空间结构优化提供了前所未有的机遇。在区域空间结构方面，《粤港澳大湾区发展规划纲要》明确提出："坚持极点带动、轴带支撑、辐射周边，推动大中小城市合理分工、功能互补，进一步提高区域发展协调性，促进城乡融合发展，构建结构科学、集约高效的大湾区发展格局。"在此基础上，粤港澳大湾区如何结合加快构建新发展格局的新要求，开拓创新，积极谋划推动区域空间结构优化，成为一个亟待研究的课题。

为此，本报告在深入学习贯彻《中共中央关于制定国民经济和社会发展第十四个五年规划和二〇三五年远景目标的建议》和习近平总书记对广东的重要讲话以及重要批示精神前提下，在认真落实《粤港澳大湾区发展规划纲要》《中共中央 国务院关于支持深圳建设中国特色社会主义先行示范区的意见》，以及广东省委、省政府相关政策文件基础上，深入分析加快构建新发展格局对粤港澳大湾区空间结构优化提出的新要求，结合增长极理论、区域空间组织理论，以为粤港澳大湾区全面发展提供更加合理的空间组织基础为目标，以空间结构优化助推粤港澳大湾区发展，在加快构建新发展格局上走在全国前列。

一 新发展格局对粤港澳大湾区空间结构优化提出的新要求

构建新发展格局是习近平新时代中国特色社会主义思想的重大理论成果，是适应我国经济发展阶段变化的主动选择，是应对错综复杂的国际环境变化的战略举措，是发挥我国超大规模经济体优势的内在要求。[1] 由此可见，加快构建新发展格局对我国经济社会发展具有十分重要的战略意义，同时也对我国未来发展提出了更高的要求。而且，建设粤港澳大湾区，是习近平总书记亲自谋划、亲自部署、亲自推动的重大国家战略。粤港澳大湾区作为我国经济发展活力最强劲、对外开放水平最高、创新动能最足的区域之一，在国家发展大局中居于不可替代的重要位置，在未来的发展中，粤港澳大湾区必须肩负起更加重要的使命，在更高起点上推进改革开放，在更多的领域先行先试，为我国经济发展提供更多可复制、可推广的经验。其中，作为经济和社会发展基础，构建能充分发挥粤港澳大湾区 11 个城市优势的区域空间结构居于十分重要的地位，而加快构建新发展格局对粤港澳大湾区空间结构优化提出了更高的新要求。

一是进一步提升经济发展活力，成为国内循环的重要动力源。从我国目前的区域空间结构来看，国内循环必须以国家级增长极为依托，培育其发展动能，提升其发展水平，为畅通国内循环提供"发动机"。粤港澳大湾区是我国重要的国家级增长极，是我国东部沿海的三大国家级增长极之一，是支撑我国经济发展的重要基础，是我国加快构建新发展格局的重要动力源。经过自改革开放 40 多年的发展，粤港澳大湾区经济发展进入了新阶段，同时也进入了更具挑战的时期，这就要求其必须尽快由跟随者向引领者转换，通过一系列的创新举措提升经济发展活力。

---

[1] 刘鹤：《加快构建以国内大循环为主体、国内国际双循环相互促进的新发展格局》，《人民日报》2020 年 11 月 25 日。

二是进一步强化辐射带动能力，夯实链接国内国际双循环的基础。从加快构建新发展格局的要求看，要畅通国内国际双循环，需要有链接国内国际双循环的节点，而国家级增长极是最符合这一条件的载体。粤港澳大湾区是"一带一路"建设的重要支撑和内地与港澳深度合作示范区，在对内和对外开放方面具有很好的比较优势，具有探索对内和对外开放新模式的良好条件，是链接国内国际双循环的重要节点，可以通过产业链、创新链和供给链合作与共享，进一步强化对内和对外的辐射带动能力。

三是进一步优化城市分工合作，加快提升市场一体化水平。粤港澳大湾区要建设世界级城市群，需要根据加快构建新发展格局的要求，更好地处理城市之间的关系，通过城市分工合作，建立多层次、多领域的高效城市联系网络，打通湾区内部的产业链、供应链和创新链，消除不合理的无序竞争，杜绝功能重叠的设施建设，积极推进市场一体化水平建设。而且，从我国区域空间组织的实践来看，城市群多极增长和网络化发展并存的格局已经基本形成；同时，在城市群内部，城市之间的关系更加紧密复杂，中心城市与中心城市之间、中心城市与节点城市之间、节点城市与节点城市之间的联系呈现不同的特征，需要通过合理的空间发展格局引导城市之间的融合发展，实现城市群内部的协调发展。

以上三个要求是相互联系的，满足三个要求的关键是有合理的区域空间结构作为基础，将所有的要求落实到粤港澳大湾区各层次各类型的区域，从打造世界级城市群、建设支撑国内大循环的主要引擎、链接国内国际双循环的重要支撑的角度，准确把握粤港澳大湾区空间结构演变的过程，并结合增长极理论、区域空间组织理论，提出其空间结构优化的方向，为粤港澳大湾区实现高质量发展、在加快构建新发展格局上走在全国前列提供支撑。

二 粤港澳大湾区空间结构演变的过程

（一）区域经济多极增长对粤港澳大湾区空间结构优化的启示

区域经济空间组织模式的演变是区域经济发展、区域经济关系调整和区域发展格局的重要方面。区域空间结构是区域经济空间组织的重要组成部分。区域空间结构反映了一个区域中所研究的对象之间的空间关系，且有较为明显的空间尺度，包括各个系统、各个要素之间的空间组织关系。特别是，随着交通和通信技术的进步，区域之间的交流障碍不断减少，经济社会活动的流动性大幅度增强。区域之间经济联系日趋紧密，生产专业化与经济增长多样化并行，区域空间结构呈现出新的发展态势和趋势，区域经济多极增长作为其中一种重要的空间组织方式，已经成为我国未来空间组织的重要方向。[1]

区域经济多极增长是在一定的空间尺度下，区域内部存在两个或者两个以上的增长极，这些增长极在规模和地位上并不存在明显的差异，并且彼此之间相互联系，共同推动整个区域的经济发展。[2] 实际上，作为区域空间组织的一种新形式，区域多极增长已经被欧盟作为优化区域空间结构、实现区域经济更持续和更平衡发展的一种新模式，而在欧盟范围内推动形成多极增长格局业已成为欧盟区域政策的一个重要目标。[3]

由此可见，区域经济多极增长作为一种区域空间结构，可以作为空

---

[1] 覃成林、贾善铭、杨霞、种照辉：《多极网络空间发展格局：引领中国区域经济2020》，中国社会科学出版社，2016；魏后凯：《实行多中心网络开发 支撑长期中高速增长》，《区域经济评论》2016年第1期，第5~7页；Jia S., Qin C., Ye X., "The Evolution of Regional Multi-Pole Growth," *Annals of Regional Science*, 2018, 61 (1): 189-207。

[2] 贾善铭、覃成林：《区域经济多极增长的概念界定与辨析》，《兰州学刊》2015年第5期，第152~158页。

[3] Bertolini P., Giovannetti E., Pagliacci F., "Regional Patterns in the Achievement of the Lisbon Strategy: A Comparison Between Polycentric Regions and Monocentric Ones," *CAPP*, 2011 (19): 2967-2972.

间结构优化的基本架构，来重新组织区域内的资源，处理城市群内城市与城市之间的关系，特别是区域经济多极增长在理解增长极时，更多关注增长极的功能，在分析多个增长极之间的关系时，更加注重多个增长极之间的功能和分工。这就使得区域经济多极增长可以更加有效地对内和对外整合产业链、供给链、需求链和创新链，既可以提升增长极的发展水平，也可以更好地形成多层次、多结构的区域经济多极增长体系，实现区域更好地发展，这为加快构建新发展格局下粤港澳大湾区空间结构优化提供了很好的借鉴。但是也有几个问题需要进一步研究，才能更好发挥区域经济多极增长助推粤港澳大湾区空间结构优化的作用。首先，如何构建区域经济多极增长的衡量指标；其次，从区域经济多极增长的视角看，粤港澳大湾区空间结构的演变情况如何；最后，在粤港澳大湾区空间结构演变过程中，应该注意哪些因素的影响；等等。

基于以上认识，本报告提出如下研究思路。第一步，构建反映区域经济多极增长的指标；第二步，利用区域经济多极增长的衡量指标，分析粤港澳大湾区空间结构的演变和影响因素；第三步，基于粤港澳大湾区空间结构演变的认识，从区域经济多极增长视角，提出加快构建新发展格局下实现粤港澳大湾区空间结构优化的政策建议。

（二）区域空间结构的测度方法

根据研究提出的分析思路，本报告从增长极功能的角度出发，构建增长极指数，以此衡量一个城市是不是增长极，然后，基于增长极指数，借鉴相关研究成果，构建衡量区域经济多极增长的指标。

1. 增长极指标

增长极的界定一般采用两种方式。一是采用单一指标衡量某一城市在整个区域经济增长中的地位；二是通过聚类分析将区域分成不同的集团，并确定一个比例，在这个比例以内的区域被称为增长极。尽管两种方式都关注某一城市在整个区域中的作用,但是到底作用有多大,学术界并没有一个统一的标准。

本报告基于规模加权增长率的增长极衡量指标,用以衡量各个城市对整个区域的相对贡献,计算公式如下:

$$P_{it} = \frac{y_{i,t-1}}{Y_{t-1}} \cdot \frac{\Delta y_{it}}{y_{i,t-1}} \equiv S_{i,t-1}^{y} \cdot g_{i,t-1}^{y}$$

其中,y_{it} 是城市 i 在 t 年的 GDP,$Y_t = \sum_{j}^{N} y_{jt}$ 是所有 $N \in C$ 城市的 t 年 GDP 的加总,表示整个区域在 t 年的经济总量。$\Delta y_{it} = y_{it} - y_{i,t-1}$ 是城市 i 第 t 年 GDP 变化量。

2. 区域经济多极增长指标

本报告借鉴 Jonathon Adams-Kane 和 Jamus Jerome Lim 的方法构建衡量区域经济多极增长的指标。[①] 主要使用赫芬达尔—赫希曼指数(Herfindahl-Hirschman Index)衡量区域的经济多极增长程度。

赫芬达尔-赫希曼指数(Herfindahl-Hirschman Index):

$$H_t = \sum_{J(t)} \left(\frac{P_{jt}}{\sum_{J(t)} P_{jt}} \right)^2 \equiv \sum_{J(t)} r_{jt}$$

其中,P 是增长极指数,r_{jt} 是城市 j 在时间 t 的增长极的份额,$J(t)$ 是在时间 t 用 P 度量的 $N = 11$ 个城市的集合。该指数可经过进一步的处理,从而更加直观地反映区域经济多极增长的特征,本报告称之为区域经济多极增长指数,计算公式如下:

$$H_t^* = \frac{1 - \frac{1}{N}}{H_t - \frac{1}{N}}$$

在上式中,其值较小时,表明空间结构呈现出单极增长的状态;其

[①] Adams-Kane J., Lim J. J., *Growth Poles and Multipolarity*, World Bank Working Paper, 2011.

值较大时,表明空间结构呈现出区域经济多极增长的状态。

(三) 粤港澳大湾区的区域空间结构演变规律及特征

为了更准确地把握粤港澳大湾区的区域空间结构特征及演变规律,需要深入了解粤港澳大湾区空间结构的历史特征,因此,本报告主要选取2000~2019年粤港澳大湾区的11个城市的GDP数据,结合增长极指数和区域经济多极增长衡量方法,分析粤港澳大湾区11个城市作为潜在增长极,在粤港澳大湾区经济发展过程中所起的作用,接着分析粤港澳大湾区空间结构的整体演变规律和特点,每一部分又根据数据对演变过程产生的原因进行分析。

本报告数据来自于《中国城市统计年鉴》、《广东统计年鉴》、香港特区政府统计处以及澳门统计暨普查局。

1. 粤港澳大湾区增长极演变基本情况

从主要年份粤港澳大湾区11个城市的增长极指数可以看出,粤港澳大湾区增长极演变呈现以下特点。第一,11个城市对粤港澳大湾区经济发展的贡献排名相对稳定。长期以来,尽管排名略有不同,但是,广州、深圳和香港作为粤港澳大湾区经济发展贡献度最大的三个城市的地位较为稳固,同时排名后三位的城市也较为稳定。第二,城市经济的稳定增长是实现经济长期健康发展的基础。由香港增长极指数的排名可以看出,2019年其位于第11名,并不是因为香港的经济总量小,而是因为其经济增长为负增长,这不但影响了香港自身的经济发展和社会稳定,而且对整个粤港澳大湾区经济发展也带来了不好的影响(见表1、表2)。

表1 主要年份粤港澳大湾区11个城市增长极指数排名情况汇总

排名	1995年	2000年	2005年	2010年	2015年	2019年
1	香港	香港	香港	广州	深圳	深圳
2	深圳	广州	深圳	深圳	广州	广州

续表

排名	1995 年	2000 年	2005 年	2010 年	2015 年	2019 年
3	广州	深圳	广州	香港	佛山	佛山
4	佛山	佛山	佛山	佛山	东莞	东莞
5	江门	东莞	东莞	澳门	香港	惠州
6	肇庆	江门	中山	东莞	惠州	珠海
7	惠州	惠州	惠州	惠州	中山	江门
8	东莞	肇庆	江门	中山	珠海	肇庆
9	珠海	珠海	珠海	江门	江门	中山
10	中山	中山	澳门	肇庆	肇庆	澳门
11	澳门	澳门	肇庆	珠海	澳门	香港

资料来源：作者根据《中国城市统计年鉴》、《广东统计年鉴》、香港特区政府统计处以及澳门统计暨普查局统计资料计算整理所得。

表2　2019年粤港澳大湾区11个城市的增长极指数与增长率基本情况

城市	排名	增长极指数	增长率（%）
深圳	1	1.56	6.7
广州	2	1.39	6.8
佛山	3	0.64	6.9
东莞	4	0.35	4.3
惠州	5	0.23	6.3
珠海	6	0.20	6.8
江门	7	0.20	7.4
肇庆	8	0.08	4.2
中山	9	0.03	1.2
澳门	10	-0.07	-2.2
香港	11	-0.26	-1.2

资料来源：作者根据《中国城市统计年鉴》、《广东统计年鉴》、香港特区政府统计处以及澳门统计暨普查局统计资料计算整理所得。

由此可见，从增长极指数看，首先，粤港澳大湾区区域空间结构相对稳定，这反映了经济增长与城市初始的要素禀赋条件具有较大的相关性，这是进行区域空间结构调整的基础，每一个潜在增长极所在城市的要素禀赋条件，是决定其在粤港澳大湾区发展中功能的关键。其次，经济增长需要以良好的发展环境为基础，如果一个城市经济发展长期处于不景气状态，那么会失去新的发展机遇，从而在整个区域中失去应有的地位，进而影响其后续发展。

因此，在加快构建新发展格局的条件下，粤港澳大湾区所有城市都应该积极利用新发展机遇，提升其经济发展的稳定性和主动性。同时，粤港澳大湾区空间结构的优化是一个系统的复杂工程，需要通过优化城市分工，打造城市组团分工，最终实现粤港澳大湾区合理的城市分工，为城市合作打下基础，为实现市场一体化注入动力和活力。

2. 粤港澳大湾区的区域经济多极增长空间结构特征

从反映区域多极增长的区域经济多极增长指数来看，2000～2019年，粤港澳大湾区的多极增长指数大体呈现"W"形的演变过程，总体还处于波动状态，但是仍然维持在一个较为稳定的区间（见图1）。"W"形的演变过程有一个显著的特点：有三个高点。本报告认为，尽管这三个高点的数值基本相同，分别出现在2000年、2009年和2019年，对应的赫希曼指数分别为0.23、0.19和0.20。但是，这三个高点所代表的区域经济多极状态应该是不同的，特别是城市与城市之间的联系存在较大的差异，这也与前面的分析相互印证，城市与城市之间的关系发生了变化，城市群总体的区域空间结构也会出现变化。

进一步结合增长极指数的排名分析，可以发现，粤港澳大湾区空间结构尽管存在一定的波动，但是总体上是基本稳定的。这符合区域经济发展的规律，就是在同一个区域的不同城市，从更小的空间尺度看，城市之间还是存在要素禀赋、发展条件的差异所导致的发展阶段差异。换句话说，就是每一个城市发展到一定阶段就需要经济转型，而每个城市经济转型的时间和方式存在差异，这是区域空间结构相对稳定同时又有波动性的主要原因，这就为利用区域空间结构优化助推经济转型、实现

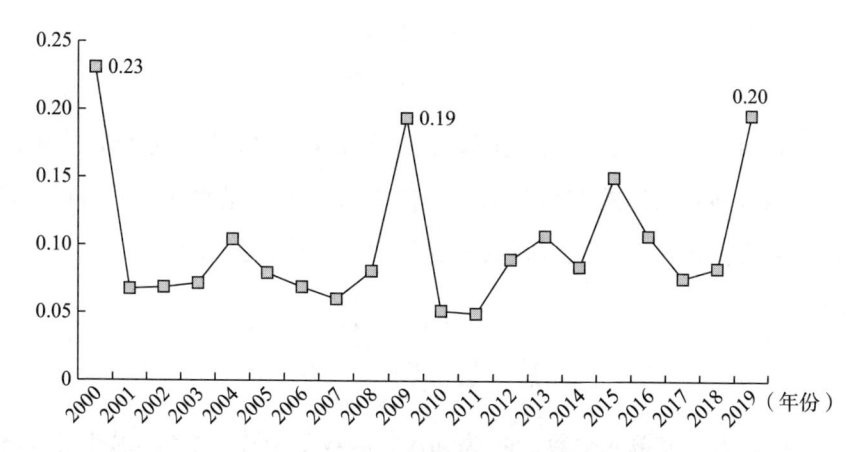

图1 2000～2019年粤港澳大湾区的区域多极增长指数演变情况

资料来源：作者根据《中国城市统计年鉴》、《广东统计年鉴》、香港特区政府统计处以及澳门统计暨普查局统计资料计算整理所得。

高质量发展提供了理论前提。

同时，值得注意的是，2017～2019年，粤港澳大湾区的赫希曼指数不断上升，说明粤港澳大湾区的空间结构呈现一定的区域经济多极增长的态势。结合前面的分析，要意识到这种趋势会出现波动，但是前期的波动已经在一定程度上表明，区域经济多极增长可以成为助推粤港澳大湾区空间结构优化的一个方向。以区域经济多极增长为基础，从增长极的功能角度，形成11个城市都是粤港澳大湾区的潜在增长极，只是所处发展阶段有所差异的认识，这就为城市之间的合作提供了前提和基础。

3. 粤港澳大湾区城市之间的经济联系

为进一步分析粤港澳大湾区城市之间的联系有没有进一步增强，本报告引入空间探索性数据分析方法，通过计算反映城市之间联系的全局Moran's I指数，反映粤港澳大湾区11个城市之间的联系强度。

（1）探索性数据分析

空间权重矩阵反映不同城市在空间上的邻近关系，本报告采用邻接矩阵W_{ij}反映城市间的邻近关系。

$$W_{ij} = \begin{cases} 1 \cdots i \text{ 与 } j \text{ 相邻} \\ 0 \cdots i \text{ 与 } j \text{ 不相邻} \end{cases}$$

全局 Moran's I 反映的是空间邻接或邻近的区域单元属性值的相似程度，能够判断全局的空间关系，在本报告中即粤港澳大湾区 11 个城市的经济增长在相邻区域空间依赖的程度，其计算公式为：

$$I = \frac{n \sum_{i=1}^{n} \sum_{j=1}^{n} W_{ij}(X_i - \bar{X})(X_j - \bar{X})}{\sum_{i=1}^{n} \sum_{j=1}^{n} W_{ij}(X_{ij} - \bar{X})^2}$$

式中 n 为研究单元个数，W_{ij} 为邻接空间权值矩阵。X_i 为 i 城市的经济指标值，X 表示粤港澳大湾区 11 个城市的经济指标的平均值。I 为全局 Moran's I，取值范围为 [-1, 1]。当 $I>0$ 时，表示正自相关，即高值与高值相邻、低值与低值相邻；当 $I<0$ 时，表示负自相关，即高值与低值相邻；当 I 值接近 0 时，表明空间分布是随机的，不存在空间自相关。

(2) 全局 Moran's I 指数分析

对粤港澳大湾区 2000~2019 年 GDP 全局 Moran's I 进行计算，结果显示 Moran's I 均通过了 10% 的显著性检验且为正值，表明粤港澳大湾区经济增长存在显著的正向空间相关性。从 Moran's I 的数值来看，2000 年为 0.05，2019 年为 0.31，2019 年的数值是 2000 年的 6.2 倍，说明粤港澳大湾区 11 个城市之间的经济联系总体上在不断增强，但是也可以看到这种态势呈现出了先增强后减弱再增强的情况。其中从 2000~2008 年全局 Moran's I 呈现上升态势，说明这一时期粤港澳大湾区经济发展水平相近的城市的经济空间联系逐渐增强。而 2008~2013 年全局 Moran's I 呈现微弱的下降态势，说明这一时期粤港澳大湾区经济发展水平相近的城市的经济空间联系有所减弱。2013~2019 年全局 Moran's I 呈现缓慢上升态势，这表明这一时期粤港澳大湾区经济发展水平相近的城市的经济空间联系加强，且经济发展空间差异有缩小的趋势，印证了在赫希曼指数部分提到的城市之间联系增强的判断。城市之间的关系也随着城市之间联系强度的不断增强,发生了相应的改变(见图2)。因此,在推进粤港澳大湾区空间结构优化过程中,必须注意到城市之间关联程度不断增强的情况,并积极谋划进一步增强城市之间关联的措施,积极推进城市融合发展和市场一体化。

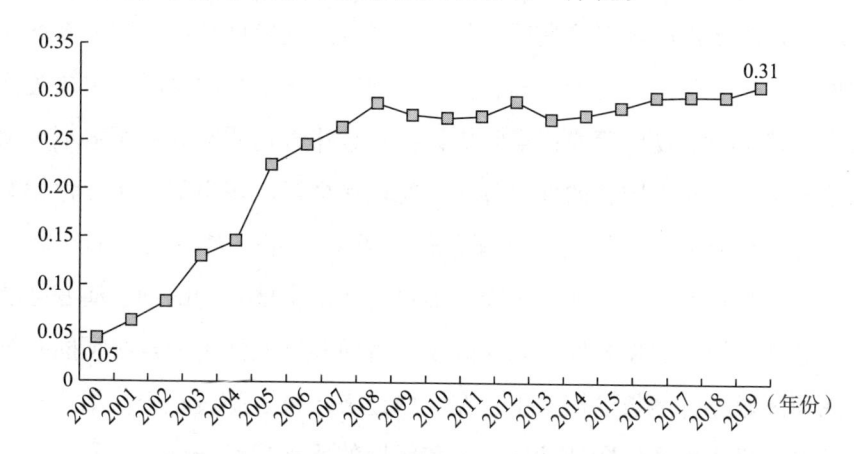

图 2　2000~2019 年粤港澳大湾区 11 个城市 GDP 全局 Moran's I

资料来源:作者根据《中国城市统计年鉴》、《广东统计年鉴》、香港特区政府统计处以及澳门统计暨普查局统计资料计算整理所得。

三　区域经济多极增长助推区域空间结构优化机制框架

(一)区域经济多极增长助推区域空间结构优化的机制分析

区域经济多极增长作为区域空间结构的一种形式,其能助推区域空间结构优化,主要是因为区域经济多极增长是以增长极理论为基础,在充分认识区域属性要考虑经济主体与区位匹配①的前提下,从处理增长极与增长极之间、增长极与自身经济腹地之间、经济腹地与经济腹地之间,以及增长极与其他增长极的经济腹地之间关系的角度,提出合理认识和处理区际关系的一种区域空间结构形式,其具有动态演变性、空间

---

① Jia S., Qin C., Ye X., "The Evolution of Regional Multi-pole Growth," *Annals of Regional Science*, 2018, 61 (1): 189–207.

依赖性和时空交互性三个基本特征,三者之间的基本关系为动态演化性和空间依赖性共同决定了时空交互性,而动态演化性与空间依赖性之间又是相互依存的关系。①

动态演变性决定了区域经济多极增长的历史特征,要求必须从时间阶段性角度认识区域经济发展,每一个区域所处发展阶段不同,其产业结构、人口结构都会有所不同,因此在制定区域经济政策时一定要关注每个区域所处的发展阶段;空间依赖性则意味着均质空间的假定不再适用于区域经济多极增长的理论分析,要求在推行区域空间结构优化战略时,必须充分考虑区域要素禀赋条件的差异,充分发挥区域的比较优势;时空交互性则表明随着时间的推移,经济主体行为的动态演变必然会使区域空间组织模式发生相应改变,时间和空间两类因素必须同时被考虑到区域经济增长的模型中,在区域经济政策实施过程中,则要求我们必须综合考虑区域所处发展阶段和区域的要素禀赋条件,进而确定区域所承担的功能,以及在区际关系中所处的位置(见表3)。

表3 区域经济多极增长的三个基本特征及对区域空间结构优化的启示

基本特征	主要内容	政策启示
动态演变性	从时间阶段性角度认识区域经济发展	关注每个区域的所处的发展阶段
空间依赖性	均质空间的假定不再适用于区域经济多极增长的理论分析	充分考虑区域要素禀赋条件的差异,充分发挥区域的比较优势
时空交互性	时间和空间两类因素必须同时被考虑到区域经济增长的模型中	综合考虑区域所处发展阶段和区域的要素禀赋条件

资料来源:作者根据《区域经济多极增长的概念界定与辨析》整理。

(二)粤港澳大湾区空间结构优化需要处理好的多层次区际关系

根据机制分析的结果,本报告认为,在构建区域经济多极增长的

---

① 贾善铭、覃成林:《区域经济多极增长的概念界定与辨析》,《兰州学刊》2015年第5期,第152~158页。

空间结构时，必须合理处理增长极与增长极之间、增长极与自身经济腹地之间、经济腹地与经济腹地之间，以及增长极与其他增长极经济腹地之间的关系。以增长极功能分工更加合理、增长极与经济腹地发展阶段有效衔接、不同空间尺度增长极层级更加协调为指导，建立合理的处理多层次区际关系的体系，打造粤港澳大湾区经济多极增长格局，推动粤港澳大湾区空间结构优化，为粤港澳大湾区成为支撑国内大循环的主要引擎、链接国内国际双循环的重要支撑提供更好的空间结构。

首先，结合加快构建新发展格局的新要求，以及《粤港澳大湾区发展规划纲要》对4个中心城市和7个重要节点城市的功能定位（见表4），从增长极功能的角度认识并处理好粤港澳大湾区内部中心城市与中心城市之间、中心城市与节点城市之间的关系，并积极发展特色城镇，促进城乡融合发展。

其次，强化粤港澳大湾区辐射带动能力。处理好大湾区与广东省其他12个地市，以及与泛珠三角区域之间的关系，按照《粤港澳发展规划纲要》的要求："发挥粤港澳大湾区辐射引领作用，统筹珠三角九市与粤东西北地区生产力布局，带动周边地区加快发展。"

再次，积极做好对内和对外开放。积极落实《粤港澳大湾区发展规划纲要》提出的"构建以粤港澳大湾区为龙头，以珠江—西江经济带为腹地，带动中南、西南地区发展，辐射东南亚、南亚的重要经济支撑带"的各项任务。

最后，进一步提升网络联系强度。推动交通基础设施互联互通，为要素更加快速地流动提供基础，积极推动对内和对外交通网络建设，为区域合作发展提供条件，特别是加强粤港澳大湾区与海峡西岸城市群、北部湾城市群、中南地区、长江中游地区和西南地区的互联互通，发挥粤港澳大湾区国家级增长极的辐射带动作用。

表4 粤港澳大湾区11个城市的功能定位和发展要求

功能定位	城市	目标	具体内容
中心城市 （4个）	香港	国际大都会	巩固和提升国际金融、航运、贸易中心和国际航空枢纽地位，强化全球离岸人民币业务枢纽地位、国际资产管理中心及风险管理中心功能，推动金融、商贸、物流、专业服务等向高端高增值方向发展，大力发展创新及科技事业，培育新兴产业，建设亚太区国际法律及争议解决服务中心，打造更具竞争力的国际大都会
	澳门	世界旅游休闲中心	建设世界旅游休闲中心、中国与葡语国家商贸合作服务平台，促进经济适度多元发展，打造以中华文化为主流、多元文化共存的交流合作基地
	广州	国际大都市	充分发挥国家中心城市和综合性门户城市引领作用，全面增强国际商贸中心、综合交通枢纽功能，培育提升科技教育文化中心功能，着力建设国际大都市
	深圳	创新创意之都	发挥作为经济特区、全国性经济中心城市和国家创新型城市的引领作用，加快建成现代化国际化城市，努力成为具有世界影响力的创新创意之都
节点城市 （7个）	珠海、佛山、惠州、东莞、中山、江门、肇庆		充分发挥自身优势，深化改革创新，增强城市综合实力，形成特色鲜明、功能互补、具有竞争力的重要节点城市。增强发展的协调性，强化与中心城市的互动合作，带动周边特色城镇发展，共同提升城市群发展质量

资料来源：作者根据《粤港澳大湾区发展规划纲要》整理。

四 粤港澳大湾区空间结构优化的对策建议

粤港澳大湾区空间结构开始呈现区域经济多极增长的态势，城市与城市之间的联系更加紧密，加快构建新发展格局给粤港澳大湾区调整空间结构，通过优化空间结构助力其成为国内大循环的重要引擎、链接国内国际双循环相互促进的重要节点，提供了前所未有的机遇。粤港澳大湾区应该以区域经济多极增长为基础，积极推进空间结构优化，通过多极网络联动，实现资源整合、要素畅通、分工合作的市场一体化发展局面。主要做好以下四项工作。

（一）统一认识，形成以区域经济多极增长助推粤港澳大湾区空间结构优化的共识

充分认识到粤港澳大湾区空间结构已经开始呈现区域经济多极增长的态势，从提升增长极功能的角度，引导粤港澳大湾区中心城市和节点城市的错位发展，形成以区域多极经济多极增长助推粤港澳大湾区空间结构优化的共识，为在加快构建新发展格局中走在全国前列贡献力量。

首先，明确功能定位，实现错位发展。香港、澳门、深圳和广州作为中心城市，要根据粤港澳大湾区确定的定位，久久为功，加快自身功能提升，强化相互之间的分工与合作（见表4）。在加快构建新发展格局中，4个中心城市不但要成为国内大循环的引擎，也要成为链接国内国际双循环相互促进的核心节点，不断落实高质量发展的要求，积极提升发展质量。珠海、佛山、惠州、东莞、中山、江门、肇庆7个重要节点城市，要主动对接4个中心城市，积极在区域经济多极增长格局中发挥链接作用，成为粤港澳大湾区内部循环的重要节点，并通过4个中心城市成为助推国内国际双循环相互促进的主要节点。

其次，强化顶层设计，实现科学精准发展。继续加强粤港澳大湾区空间结构演变的研究，以理论研究为基础，明确粤港澳大湾区区域空间结构所处的状态、11个城市在粤港澳大湾区发展中所处的位置，特别是要深入研究区域经济多极增长推进粤港澳大湾区空间结构优化的路径，创造有利于引导粤港澳大湾区空间结构的优化的环境，同时强化过程管理，提升发展的科学性、政策的精准性。

最后，完善沟通渠道，凝聚发展共识。建立多渠道的沟通机制，在积极推动政府层面的沟通以外，为民间交流提供支持，建立多种形式的民间交流方式，特别是引导港澳与珠三角九市在教育、医疗、文化等领域的全面沟通，将粤港澳大湾区发展的相关政策传达到每个人心中，形

成共同推动粤港澳大湾区发展、共谋粤港澳大湾区空间结构优化的氛围，为经济和社会长期繁荣、稳定发展提供良好环境。

（二）完善机制，为粤港澳大湾区经济多极增长格局的形成提供基础

在粤港澳大湾区 11 个城市经济联系日益紧密的基础上，通过建立多极网络联动的协同发展机制，助力市场一体化，为区域经济多极增长格局的形成提供坚实基础，同时支撑粤港澳大湾区内部的循环。

一是协同推进科技创新合作。发挥科研机构的作用，强化政府与科研机构的合作，积极探索区域经济多极增长与粤港澳大湾区一体化发展的关系，寻找到突破口和推进路径，为落实区域经济多极增长格局措施提供着力点。积极搭建科技创新成果共享平台，避免在科技创新领域的重复性投入，切实提升科技成果的转化率，缩短科技成果转化为生产力的时间，提升科技创新成果利用效率。

二是统筹粤港澳大湾区空间结构优化方案。积极研究加快构建新发展格局给粤港澳大湾区空间结构优化提供的新机遇和新要求，推动区域经济多极增长发展与粤港澳大湾区空间结构优化的融合，在推进空间发展规划过程中，逐步推行区域经济多极增长格局构建的理念，将其确定为粤港澳大湾区空间结构优化的重要方向，以区域经济多极增长为指导，重塑 11 个城市之间分工合作的关系，消除制约城市之间交流的各类障碍，稳步提升粤港澳大湾区市场一体化水平。

三是协同推进经济转型和产业结构优化。在充分了解 11 个城市的比较优势的基础上，明确 11 个城市的功能定位，从经济转型所处的阶段不同、要素禀赋存在差异的角度，合理安排产业发展，不单纯以"产业属性"认定产业是否高端，而是从产业发展技术是否实现了高科技、产业发展是否发挥了城市比较优势、是否充分考虑了城市所处发展阶段的角度选择产业，同时以产业分工合作带动城市之间的分工合作，形成推动经济转型、产业结构优化和空间结构优化的合力，为经济发展提供持续不断的强大动力。

（三）促进要素自由流动，为粤港澳大湾区经济多极增长格局的形成提供条件

要素快速流动是畅通区域内循环的基础，也是推动区域内和区域外循环相互促进的重要前提。因此，必须在推动粤港澳大湾区物流、资金流、信息流和劳动力流快速流动基础上，全力促进要素自由流动。

第一，积极落实快速化、立体化交通体系建设。以区域经济多极增长为基础，根据增长极的层级适度超前设置相应级别的交通枢纽，强化硬件联通，同时积极利用数字技术、大数据平台，减少人员流动限制，特别是粤港澳三地的双向互联互通。同时，提升粤港澳大湾区交通管理的一体化水平，全面提升交通基础设施的运营效率，提升软件联通水平，夯实粤港澳大湾区内部及其连接国内外和世界的交通基础设施基础。

第二，积极谋划人才交流机制创新。牢牢抓住影响要素流动的人才流动这一关键因素，以推动人才共享、人才市场全面开放为目标，积极创新人才流动模式，以人才快速流动带动其他要素的快速流动。同时，确立粤港澳大湾区的"全人才观"理念，积极推动幼儿园、小学、中学、大学、科研机构教学科研人员和学生的交流，从基础教育抓起，既可以为人才培养提供基础，也可以为凝聚发展共识提供持续和坚实的基础。

第三，加强粤港澳大湾区全方位交流。营造物流、资金流、信息流和人才流更加快速流动的良好环境，积极推动"互联、互通、互认"，进一步夯实粤港澳大湾区一体化发展的基础，为粤港澳大湾区在国家发展大局中发挥更大作用、助力国内大循环快速发展、链接国内国际双循环提供强大保障。

（四）优化组团，形成粤港澳大湾区多层次区域经济多极增长格局

粤港澳大湾区经济联系日益紧密，除了在城市层面建立协调机制以外，从区域经济多极增长的角度看，可以在珠三角已有三个组团的基础上，积极谋划粤港澳大湾区"广佛肇""港深莞惠""澳珠中江"三个组团，形成多层次区域经济多极增长格局，实现粤港澳大湾区空间结构优化的目标。

一是积极推动组团提质增效。从组团内部看，组团内的城市是分层次的，这一层次体现为位置的差异，也体现为发展阶段的差异，这就为城市之间通过接力增长实现经济持续稳定增长提供了可能，组团提质增效不但可以改善组团城市的发展环境，更为重要的是，每一个组团所形成的强大的经济发展动力，将成为推动粤港澳大湾区空间结构优化的强大支撑和重要基础，同时强化组团内城市合作，率先推动组团发展一体化。

二是积极推动组团合作发展。组团之间要探索多渠道的合作，包括组团与组团之间、中心城市与中心城市之间、中心城市与其他组团的节点城市之间。要注重研究三类不同关系的异同，并制定针对性政策，积极引导三类关系之间联系的强化，形成发展的合力，以此推动空间一体化，为粤港澳大湾区实现市场一体化提供良好的空间结构基础。

三是积极探索多层次区域经济多极增长格局构建路径。关于如何构建多层次区域经济多极增长格局没有先例可循，因此，粤港澳大湾区要积极开拓创新，积极构建覆盖"城市—组团—大湾区"三种空间类型的经济多极增长格局，实施既适应粤港澳大湾区空间结构优化，又适应组团和城市空间结构优化的措施；形成既有自大湾区到城市的自上而下的区域经济多极增长格局实施体系,又有自城市到大湾区的自下而上的区域经济多极增长格局保障体系。

(五)探索经济腹地共享,为粤港澳大湾区经济多极增长格局的形成提供保障

从合理处理城市之间关系的角度,结合粤港澳大湾区中心城市与中心城市之间、中心城市与节点城市之间、节点城市与节点城市之间关系的研究,鉴于粤港澳大湾区所处经济发展阶段,以区域经济多极增长为基础优化粤港澳大湾区未来的空间发展格局,就是要积极探索经济腹地的共享,并以此为着力点,优化城市之间的关系,不断推动11个城市的合理分工、合作发展,形成多极网络联动的空间发展格局。这是因为,香港、澳门、广州和深圳四大中心城市需要广阔的发展腹地来实现其经济结构转型升级的目标,其他的节点城市尽管经济结构转型升级的压力小,但是随着其经济实力的提升,势必面临同样的问题。这就会导致粤港澳大湾区城市为经济结构转型升级寻找新区位,进而带来经济腹地的竞争,如果不合理引导,就可能出现无序的"经济腹地争夺战",影响粤港澳大湾区市场一体化进程,最终会使粤港澳大湾区出现效率下降、协调发展不利的局面。从经济腹地共享的最终目的来看,就是实现发展成果的共享。①积极推动产业链共享。以产业链为依托,从产城融合的角度,实现以产业链共享带动城市功能共享。②积极推动知识共享。打造知识共享平台,引导知识与产业的匹配,助推产业链技术共享。③早日实现基本公共服务共享。逐步消除因基本公共服务不均等带来的劳动力流动障碍,实现基本公共服务均等化。

参考文献

贾善铭、覃成林:《区域经济多极增长的概念界定与辨析》,《兰州学刊》2015年第5期。

魏后凯:《实行多中心网络开发 支撑长期中高速增长》,《区域经济评论》2016 年第 1 期。

覃成林、贾善铭、杨霞、种照辉:《多极网络空间发展格局:引领中国区域经济 2020》,中国社会科学出版社,2016。

Adams-Kane J., Lim J. J., *Growth Poles and Multipolarity*, World Bank Working Paper, 2011.

Bertolini P., Giovannetti E., Pagliacci F., "Regional Patterns in the Achievement of the Lisbon Strategy: A Comparison Between Polycentric Regions and Monocentric Ones," *CAPP*, 2011 (19): 2967 – 2972.

Jia S., Qin C., Ye X., "The Evolution of Regional Multi-Pole Growth," *Annals of Regional Science*, 2018, 61 (1): 189 – 207.

对接国际投资贸易体系建设高标准统一大市场[*]

张　昱[**]

摘　要：区域全面经济伙伴关系协定（RCEP）和中欧全面投资协定（EU-China-CAI）的签订，为粤港澳大湾区对接国内国际两大循环、建设高标准统一市场体系、推动形成全面开放新格局提供了新的发展空间和发展动能。本报告深入分析两大投资贸易协定的内容，认为其实施可能显著推进粤港澳大湾区产品和服务市场一体化、投资和要素市场动自由化、基本规则制度国际化，并推动大湾区高质量发展进程。大湾区高标准统一市场的建立必须强化引领和枢纽功能、对接国际体系完善市场基础制度、不断破除区域壁垒、推动要素市场健康发展、增强创新引领、提升市场效率能级。

关键词：区域全面经济伙伴关系协定（RCEP）　中欧全面投资协定（EU-China-CAI）　高标准统一大市场　粤港澳大湾区

2021年1月，中共中央办公厅、国务院印发了《建设高标准市场

---

[*] 本报告受粤港澳大湾区发展广州智库2019年度专项委托项"对接国际体系建设大湾区高标准统一大市场"、广东省社科规化项目"边界效应视角下粤港澳大湾区产业协同发展的机制和合作模式研究"（项目批准号：GD19CYJ07）、广州市社科规划项目"边界效应视角下粤港澳产业协同发展及广州的产业提升策略"（课题编号：2020GZYB43）等项目资助。

[**] 张昱，管理学博士，广东外语外贸大学经济学教授，广州国际商贸中心研究基地主任，主要研究领域为开放型经济、宏观经济政策等。

体系行动方案》,指出"建设高标准市场体系是加快完善社会主义市场经济体制的重要内容,对加快构建以国内大循环为主体、国内国际双循环相互促进的新发展格局具有重要意义"。作为中国市场化水平最高的地区,粤港澳大湾区承担了建设高标准统一大市场、完善社会主义市场经济体制、对接国内国际两大循环、提升中国经济发展质量和经济话语权的责任。

一 对接国际体系建设大湾区高标准统一大市场的意义

1. 做大做强中国市场可为疫情冲击下全球经济发展提供解决方案

2020年,新冠疫情突袭而至,冻结了全球的商品流通、人员流动,对世界经济体系形成巨大冲击,大部分国家均出现以经济绝对下滑为特征的自大萧条以来最严重的经济危机。由于准确把握疫情形势变化、防控得当,中国在疫情防控上走在世界前列,并且率先恢复正常经济秩序,走出疫情带来的经济危机。国家统计局发布的统计数据显示,2020年,中国实现国内生产总值101.6万亿元,按可比价格计算,比上年增长2.3%。在世界贸易组织对2020年全球贸易总量做出下降9.2%的预估前提下,中国实现全年进出口总值32.16万亿元,比上年增长1.9%,其中出口17.93万亿元,增长4%,规模创历史新高,贸易顺差增长27.4%,出口份额大幅跃升,达到14.2%的历史最高水平,货物贸易第一大国地位进一步得到稳固。① 与此同时,美日欧等世界主要经济体在疫情冲击下无一例外地出现了程度不等的产出、就业下滑,欧盟、北美地区由于贸易量萎缩,在全球贸易中的份额下降。从经济恢复趋势来看,2020年国内生产总值季度同比增长率第一季度为 -6.8%,第二季度成功转负为正,到3.2%,第三季度增长4.9%,第四季度增长达6.5%;

---

① 《商务部外贸司负责人谈2020年全年我国对外贸易情况》,中国政府网,2021年1月15日,http://www.gov.cn/xinwen/2021-01/15/content_5580188.htm。

社会消费品零售总额391981亿元，虽然较上年下降了3.9%，但至2020年12月，已经连续五个月出现正增长；进出口总额也在12月创下当年单月最高水平。如果疫情不出现明显反复，2021年中国的生产、消费极有可能呈现良好的增长势头，并成为带动世界经济从新冠疫情危机中恢复的火车头。中国成功控制疫情蔓延，并成为2020年全球唯一实现正增长的主要经济体，为维护全球生命安全和经济安全做出了重要贡献。

在此前提下，释放中国经济巨大的潜能，做大做强中国市场，成为中国为促进全球经济恢复、维护全球经济安全提供的重要解决方案。14亿人口的国内市场不仅是中国的市场，也是世界的市场、共享的市场、开放的市场。

2. 大湾区高标准统一大市场为双循环发展格局提供战略支点

中共十九届五中全会通过的《中共中央关于制定国民经济和社会发展第十四个五年规划和二〇三五年远景目标的建议》提出，"要加快构建以国内大循环为主体、国内国际双循环相互促进的新发展格局"。实现国内国际双循环相互促进，必须以构建商品要素流动畅通、国内国际开放融合的统一大市场，充分发挥中国庞大的内部需求优势为前提。新发展格局下的国内经济循环不是封闭的循环，而是旨在建成高质量、高效率、高能级、具有可持续发展能力的经济发展体系，这就需要实现全球范围内的要素资源配置，必须依靠国际大循环形成开放系统，必须继续加大开放力度，进一步提高开放水平。粤港澳大湾区对接国际经济体系建设高标准统一大市场，是双循环发展格局能够顺利推进、取得成效的重要战略支点，也是中国在全球经济与社会发展中承担大国责任的具体路径。

粤港澳大湾区由当前中国经济开放度最高、市场体系最发达、城市化水平最高的城市群组成，拥有国际贸易与金融中心香港，营商环境位列全国前三的国家中心城市和商贸中心城市广州,科技创新中心和经济中心城市深圳,国际自由港、旅游休闲中心城市澳门,中国制造业产业门类最齐全的珠三角城市(拥有41个工业大类中的40个的生产能力,仅缺煤炭开采业),以及世界一流水平的港口群和空港群、高度发达的水陆运输体系和公共基础设施。从地域范围和人口来看,粤港澳大湾区目前是世界最大湾区,将来总产值和人均产值的潜力也是最大的。统计数据显示,目前大湾区地区生产总值占中国国内生产总值的12%以上,进出口总额占全国的比重约为30%,人均GDP超过16万元,仅粤九市的社会消费品零售总额合计约3万亿元,占中国内地社会消费品零售总额的7.3%[①],PCT国际专利申请量占全国50%以上,发明专利数量位列世界湾区之首,深港创新圈在世界知识产权组织的区域创新圈中排名前二。2020年,在疫情冲击下,除香港、澳门以外,粤九市全部实现经济正增长(见表1),其中深圳实际增长率为2.8%,广州实际增长率为2.7%,多个城市增长率均高于中国整体水平,[②] 显现出强劲的复苏态势和抗风险能力。《粤港澳大湾区发展规划纲要》明确提出,"进一步深化改革、扩大开放,建立与国际接轨的开放型经济新体制,建设高水平参与国际经济合作新平台"是粤港澳大湾区建设的重大意义所在。因此,作为国家层面的重要部署,大湾区必须承担起为国内国际双循环相互促进的新发展格局提供战略支点的责任。

表1　2020年粤港澳大湾区各市经济统计

排序	城市	GDP（亿元）	名义增长率（%）	人均GDP（元）
1	深圳	27670	2.76	205898

[①] 涂成林、苏泽群、李罗力主编《中国粤港澳大湾区改革创新报告(2020)》,社会科学文献出版社,2020,第2~29页。
[②] 《2020年粤港澳大湾区11城市GDP排名解读(上篇)》,澎湃新闻网,2021年2月10日,https://www.thepaper.cn/newsDetail_forward_11301532。

续表

排序	城市	GDP（亿元）	名义增长率（%）	人均GDP（元）
2	广州	25019	5.88	163461
3	香港	22972	-3.0	
4	佛山	10816	0.61	132578
5	东莞	9483	1.77	114008
6	惠州	4177	1.06	86512
7	珠海	3436	1.34	172058
8	澳门	3458	-2.0	
9	中山	3101	1.63	93242
10	江门	3146	1.73	69131
11	肇庆	2249	2.79	55209
	广东省	110761	2.87	96142

资料来源：各地市统计局，香港澳门暂未公布数据，为估计值。

3. 对接高标准国际投资贸易体系是突破大湾区市场发展瓶颈的关键

长期以来，粤港澳大湾区一方面有着中国最旺盛的需求、最活跃的交易和生产，另一方面却又是全球分割最严重的区域市场：商品流动存在多个相互独立的关境、货币、法律和标准体系的阻隔；人员与资本流动受到严格管制，执业资格互认推动缓慢。对比世界典型湾区的发展，制度差异造成的市场分割和市场发展不完善已经成为粤港澳大湾区实现突破性发展的关键障碍。例如，尽管中央政府在香港回归之后给予了香港尽可能多的支持，但香港仍然未能充分分享内地充裕的资源要素和增长动力，经济增长率在粤港澳大湾区中一直处于偏低水平，内部收入差距持续拉大，成为社会分化和不稳定的诱因之一。

然而，从市场角度来看，港澳在世界市场体系中占有重要地位。一是自由市场制度高度成熟，认可度和辐射力都是世界顶级的。香港作为世界知名的自由港、国际金融中心、国际贸易中心，中国内地尚无任何城市可以与之相比。其自由港制度成熟、法律完善、自由度高，被认为是自由市场的典范。根据《华尔街日报》发布的"经济自由度指数"排名,香港连续25年蝉联世界第一。二是要素市场高度发达。资本流动高度自由是香港成为世界金融中心的基本前提。港澳作为自由港和国际休闲旅游城市,人员跨境流动也高度自由:入境香港免签和对香港护照免签的国家都达到160多个;澳门仅对极少数国家人员入境实行提前签证,而对澳门护照免签的国家也多达120个。三是服务业发达程度远超内地城市。香港的金融中心地位是世界性的,医疗、教育、信息等方面都有着内地城市无法比拟的优势;澳门的旅游服务、公共服务水平都是世界一流的。内地城市的市场制度建设和市场规模在近二十年中得到了长足的发展,但在知识产权、数据信息、土地等关键要素领域,与产权制度较为成熟的港澳市场相比仍然存在较大差距,此外,还面临着立法、确权、市场欠发育、服务机构不足等多种问题,不能与国际市场体系形成充分有效的对接,也制约了大湾区引领中国科技创新、增长动能转换的努力成效。

一边是与国际经济体系高度互认的港澳市场,另一边是具有"世界工厂"地位、创新活跃、要素充裕的珠三角地区,粤港澳大湾区城市之间优势互补性良好,市场融合动力极强。对标高标准国际投资贸易体系,大力推动粤港澳大湾区制度性变革,建设高标准的大湾区统一大市场,是破解大湾区内部制度隔离、促进国际国内市场深度融合、充分释放大湾区发展潜能的关键。

2020年11月,中国与东盟十国、日本、韩国、澳大利亚、新西兰等15个成员国签订了《区域全面经济伙伴关系协定》(简称RCEP),由此产生了覆盖30%的全球GDP、32%的全球投资,辐射约34亿人口的全球最大的自由贸易区。12月30日,中国政府又与世界主要经济体欧洲联盟签订了《中欧全面投资协议》(简称中欧CAI)。上述重要投资贸易协议的签订,标志着中国全面融入世界经济体系、推动形成高标准统一大市场的决心,为粤港澳大湾区统一大市场建设提供了高标准的制度框架、开放水平、管理方式和突破重点,是粤港澳大湾区市场建设的重要契机。大湾区对接国际体系建设高标准统一大市场,需要对这两个签订不久的高标准投资贸易协定进行充分研究,从而明确自身市场体系提升的发展目标和改革重点。

二 当前重要国际投资贸易协定对大湾区市场的影响

2020年,中国在新冠疫情冲击下,对外经贸关系却取得重大进展,签订了两个高标准经贸协定——《区域全面经济伙伴关系协定》(RCEP)和《中欧全面投资协定》(EU-China-CAI),对当前大湾区对标国际体系建设高标准统一大市场具有重要意义。

(一) WTO带来的改革红利已经基本释放

1. 加入WTO对中国市场开放和改革产生了巨大的推动作用

2001年,中国加入WTO,中国以此为契机推动了一轮制度改革,主要方向是以WTO规则为蓝本,在过渡期内逐步降低关税、开放市场、减弱干预、强化竞争。2002年中国平均关税水平为15.3%,到2018年底降到7.5%,加权平均关税水平已达到4.4%。投资领域对外开放不断扩大,在世贸组织的160个服务业分部门中,中国已放开120个部门,超出承诺的100个领域开放范围。由此推动,带来了二十年来的经济腾飞——2010年成为世界GDP第二大国,2013年和2020年分别首次成为国际贸易和外资流入第一大国。经过20年发展,中国已经基本兑现甚至在部分领域超额兑现了加入WTO时承诺的水平,由此带来的改革红利也基本释放,加上近年来WTO多边协议发展缓慢,中国要建成更高水平市场,需要启动新的开放和改革。

2. 当前世界经济格局处于变化调整时期

2018年以来,中美两国进入前所未有的严重贸易争端时期,美国在中国具有比较优势的出口领域以及不具备比较优势的知识技术进口领域对中国发起限制。2020年以来，美国更是在新冠疫情控制不力产生的国内压力下，试图在国际上形成对抗中国的经济政治联盟，以限制中国发展、转移国内矛盾。相比之下，中国由于疫情控制较好，经济复苏较快，2020年生产、贸易、投资等多项指标逆势上涨，表现十分亮眼，为疫情危机下的世界经济注入强心剂。在此背景下，中国加快了国际经贸领域的磋商谈判。2020年底，中国分别与以东盟为主体的东亚太平洋国家和欧盟签订了《区域全面经济伙伴关系协定》（RCEP）和《中欧全面投资协定》（EU-China-CAI），在推动形成对外开放新格局上取得了重大的成就。

3. 两大贸易投资协定将对未来世界经济格局产生重大影响

RCEP与EU-China-CAI是中国当前签订的最高水平的贸易投资协定。RCEP的目的在于塑造全新的东亚太平洋地区全面经贸合作关系，是原来各国与东盟"10+1"协定的集成和升级，不仅缔约方承诺条款超过原来所有的"10+1"协定的承诺水平，并且涉及该地区以往贸易协定中没有涉及的一些新领域，如电子商务、知识产权、政府监管和政府采购等。EU-China-CAI是中国签订的投资领域的最高标准开放协定，在取消股本限制、公平竞争、禁止强制性技术转让、国内规则透明度等多个领域的开放水平都是前所未有的，体现了中国对标高标准投资协定全面开放市场的决心。RCEP与EU-China-CAI互补性极强。从缔约成员来看，RCEP以东盟10个发展中国家为中心和发起成员，而EU-China-CAI的欧盟方面则代表西方发达国家集团；从地域范围来看，一个覆盖太平洋及东南沿岸地区，一个包含欧亚大陆的主要经济体；从对接中国"一带一路"倡议的层面来看，一个缔约方主要分布在海上丝绸之路上，另一个则衔接陆上丝绸之路的起点和终端。RCEP与EU-China-CAI不仅将对世界经济格局的走向产生重要影响，对中国国内经济制度改革和市场建设尤其具有重要的对标意义。

(二) 区域全面经济伙伴关系协定 (RCEP)

1. 区域全面经济伙伴关系协定 (RCEP) 概况

2020年，克服新冠疫情对经济和人员流动带来的影响，中国与东盟十国、日本、韩国、澳大利亚、新西兰等15个国家通过借助互联网技术的密切磋商和领导人会议，在历时7年的谈判后，于11月15日正式签署了《区域全面经济伙伴关系协定》（Regional Comprehensive Economic Partnership，RCEP）。这一协定产生了一个超大规模的自由贸易联盟：覆盖了全球约30%的总人口、经济总量、进出口贸易和外商投资。RCEP签署后，上述国家将在关税、原产地规则、投资准入、知识产权、竞争政策和电子商务等方面遵循共同的规则。目前，RCEP正处于签署后、生效前的各国立法批准程序当中。据统计，中国与其他成员国贸易额约占中国对外贸易总额的30%，来自成员国的投资占中国实际吸引外资的比重超过10%。其中，粤港澳大湾区与RCEP成员国经贸关系更加紧密，2017年对RCEP成员国进口额占大湾区全部进口额的65%，占国内进口额的32%，比重近年还在进一步提高。[①] RCEP一体化大市场的形成将有助于中国进一步优化对外贸易和投资布局，加速大湾区市场体系与国际高标准贸易投资规则接轨，构建更高水平的开放型经济新体制。

RCEP被认为是当前最具潜力的自由贸易协定。该协定覆盖当前世界上经济增长最快的东亚太平洋地区，构成国家既包括中国、日本、澳大利亚这样全球GDP排名前20的主要经济体，也有极富经济活力和增长潜力的发展中国家。协定构建在原本各个东盟以外成员国的"东盟+1"

---

① 符淼、张昱：《粤港澳大湾区对外货物贸易的多维度细化指数及其特征》，《国际经贸探索》2020年第10期。

的自贸协定基础之上，各国资源禀赋和生产贸易活动的互补性强，发展势头稳健良好，覆盖重要的国际贸易通道，被认为是当前最具有经济发展潜力的自由贸易协定。RCEP 的签订和运行，将极大地扩大粤港澳大湾区市场的辐射范围。

RCEP 是一个高水平的多边贸易协定。该协议原来由东盟发起，其他参与国都是通过先与东盟构建"10＋1"的自贸协定，再以东盟作为节点将这些经济体联系在一起，已经具备比较成熟的合作基础。RCEP 的签订成为该区域内经贸规则的"整合器"，不但整合了已有的多对自贸伙伴关系，还形成了新的自贸伙伴关系。RCEP 的签署在当前贸易保护主义和单边主义的阴影下，代表了全球化和多边主义的积极力量。其重新构建的贸易、投资关系，总体开放水平显著高于原有"10＋1"自贸协定，多项措施承诺超过 WTO 水平，更重要的是，还纳入了知识产权、电子商务、竞争政策、政府采购等面向贸易领域未来发展方向的议题。对接 RCEP 规则，将为粤港澳大湾区市场全面融入高标准市场体系打开重要的窗口。

RCEP 被认为具有灵活、包容和创新性特征。作为一个由中低收入的发展中经济体倡议、有高收入国家参加的区域贸易协定，RCEP 并不强调最高水平的开放，而是兼顾不同国家的利益诉求，最大限度地达成成员国的经济利益平衡。例如，在服务贸易领域，日本、韩国、澳大利亚、新加坡、文莱、马来西亚、印度尼西亚等七国承诺采用负面清单方式，中国等其余 8 个成员则在当前仍然采用正面清单方式，而承诺在 6 年内转化为负面清单，这些实事求是的差别待遇条款赋予成员国额外的灵活性。例如，优先考虑最不发达国家的需求，实施技术援助和能力建设项目，以确保各方充分受益、缩小成员国发展差距；例外条款允许缔约方采取保护其基本安全利益必需的行动或措施，以及在面临严重的收支平衡失衡、外部财政困难或受到威胁的情况下采取某些特殊措施。

部分条款具有显著创新性，例如：采用承认原产成分积累、允许出口商自主申明的新的原产地规则，这将优化区域价值链合作，降低交易成本；知识产权、电子商务、竞争、政府采购等条款对标国际高标准规则；等等。对接 RCEP 规则，将为粤港澳大湾区市场体系建设提供更多弹性和创新。

2. RCEP 规则体系特点

RCEP 协定包括初始条款和一般定义，货物贸易，原产地规则，海关程序与贸易便利化，卫生与植物卫生措施，标准、技术法规和合格评定程序，贸易救济，服务贸易，自然人移动，投资，知识产权，电子商务，竞争，中小企业，经济与技术合作，政府采购，一般条款与例外，机构条款，争端解决，最终条款等二十个部分的内容，实现了从国内基础市场制度到货物与服务贸易、投资、新贸易领域，再到争端解决等内容的全覆盖。其规则具有如下特点。

更加完整的贸易自由化规则。在货物贸易领域，区域内 90% 以上的货物贸易将立即或者在 10 年内实现零关税，并全面取消数量限制、进口许可，以及进出口费用和手续等非关税限制，区内有望在较短时间内实现货物自由贸易，贸易便利化水平超过了 WTO 的《贸易便利化协定》。在服务贸易领域，开放水平超过原先所有 "10＋1" 协定的水平，以负面清单为最终方式承诺国民待遇、最惠国待遇，并就金融服务、电信服务、专业服务制定了专门的附则。中国的服务贸易开放承诺达到了已有贸易协定的最高水平。

积极推进要素自由与便利流动。在资本流动方面，对原"东盟'10＋1'自由贸易协定"投资规则进行了全面的整合升级，承诺最惠国待遇、禁止业绩要求、市场准入等。在人员流动方面，RCEP 将符合条件者的居留期限和签证便利承诺的适用范围由服务提供者扩展至随行配偶及家属，平均水平超过各成员国在现有自贸协定中的承诺水平。服务贸易条款的专业服务附件做出了一系列推动成员国专业资质互认的安排，以促进专业人员的流动。

全面推进负面清单管理方式。在服务贸易和投资领域均全面采用负面清单方式相互开放。服务贸易领域的国民待遇和最惠国待遇或立即实施负面清单，或在6年过渡期内逐步由正面清单转化为负面清单。在投资领域则全面采用负面清单方式开放非服务业领域的市场准入，并承诺采取不可倒退的棘轮机制（自由化水平不可逆）。这也是中国首次在对外自贸协定中以负面清单方式对投资领域进行承诺。

更加务实创新的原产地规则。新的原产地规则允许RCEP区域内产品原产地价值成分累积，这不仅会显著提高协定优惠税率的利用率，还将对区域内的价值链合作产生激励效果。RCEP还在传统的由官方授权的机构签发原产地证书的基础上，允许采用（经核准的）出口商自主声明的方式，从而将企业信用纳入原产地规则体系，大大降低了管理成本、提高了交易效率、创新了贸易监管。

合作领域更广泛，合作推进更具体。RCEP不仅仅是一个贸易和投资的常规领域协定，而且是在更广泛的经济技术领域内寻求合作。协议条款承诺在优先考虑最不发达国家的需求的情况下，在货物与服务贸易、投资、知识产权、竞争、中小企业和电子商务等领域实施广泛的技术援助和能力建设项目，以缩小成员之间的发展差距、保证各方充分受益。RCEP还协议提供成员国中小企业会谈平台，以增加中小企业利用协定受益的机会。在标准、技术法规和合格评定程序方面，RCEP推动各方减少技术性贸易壁垒，鼓励加强标准、技术法规以及合格评定程序方面的信息交流。服务贸易的专业服务附件还就推动各成员国专业资质机构之间的对话、专业标准和准则的互认等做出了一系列安排。

更加透明和完善的国内规则。RCEP要求成员国实施更加透明和完善的国内规则。在竞争领域，要求各缔约方建立（维持）相应的法律或机构，用以禁止限制竞争的活动、保护消费者利益。在政府采购领域，要求各缔约方着力提高法律、法规和程序的透明度，加强政府采购合作，并为此制定了专门的审议条款。在海关程序和贸易便利化方面，要求确保海关法律和法规具有可预测性、一致性和透明性，以促进区域供应链发展。

（三）中欧全面投资协定（EU-China-CAI）

1. EU-China-CAI 概况及意义

长期以来，中国与欧盟之间的经贸关系发展高度不平衡：货物贸易发展充分，而相互投资则面临诸多限制，发展十分滞后。欧盟长期是中国第一大贸易伙伴，2020 年在欧盟对外贸易额下滑超过 10% 的前提下，对中国进口增长 5.6%，出口增长 2.2%，双边贸易额达到 5860 亿欧元，中国超过美国成为欧盟的第一大贸易伙伴。与此同时，中国对欧盟投资每年仅在 100 多亿欧元的低水平上，截至 2019 年底，欧盟累计对中国直接投资 1379 亿美元，中国累计对欧盟直接投资 1021 亿美元。2020 年对欧投资仅占中国对外投资的 6.8%，而欧盟对华投资则仅占欧盟对外投资的 2.1%。随着欧盟日益意识到中国经济实力和政治影响力的增长，为改善贸易投资发展的不平衡局面，发展更加全面的经贸合作关系，中国与欧盟经历 7 年谈判，达成了《中欧全面投资协定》（EU-China-CAI），为中欧未来的相互投资提供更开放的市场准入、更高水平的营商环境、更有力的制度保障。协定生效后，将取代中国与 27 个欧盟成员国中的 26 个国家此前单独订立的双边投资保护协定（BIT），致力于实现投资自由化目标，并为全球投资治理体系树立标杆，为中欧投资合作、全球化发展与经济复苏提供更强动力。

中欧 CAI 协定的签订和履行有助于推动中国的制度型开放。一是有利于负面清单管理制度改革的推进。协定在市场准入方面实行更加全面的"负面清单"制度，这与中国《外资投资法》和最近颁布实施的《建设高标准市场体系行动方案》中的负面清单管理体制高度衔接，并大幅缩短了当前负面清单的篇幅。二是有利于中国市场监管制度的改革。如协定要求行业补贴、标准制定、授权、行政措施等更具透明度和可预期性，对接欧盟规则的监督执行和争端解决机制等。三是推动国内营商环境改革取得突破性成效。欧盟宣称已经不再将中国视为发展中国家，双方在这一前提下就外资歧视、规范国有企业行为、监管和补贴等方面达成广泛共识，在公平、平衡和互利的基础上为双边投资营造更有利的营商环境。

2. EU-China-CAI 的主要内容和特点

根据欧盟委员会初步公布的《中欧全面投资协定》的部分文本，协定包括序言和六大章节内容，分别为：目标和一般定义、投资自由化、监管框架、投资和可持续发展、争端解决及机制和最终条款，以及部分附件。根据初步公布的版本，中国承诺的主要内容包括以下几个方面。

更加广泛领域的市场开放。与此前主要在制造业领域的开放不同，新的协定在制造业和服务业领域做出了更加全面的市场开放承诺。（1）在制造业领域，协定超过中国以往对所有合作伙伴的开放水平，除极少数产能严重过剩的领域外，几乎做出了全面的开放承诺，特别是在新能源汽车等领域。（2）更重要的开放在服务业，以往中国在服务领域开放度较低，协定不仅放开了云服务投资禁令，在包括金融、证券、保险、医疗、房产、租赁、运输、商务服务等广泛的服务领域放宽了对外资的合资要求或者股本上限，承诺不采取新的限制措施，还承诺提高服务业部门补贴的透明度以填补 WTO 规则的某些空白。通过吸收优质的外资，中国将大大降低先进制造业和服务业市场的保护水平，提升这些领域与国际产业链接轨的程度。

更加公平竞争的市场环境。中国在营造公平竞争市场环境部分做出了较多突破性的承诺，包括以下几个方面。（1）禁止强制性技术转让条款。这意味着禁止在投资项目中迫使将技术转让给合资伙伴，禁止在技术许可中干扰合同自由，以及保护行政机构收集的企业/商业信息免受未经授权的披露等。（2）规范国有企业行为。协定要求明确国有企业根据商业规则行动，不得对其采取差别性待遇，以及政府有义务提供相关信息，以评估国有企业行为是否符合协定要求。（3）提升规则与监管的透明度。包括政府有义务提高对服务部门补贴的透明度、削减补贴产生的负面影响；对接欧盟标准，在标准制定、授权、市场监管和行政措施中提供更加透明、平等、可预测的方案。

促进可持续发展的条款。超过以往缔约协议的主要范畴，高度尊重和强调了可持续发展的理念和行为原则，承诺不降低劳工保护和环境保护的标准以吸引投资、支持企业履行必要的社会责任，以及对接欧盟要求的监督执行和争端解决机制。具体行为包括，遵守保护环境和气候的国际协定，包括有效执行《巴黎气候协定》；在国内推动批准两项尚未得到批准的国际劳工组织关于强迫劳动的基本公约。

（四）重要投资贸易协定对大湾区市场发展的影响

1. 推动大湾区商品和服务市场一体化

上述重要投资贸易协定将通过以下安排推动大湾区商品和服务市场的一体化进程。（1）零关税安排。大湾区统一大市场形成的最大障碍之一就是粤、港、澳三个独立关税区产生的市场分割。RCEP 承诺 10 年内 90% 以上的区内货物贸易将实现零关税，从而为包括粤港澳大湾区在内的东亚太平洋区形成货物贸易一体化市场制定了具体的时间表。（2）服务业开放。根据中欧全面投资协定（EU-China-CAI），中方对欧盟在服务领域投资进行了规模空前的开放，RCEP 则要求中国在 6 年内以负面清单方式实现服务业市场准入、国民待遇和最惠国待遇。上述服务业条款必将推动珠三角城市与香港、澳门之间服务市场的深度融合。

(3) 新贸易领域合作。WTO 部长级会议决定当前暂不对电子商务征收关税；电子商务也是 RCEP 的重要内容之一，协定鼓励创造有利于电子商务发展的环境、保护用户和消费者的信息，以及在贸易监管中电子技术的使用等。粤港澳大湾区在贸易新业态新模式上已经形成了较好的发展基础，在这些国际协定形成的良好发展环境下，极有可能在数字贸易领域形成新的发展优势，并成为数字贸易领域的引领型市场和标准制定者。(4) 标准体系合作。RCEP 和 EU-China-CAI 不约而同地致力于推动标准领域的合作。RCEP 要求缔约方在标准、技术法规与合格评定程序中尽可能减少不必要的技术性贸易壁垒，确保符合 WTO《技术性贸易壁垒协定》。EU-China-CAI 要求为外资公司提供平等使用标准制定机构的机会，提高授权的透明度、可预测性和公平性。这些协定条款将突破粤港澳在标准规则体系上的藩篱和隔阂，为大湾区统一大市场形成更加趋向合作与一致的标准体系。

2. 促进大湾区投资和要素市场自由化

上述协定对于资本、人员、技术等要素自由市场的形成具有重要促进作用。(1) 投资开放度显著提升。不论是 RCEP 还是中欧 CAI 都在投资领域开放上做出了大量超出以往协定水平的承诺。RCEP 对缔约国原"10 + 1"投资规则进行整合与升级，在所有产业领域均采用负面清单进行投资管理，以实现投资自由化和便利化。中欧 CAI 对制造业领域采取了超过以往任何协议水平的开放承诺，对服务业领域也大量放开了投资限制或者股本上限。上述投资开放承诺，必将促进资本在大湾区以外以及大湾区内部的自由流动。(2) 人员流动更加便利。RCEP 规定了对从事贸易、服务或投资的自然人临时入境和临时停留的规则，并扩大了规则的适用人群范围。中欧 CAI 允许欧盟公司的经理和专家在中国子公司工作长达三年，不受劳动力市场测试或配额等限制。允许欧盟投资者的代表在投资之前自由访问。(3) 技术合作实质推进。上述协议均鼓励缔约方在技术领域开展合作，如RCEP通过为区内欠发达国家提供技术援助和能力建设项目，以缩小成员差距；中欧CAI在云服务、计算机服务、研发等高技术领域都程度不等地扩大了投资开放。这些约定对促进缔约方之间技术要素的流动将起到重要的推动作用。

3. 加快大湾区市场基本制度规则国际化

上述重要投资贸易协定在推动中国市场基本规则制度国际化方面具有巨大影响，也将实质性推动内地和港澳等国际自由港的市场制度规则的对接，对粤港澳大湾区统一、高标准市场体系建设具有重要意义。（1）知识产权保护。RCEP对知识产权的保护将促进与中国《建设高标准市场体系行动方案》中关于产权保护的基本制度的建设和实现。（2）负面清单管理。RCEP和中欧CAI基本全部采用负面清单方式进行市场开放管理，这也与《建设高标准市场体系行动方案》中全面实施负面清单市场准入制度的要求相一致，将加速负面清单管理改革。（3）公平竞争的市场环境。RCEP通过增强对中小企业的服务，以确保中小企业按能力进入区域供应链的主流；中欧CAI则关注了国有企业的作用和行为方式，确保它们作为正常的市场主体进入商业行为。这些条款承诺对促进大湾区形成市场主体公平竞争市场环境具有良好的促进作用。（4）透明可预测的监管与行政措施。两个协议均强调了提升国内监管和行政措施的透明度，这些条款与大湾区建设市场化、法治化、国际化营商环境的改革目标高度一致。

4. 提升大湾区经济发展质量

粤港澳大湾区承担了引领中国经济由高速增长向高质量发展转型的使命，上述高标准投资贸易协定的签订和实施无疑将促成这一转型使命的完成。协定关于投资的相互开放，一方面将为中国在先进制造业和服务业领域带来优质投资，另一方面也将促进中国的优势领域，如高铁、光伏等合法合规进入欧盟和亚太周边市场，从而在整体上提升缔约地区产业链效率，提升国内国际双循环发展质量。中欧 CAI 关于环境责任、劳工保护的条款，本质上与十八大以来新发展理念的要求高度吻合，将促进中国经济发展质量和可持续发展能力的提高，同时也将有利于提升中国负责任大国的国际声誉。

三 对接国际体系建设大湾区高标准统一大市场的目标任务

正如《粤港澳大湾区发展规划纲要》中指出，"大湾区经济运行仍存在产能过剩、供给与需求结构不平衡不匹配等突出矛盾和问题，经济增长内生动力有待增强。在'一国两制'下，粤港澳社会制度不同，法律制度不同，分属于不同关税区域，市场互联互通水平有待进一步提升，生产要素高效便捷流动的良好局面尚未形成。大湾区内部发展差距依然较大，协同性、包容性有待加强，部分地区和领域还存在同质化竞争和资源错配现象。香港经济增长缺乏持续稳固支撑，澳门经济结构相对单一、发展资源有限，珠三角九市市场经济体制有待完善"。因此，粤港澳大湾区建立高标准市场体系，就是要突破内部存在的关键障碍，为此，必须充分对接高标准国际贸易投资体系，以推进该地区的制度改革、补齐市场短板，才能把握住世界经济格局调整、双循环新发展格局形成的历史时机，建成引领高质量发展的市场典范。

（一）大湾区市场必须具有枢纽和引领功能

过去的几十年，中国事实上已经凭借其高速发展成为拉动世界经济增长的动力引擎，在新冠疫情冲击下，世界经济重心向亚洲转移，中国将被期望在世界经济政治秩序中发挥更加主动的作用。经过四十多年的不断改革开放，中国的社会主义市场经济制度取得了令人瞩目的成果。为构建更加成熟、更加定型的高水平社会主义市场经济体制，进一步激发各类市场主体活力，中共中央、国务院于 2021 年 1 月发布了《建设高标准市场体系行动方案》，提出"通过5年左右的努力，基本建成统一开放、竞争有序、制度完备、治理完善的高标准市场体系"，明确了高标准市场体系的基本要求是"统一开放、竞争有序、制度完备、治理完善"。作为中国经济活跃度最高、市场化程度最深、创新要素集聚的粤港澳大湾区，其市场体系的完善和提升将为中国提供社会主义市场经济制度的示范。结合粤港澳大湾区当前的发展基础和在中国乃至世界经济发展中所应担当的责任，新发展格局下大湾区建设高标准统一大市场，其最重要的内涵就是实现枢纽和引领的功能。

1. 双循环新发展格局下的枢纽型市场

高标准市场体系建设是社会主义市场经济体制不断完善的核心内容，也是形成"以国内大循环为主、国内国际双循环相互促进"的新发展格局的重要支撑。粤港澳大湾区市场作为中国经济最具有活力和潜力，同时又是开放程度最高、参与全球价值链最深最广的区域市场，必须发挥连接国内国际市场、支撑国内国际两大循环相互促进的枢纽型市场的功能。成为支撑新发展格局的枢纽型市场，必然要具有两方面的特征：开放性和一体化。

大湾区枢纽型市场必须是一个开放性市场。对接国际贸易投资体系建设大湾区市场，有粤港澳合作的内涵，但又超出了粤港澳合作，是全面与国际市场对接。首先，大湾区的很多制度性屏障，只有在与国际规则、国际标准的对接中才有可能被打破。例如，未来随着中国对RCEP承诺的不断兑现，粤、港、澳三地的标准体系、海关监管等都需要实现最大限度的对接，随着RCEP区域零关税实现，粤港澳之间在货物关境上，极有可能比整体承诺更快实现自由通关。在服务贸易领域，中方的负面清单承诺也最有可能先在粤港澳地区实施，从而为全面的负面清单管理实现压力测试和积累经验。在资本和人员流动等领域，也极可能在RCEP和中欧CAI推动下趋向进一步自由化。其次，通过与国际投资贸易体系对接,才能提升大湾区市场的能级和效率。"9+2"城市体系中,港澳长期以来实行自由市场制度,市场效率较高;内地城市受行政因素约束较大,市场效率偏低。通过与RCEP、中欧CAI实现规则对接,将倒逼国内行政体制改革进一步深化;以深圳中国特色社会主义先行示范区为引领,带动大湾区整体市场效率的提高;充分发挥香港世界金融贸易中心的辐射作用,促进大湾区市场整体能级的跃升。

大湾区枢纽型市场必须是一个一体化的市场。实现国内大循环与国际大循环对接的枢纽型市场功能,显然不能由一个内部分裂和发育不完整的市场来承担,而必须是一个基础制度发达统一、具备完善的市场功能的一体化市场。粤港澳大湾区市场虽然是中国经济活动最活跃的市场,但在市场的一体化方面的确存在较为严重的缺陷。从市场构成角度看,粤港澳要素市场发展显著滞后于商品市场发展,人员、资本、土地流动障碍重重,信息、数据等新型要素的立法和市场建设远远落后于技术与应用发展的领先;从市场制度方面看,区域之间的制度性、行政性边界严重阻碍了统一市场的形成,市场低效率情况依然严重;内地市场在处理法制与政策的边界、私权保护、公平竞争等领域,与港澳和国际通行规则依然相距较远。如,张昱等利用相对价格方差系数对粤港澳大湾区、东京湾区和杭州湾区的市场一体化程度进行了测量,发现粤港澳湾区市场分隔十分严重,杭州湾区的市场一体化发育相对良好,东京湾区市场一体化程度最高(见图1)。

唯有借助被纳入高标准国际贸易投资协定的时机,统一规则、补齐功能、完善制度,集大湾区世界级城市群的资源互补与产业协同的合力,才能发挥大湾区统一大市场对双循环发展格局的支撑作用。

2. 世界经济体系中的引领性市场

中国是目前世界经济中最强的增长力量,作为中国最具活力和潜力的增长极,粤港澳大湾区市场必须成为在世界市场体系中具有引领性地

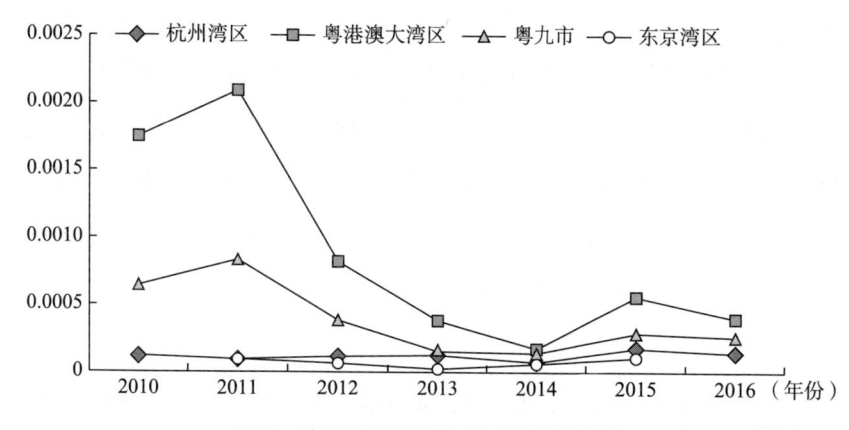

图 1　湾区市场价格方差系数及其变化

资料来源：张昱、眭文娟、谌俊坤《世界典型湾区的经济表征与发展模式研究》，《国际经贸探索》2018 年第 10 期。

位的市场。一个引领性的市场，必须具备高效率、高能级、高质量的特点。(1) 高效率市场意味着，该市场能够最有效率地使用该区域或者更广泛区域内的土地、资本、人员等要素资源，达到平均资源效率的最大化，由此决定了大湾区应当具备高经济密度的特征。与纽约、东京、旧金山等世界三大湾区经济相比，粤港澳大湾区的人均产出和地均产出都大大偏低，甚至也低于杭州湾区；大湾区经济活动分布还很不均衡，"9+2"城市之间经济密度差距非常大，这与杭州湾区城市发展水平基本一致有很大不同（见图2）。这充分说明，粤港澳大湾区市场效率还有较大提升空间，这一方面来自于该地区充裕的要素资源可以支撑更大规模的市场活动，另一方面也来自于要素在区内实现自由流动后可能带来的边际生产率提高。(2) 高能级市场是指，该市场能够在世界范围内配置资源要素、交易商品，或为全球生产体系服务。具有世界影响的国际金融机构、证券交易所、商品交易中心、跨国公司总部、艺术品交易中心、国际展会、高端研究机构等，连同世界级的港口（群）、空港（群）和四通八达的铁路与公路网络，支撑了引领型市场对全球市场活动的影响力。由此，高能级的市场必定也是价格的形成中心。(3) 高质量市场，一方面是指产品和服务的高质量，或者在金字塔尖端产业上具有突出优势。例如，纽约湾区向世界提供金融保险、科学研究和技术服务、艺术设计等服务，也集聚了全球的领导型企业/机构和顶尖的技术与管理人才；旧金山湾区在信息传输、软件和信息技术服务、科学研究与技术服务领域是引领全球的风向标。另一方面则是指市场体系完善、规则透明可预期、交易效率高、认同度高，能够吸引最优秀的企业和高层次人才。

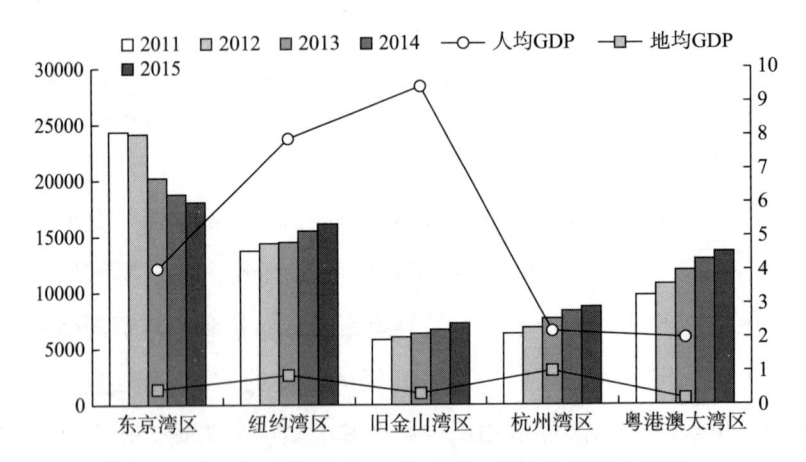

图2 2011~2015年五大湾区经济总量和经济密度比较

资料来源：张昱、眭文娟、谌俊坤《世界典型湾区的经济表征与发展模式研究》，《国际经贸探索》2018年第10期。

（二）对接国际体系，完善大湾区市场基础制度

1. 对接国际贸易投资协定，完善社会主义市场经济基础制度

2001年以来，中国就是借助加入WTO规则体系的契机，以开放促改革，对内打破行业保护，对外削减投资贸易限制，建立了竞争性市场制度，带来了二十年的高速发展。当前，高标准市场体系在市场基础制度上要求做到"平等准入、公正监管、开放有序、诚信守法"，这正是此轮RCEP和中欧CAI两个高标准国际投资贸易协定强调的基本市场规则，为粤港澳大湾区完善社会主义市场经济基础制度提供了重要的外部

动力和规则标准。

具体来说,一是充分发挥深圳中国特色社会主义先行示范区的强大改革和示范效应,在中央授权的前提下,率先在立法、交易制度建立等基础制度方面进行先行先试,为大湾区的广大地区提供改革经验;二是内地九市对标 RCEP 和中欧 CAI 的要求,在完善产权保护(特别是知识产权的确权和保护)、清理负面清单以外的市场准入隐性壁垒、反垄断(特别是新经济领域的反垄断)、数据收集及使用管理、消费者保护、规则透明化等领域尽快与国际投资贸易协定对接,或实现承诺的改革目标;三是保持香港、澳门的社会与政治稳定,为国际投资贸易协定的实施创造良好的市场环境,为粤港澳大湾区统一大市场建设保持良好的政治局面。

2. 加快探索大湾区自由贸易港

自由贸易港和自由贸易区在国际市场体系中占据核心地位,是世界市场体系的标杆。在各地自贸试验区改革面临进一步突破挑战的前提下,2020 年在海南省全岛启动的自由贸易港改革,体现了中央政府以贸易自由化为切入点推动集成式制度创新的决心。粤港澳大湾区是中国最具备发展自由港条件的地区,在国际贸易投资协定市场开放清单的倒逼机制下,粤港澳大湾区必须加快对自由港制度的探索,打造高标准市场体系的旗帜标杆。具体而言,一是充分借助深圳建设中国特色社会主义先行示范区、横琴粤澳深度合作区放宽市场准入的特别措施,加快推动大湾区内的服务领域开放、资本自由流动、建设用地指标跨城市交易等改革,实质性地推动自由港制度探索;二是以简政放权为中心,将近年来自贸试验区改革取得的成功经验在广东省全面推广,在更广泛的区域内形成投资贸易自由化、便利化的市场环境。

(三)破除区域壁垒,建设统一大市场

1. 突破"9+2"市场壁垒,建设大湾区统一市场

国内统一大市场不仅是充分发挥我国庞大内需优势的前提,也是实

现内外双循环相互促进的基本条件。在当前五大城市群形成的国内市场体系当中，粤港澳大湾区开放水平最高、创新要素集中，但市场分割程度也最深。建设大湾区统一市场，关键在于打破"9"和"2"之间的制度藩篱，实现"畅通市场循环，疏通政策堵点，打通流通大动脉，推进市场提质增效"的总体要求。第一是要瞄准堵点，大力畅通产品和要素循环。进一步简化粤港、粤澳之间的货物和人员通关程序，逐步放宽对货币兑换和流动的额度限制，加快对标RCEP和中欧CAI市场准入要求，放开珠三角制造业和服务业市场。第二是推动科技合作与新经济领域合作共同规则的形成。通过鼓励粤港澳三地机构在知识产权、科技创新及产业数字化等新经济领域开展合作，推动形成三地认可且符合国际规则的新兴领域共同市场规则。第三是推动标准体系相互认同。推动粤港澳标准制定和与授权机构的合作，促进三地标准体系和执业资格体系互认。第四是加强市场监管与执法合作。以经济合作促进制度体系深度合作，构建粤港澳跨区域市场监管案件的移送处理、执法协助、联合执法机制，针对新型、疑难、典型案件，畅通会商渠道，互通裁量标准。

2. 加强与东盟合作，打造RCEP核心经济区

大湾区在地理位置上与东盟国家毗邻，与东盟国家经贸联系非常紧密，近年来双边贸易投资增长速度更是惊人，东盟成为大湾区对外贸易增长最快的区域市场。大湾区所拥有的发达的市场体系、完备的产业部门、领先的科技创新体系，与东盟十国充裕的资源要素优势形成了高度的互补。区位优势、高度互补性和高速增长的态势与潜力，使得大湾区与东盟国家极有可能形成一个RCEP的核心经济区。粤港澳三地海关要加速对接RCEP的核心要件之一——可累积的原产地规则，及时调整相关监管体系，激励大湾区与东盟国家开展更加深入的市场和产业链合作，一方面有利于形成一个富有活力、市场一体化的RCEP核心经济

区，另一方面也有助于中国应对当前所遭遇的一些发达国家的贸易保护主义挑战。

3. 加强法治建设，弱化行政干预，创造一流营商环境

粤港澳大湾区要形成世界市场体系中具有引领性的统一大市场，内地和港澳都需要做出调整，总体方向是加强法治建设，弱化行政干预，营造世界一流的营商环境。对珠三角城市而言，主要是逐步实现新发展理念的统领，改善由唯GDP论带来的城市间政策恶性竞争和地方保护主义；对接高标准国际投资贸易体系的要求，减少选择性的奖励、补贴、定向采购等政府行为的空间，避免因行政干预造成的不同所有制、不同规模、不同行业间企业的不平等地位；完善反垄断立法，加强执法，建立法治为主的市场监管体系。对港澳而言，则必须在香港特别行政区基本法、澳门特别行政区基本法的统领下，保证政治稳定、社会稳定，才能满足国际资本对安全性的基本要求，也才能维护其国际自由港的地位。

（四）补齐市场短板、推动要素市场健康发展

塑造大湾区统一大市场，必须打通要素在大湾区内流动面临的各种堵点，推动要素的自由流动与市场化定价。从中央政府颁布的《深圳建设中国特色社会主义先行示范区综合改革试点实施方案（2020—2025年）》来看，以土地管理制度改革为突破口，推动要素市场化配置改革，是"十四五"时期国家要推进的重点改革领域，这也进一步为大湾区明确了推动要素市场建设、补齐市场短板的市场体系建设目标。要素自由流动与自由聚集对大湾区建设统一大市场和实现经济一体化非常重要，将引领中国未来五到十年最重要的发展趋势。为此，大湾区必须破解基本制度供给不足的硬约束，完善要素市场化配置所需的制度环境；在产权制度受到法律保护的前提下，发展健全要素交易和定价的市场平台；推动各类要素交易主体和中介机构的形成与发展，为促进要素

交易、扩大要素市场提供支持。

1. 大力发展知识、技术、数据、信息等新型要素市场

知识、技术、数据、信息等新型生产要素正在成为最重要的生产力来源和国际投资贸易协定的主要关注内容。2020年新冠疫情加剧了世界经济向数字化和信息化的转变，包括RCEP和中欧CAI在内的几乎全部国际协定都是在网上完成谈判并签订的，大量企业业务通过网络进行，在世界货物贸易总额预计下降9.8%（据WTO数据）的前提下，全球数字贸易却逆势上涨了9%。未来，知识、技术、数据、信息等新型要素的交易定价平台将成为全球要素市场的主要增长点。在国家加快相关立法进程的前提下，加快推动制定新型要素的产权、交易、跨境传输和安全等基础制度和标准规范，积极倡导或参与新型要素领域国际规则和标准制定，加速发展知识产权、科技成果产权、数据信息资源的交易机构和交易平台，推动粤港澳大湾区成为全球新型要素交易最发达的中心市场。

2. 以土地管理制度改革为起点，加快推动土地交易市场形成

以深圳为先行区，积极争取国家关于城乡建设用地指标审批授权下放试点范围扩大；依托公共资源交易平台，建设城乡统一的土地资源资产市场交易平台，形成统一的交易规则，推动一、二级市场联动的土地市场服务监管体系的发展，完善土地要素价格形成机制；探索建立广东省内跨城市补充耕地指标交易市场，完善交易规则和服务体系。

3. 加快改革户籍锚定的人口管理制度，促进人员自由流动

一方面，在珠三角城市群中推动户籍准入年限同城化累计互认，试行以经常居住地登记户口制度；另一方面，推动按照城市实际服务人口配置公共资源，如推动实现区内社保一体化、常住人口基本教育服务均等化、统一医疗保障信息系统的构建和使用等。推动常住人口在粤港澳大湾区内流动的便利化；大力鼓励粤港澳三地人力资源服务合作，促进大湾区服务标准和专业资格互认，提升人力资源服务质量。

(五) 增强创新引领、提升市场效率能级

1. 大力发展数字经济,提升湾区经济效能

引领性市场必须具备超出普通市场的高效率与高能级,而市场效率和市场能级的超常规提升通常有赖于技术进步带来的新兴经济形态的发展。大数据借助互联网技术向市场体系渗透,重新组合供给和需求要素,从而产生了新的产业和市场组织方式,显著降低了交易成本、扩大了交易规模。粤港澳大湾区在数字经济及相关配套领域已经走在了全国前列。例如,广东省跨境电商零售规模占全国一半以上,根据《中国电子商务发展指数报告》,广东省跨境电子商务指数连续多年位居全国第一;工业互联网发展也领先全国。港澳的国际贸易、商贸业、服务业发达,这正是数字经济最容易渗透发展的领域。粤港澳大湾区市场要成为高效率、高能级的引领性市场,必须大力发展数字经济。一方面,对基于大数据处理和应用的新业态新模式给足成长空间,鼓励传统市场和生产企业的数字化升级,深入探索形成适应数字经济底层结构的新制度规则,促进数据信息要素的合法流动交易;另一方面,也要关注适应数字经济发展的监管创新,避免由于监管缺位造成的不公平竞争、侵犯消费者权益等现象,形成有利于数字经济健康发展的市场环境。

2. 推动新技术在市场服务和市场监管中的应用

市场服务和市场监管必须跟上经济活动创新的步伐,才能确保市场的有效性和稳定性,避免出现大的市场波动。在使用大数据、互联网技术在市场服务和市场监管中的应用方面,大湾区公共部门尚有较大空间。在立法基础上,明确公共管理部门对数据信息用于公共管理的权力和责任,推动建立跨地区、跨部门的大湾区企业数据库,建立"9+2"公共部门数据共享机制;建立统一的大湾区公共服务资源库和公共网络平台,便于企业了解和使用大湾区公共服务和公共政策资源。

• 人文湾区篇 •

推动健康韧性城市建设，促进大湾区城市高质量发展

王世福　刘　铮　黎子铭[*]

摘　要： 新冠疫情全球大流行背景下，如何建设健康韧性城市成为一个重要议题。在全球公共卫生危机中，不同城市在医疗水平、应急能力等方面表现出治理水平差距较大的现象，并相应采用了差异化的城市疫情防控与规划转型策略。基于相关数据与资料梳理，本报告从加强城市公共空间韧性、基层社区治理韧性和加强城市应急制度韧性三方面提出健康韧性城市建设与发展的思路，并进一步面向粤港澳大湾区韧性湾区建设需求，提出结合国际复杂环境构筑全过程疫情防控体系、深化区域医疗互惠的韧性制度、优化城市医疗韧性服务能力、强化社区防疫生活圈防疫治理能力等策略，从而实现推动粤港澳大湾区城市高质量发展。

---

[*] 王世福，华南理工大学建筑学院副院长、教授，粤港澳大湾区规划创新研究中心主任，国家社科基金重大项目首席专家。主要研究领域为智慧城市、城市发展战略、城市历史保护规划、城市设计与开发控制等，代表性成果有《城水耦合与规划设计方法》等；刘铮，博士，华南理工大学建筑学院副教授，主要研究领域为健康城市、绿道规划、都市主义；黎子铭，华南理工大学建筑学院博士研究生，主要研究领域为规划管理、共享城市。

关键词： 韧性城市　健康城市　规划治理

引　言

2020年初，新冠疫情突袭而至，各国在政治、经济、公共卫生等诸多领域均受到不同程度的冲击。截至2021年2月，全球范围内新冠确诊总人数已超1.1亿，其中，超240万人死于新冠疫情。根据亚洲开发银行对全球性疫情的影响评估预测，2020年度全球因疫情导致的直接经济损失可高达8.8万亿美元，相当于世界各国GDP之和的6.6% ~ 9.7%。[1]

全球城市及区域城市群一体化发展有效带动区域经济增长，但大量的全球性、区域性人口流动也会增加区域公共卫生安全隐患。突袭而至的新冠疫情向全球城市敲响了警钟，公共卫生危机成为全球城市可持续发展的巨大挑战。粤港澳大湾区作为国家战略性外向型经济发展区域，亦是人口密度高、经济活动非常活跃的区域，在此次疫情中面临着区域制度政策协同、区域物资调配、区域人员流动、境外疫情倒灌防范等多重考验。在本次全球重大公共卫生危机中，粤港澳大湾区是涉及跨境、跨制度、跨政府协调最为复杂的大都市区，但由于较为迅速的反应及高效的应对能力，成为全球四大湾区中较早实现复工复产的地区。粤港澳三地在疫情初期已密集采取了一系列防控措施，特别是在疫情信息对接、交通管制、救助患者、保障物资供给等方面进行了深度合作。此外，粤港澳三地均通过社会财政补助、企业资金扶持与税收减免、福利券发放等民生措施重振疫情影响下的大湾区经济。

在此背景下，常态化疫情防控是新发展格局下推进粤港澳大湾区城

---

[1] 《新冠肺炎疫情潜在经济影响最新评估（2020）》，亚洲开发银行，2020年3月，https://www.adb.org/publications/updated-assessment-economic-impact-covid-19。

市高质量发展的重点问题，全球城市应对重大公共健康危机的战略响应涉及空间特征韧性、工程技术韧性、治理韧性与制度韧性多个维度，产生规划理念、设施构筑和基层治理方面的城市建设转型，体现在进一步增强韧性建设、注重智慧治理、体现人文关怀等综合措施上。本报告从加强城市公共空间韧性、基层社区治理韧性和加强城市应急制度韧性三方面切入健康韧性城市建设与发展思路，深入探讨推动健康韧性城市建设、促进粤港澳大湾区高质量发展的重点内容，提出面向国际环境构筑全过程疫情防控体系、深化区域医疗互惠的韧性制度、优化城市医疗韧性服务能力、强化社区防疫生活圈防疫治理能力等策略。

一 公共卫生危机中全球城市治理水平存在显著差距

新冠疫情在全球范围内的快速蔓延，使得全球超过200个国家和地区先后出现人员感染情况，是近年来较为罕见的全球大流行疫情[1]，深刻考验着全球不同国家及城市的治理水平，特别是考察城市在不同政治制度、社会体制、经济科技水平、基础设施建设等条件下应对危机的韧性差异。从这个角度来看，各国、各地区在面对全球大流行疫情采取了差异化疫情防控政策，并导致截然不同的结果。

（一）疫情扩散的空间分布特征

社会公众对于疫情的关注较多集中于患者数量的变化趋势，以及城市医疗水平、传播渠道、时间尺度下的扩散规模等方面，而较少关注疫情分布与城市建成环境的关系。但不可忽视的是，人的活动离不开物质空间的承载，物质空间对疫情传播及阻隔有显著影响。根据空间流行病

---

[1] World Health Organization（WHO），"WHO Director-General's Opening Remarks at the Media Briefing on COVID-19-11 March 2020,"（2020-03-11）［2020-04-19］，https://www.who.int/zh/dg/speeches/detail/who-director-general-s-opening-re-marks-at-the-media-briefing-on-covid-19-11-march-2020.

学原理，导致疫情快速扩散的空间主要具备以下特征：一是人口密度高，二是经济活动频率高，三是交通运输效率高。

越是人口稠密、经济活动聚集频率高的城市越容易导致病毒传播，以高人口密度与高建筑密度为空间特征构成的城市空间形态在一定程度上导致病毒传播速度加快。如美国疫情发展态势就表现出感染人数和城市密度呈现正相关[1]，一般认为经过每轮大型群众聚集活动后所导致的新增病例激增是"人群密集的情况下更易导致呼吸道疾病的传播"这一流行病学规律的充分展现。

王姣娥等基于时空尺度特征对新冠疫情的空间扩散模式进行的探究发现，疫情的扩散主要分为邻近、迁移、等级和廊道4种模式（见图1）。邻近扩散源于疫情"震中"周边地区最易受到疫情影响的地理学定律，表现为由"震中"向外圈层扩散的特征，一般多出现于疫情暴发的初期；迁移扩散源于区域经济互联、区域交通可达性的提高，促使人口在区域范围内流动的便捷程度提高，在短时间内可促进远距离跨区域的快速流动，疫情也随着人口的迁移而相应扩散；等级扩散则体现在区域城市间的深度互联关系上。于我国而言，区域中心城市、直辖市、省会城市都是国内重要的交通枢纽，在春运时承载大量的人口集散与运输，因而疫情的等级迁移体现为从区域中心城市、省会城市向其他城市的扩散；廊道扩散源于区域交通廊道的客观存在给疫情传播提供了便利，尤其是国际城市间的航空廊道、区域大型城市间的铁路与公路干线。从世界疫情的扩张情况来看，全球航线的聚集点与世界各国新冠疫情的暴发点密切吻合，体现了人口流动加剧疫情向外扩张的问题，疫情的传播与人所处的空间有着密切的相关性。

---

[1] 饶富杰、胡雨欧：《城市密度与韧性：结合美国新冠疫情的反思》，澎湃新闻网，2020年5月15日，https://www.thepaper.cn/newsDetail_forward_7411906。

a.临近扩散　b.迁移扩散

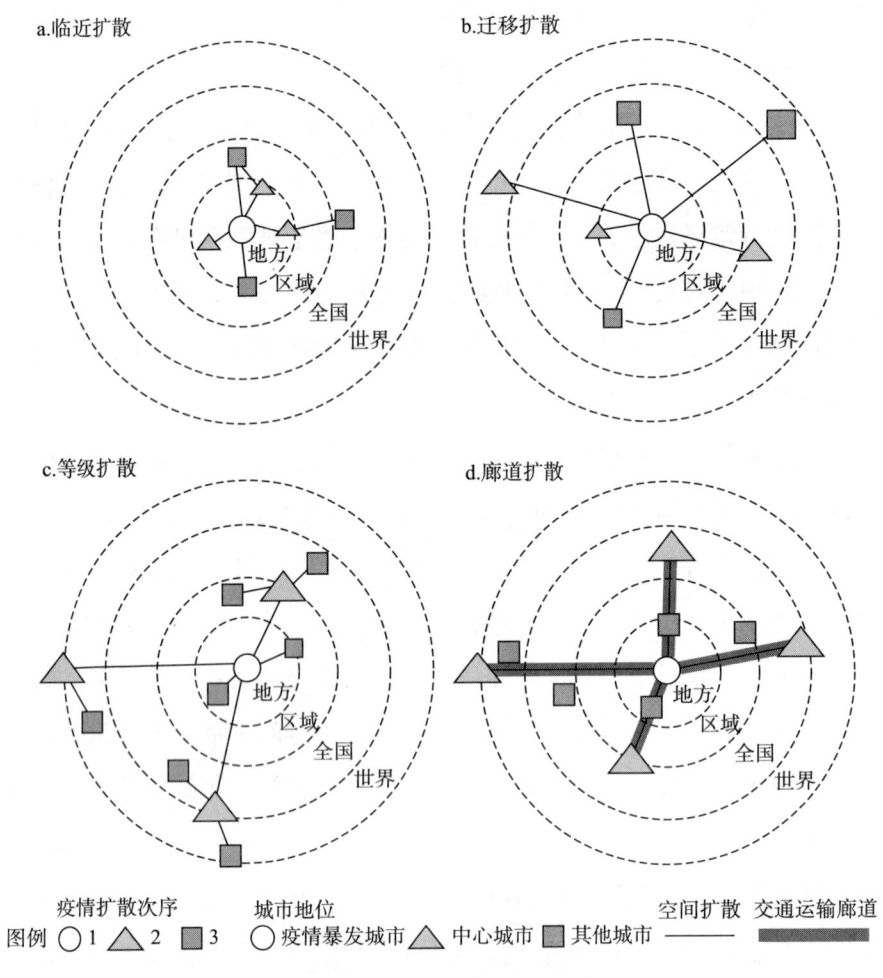

c.等级扩散　d.廊道扩散

图例　疫情扩散次序 ○1 △2 ■3　　城市地位 ○疫情暴发城市 △中心城市 ■其他城市　　空间扩散 ──　交通运输廊道 ▬▬

图1　国家层面的疫情扩散四大模式

注：根据王姣娥、杜德林、魏冶、杨浩然《新冠肺炎疫情的空间扩散过程与模式研究》（《地理研究》2020年第39卷第7期）一文改绘。

（二）社会经济发展水平导致的医疗水平差距

完备的医疗体系与应急能力是各国应对全球突发性公共卫生事件的关键保证。一个国家的医疗体系并非一朝一夕建成的，针对传染病的防治除了日常的医疗基础设施建设、应急医疗物资储备、医生培训、重大公共卫生事件应急机制外，还涉及疫苗研发能力、特效药物产能、紧急医疗物资生产等方面。通过世界主要国家人均国内生产总值与《柳叶刀》公布的世界医疗相关指数对比可见，医疗水平高低实质上反映了社会经济水平的差异（见表1）。如世界医疗水平排名第3的荷兰千人医生密度是印度的近4.6倍，人均GDP是印度的26倍之多，不难看出印度因经济发展水平较低，而影响着国家对于公共卫生建设的投入，这直接导致医疗体系难以承受大规模传染病的突袭。当政府无法采取及时而有效的应对公共卫生危机的措施时，反过来影响国家经济的增长，由此构成了恶性循环。

表1 世界主要国家医疗指数、人均GDP、新冠疫情情况统计

国家	世界医疗水平排名	千人医生密度	2016年人均GDP（美元/人）	每百万人累积确诊病例（例）	每百万人累积死亡病例（例）	病亡率（%）
荷兰	3	3.61	46144.18	47177.59	672.6	1.43
澳大利亚	5	3.68	53692.81	1114.71	35.65	3.20
瑞典	8	3.98	53817.74	43307.98	864.12	2.00
意大利	9	3.98	30980.85	34851.18	1226.54	3.51
日本	12	2.41	38815.16	1864.47	26.03	1.40
加拿大	14	2.31	42601.53	15484.25	417.62	1.97
比利时	15	3.07	39644.97	55782.35	1684.96	3.02
德国	18	4.25	30984.80	21012.62	403.31	1.92
西班牙	19	3.87	25750.33	41242.09	1087.31	2.63
法国	20	3.26	36874.40	41022.24	992.12	2.42
新加坡	22	2.29	58056.23	10016.34	4.96	0.05
英国	23	2.79	41409.10	36770.98	1084.49	3.03
希腊	24	5.48	17316.49	13321.43	464.16	3.48
韩国	25	2.36	29726.37	1204.8	17.89	1.48
美国	29	2.61	58077.44	60609.49	1065.64	1.76
葡萄牙	32	5.12	18820.10	40569.76	677.28	1.67
以色列	35	3.48	37860.33	48900.7	384.15	0.79
波兰	39	2.38	12295.97	34213.85	754.47	2.21

续表

国家	世界医疗水平排名	千人医生密度	2016年人均GDP（美元/人）	每百万人累积确诊病例（例）	每百万人累积死亡病例（例）	病亡率（%）
中国	48	1.98	7993.12	66.67	3.32	4.98
俄罗斯	58	4.01	8742.93	21429.8	385.59	1.80
阿联酋	73	2.44	34351.08	21012.5	67.64	0.02
泰国	76	0.81	6036.41	102.62	0.9	0.88
巴西	116	2.17	8747.11	36112.13	917.15	2.54
印度	145	0.78	1756.32	7439.6	107.78	1.45

注：国家排名按照世界医疗水平进行排名。
资料来源：千人医生密度、全球医疗水平排名参见2018年《柳叶刀》刊发的全球195个国家的医疗质量和可及度全球排名[1]；2016年人均GDP数据参见联合国统计司[2]；约翰斯·霍普金斯大学美国疫情统计数据参见约翰斯·霍普金斯大学官网，https://coronavirus.jhu.edu/us-map，最后访问日期：2020年12月31日。

相较于经济欠发达的国家而言，经济较为富裕的发达国家有着较完善的医疗体系，在理论上可以在应对疫情危机时更显从容。同样，现代化水平较高的城市往往具备高质量、完备的医疗配套设施，在疫情出现时能及时提供必要的药物、营养等抗疫资源供给，并因为有更高的医疗诊治水平，能为病人及时治疗和康复提供更好的保障，对抑制病情恶化能起到关键作用。

除了医疗水平，疫苗的研发及生产亦是国家公共卫生体系中不可或缺的重要环节，更是实现经济复苏与体现国家实力的关键物资。根据世界卫生组织最新数据，目前全球登记注册的在研疫苗共289种，其中进入世界卫生组织紧急使用清单的共22种疫苗，已经通过评估的疫苗有

---

[1] Measuring Performance on the Healthcare Access and Quality Index for 195 Countries and Territories and Selected Subnation Locations: A Systermatic Analysis from the Global Burden of Disease Study 2016, The lancet, March 23, 2018, https://www.thelancet.com/journals/lancet/article/PIIS0140-6736（18）30994-2/fulltext.

[2] Per Capita GDP in US Dollars, United Nations, December, 2020, https://unstats.un.org/unsd/snaama/Downloads.

8种，其中2种为中国品牌。[①] 疫苗的研发取决于国家的科研水平，而生产则由国家是否具有涵盖上游疫苗包装和原材料、中游疫苗研发生产、下游疫苗终端使用和废物处理等完备的疫苗产业链条所决定。一般而言，综合能力及产业供应较强的国家有条件自行研发疫苗，而产能相对较弱的国家会倾向于引进疫苗而不做单独研发。

根据世界银行的数据，2019年全球人用疫苗最高出口的国家是有"医药强国"之称的比利时，其销售额达93.58亿美元，占据全球出口量的3成，此次比利时主要充当了全球新冠疫苗的主要生产国与中转国。[②] 除了欧美传统的工业强国外，中国、印度、韩国、日本在此次新冠疫苗的研发和生产中作为新兴力量，正逐步拓展亚洲市场占有份额，深刻改变着全球疫苗生产与疫情防控的格局。目前中国疫苗已供应国外超过3.5亿剂，包括向80多个国家捐赠，向40多个国家出口，并积极开展与其他国家的疫苗研发合作。[③] 总体而言，为应对疫苗供不应求的局面，更多国家选择就地生产疫苗，经济能力较强的国家如加拿大亦会及时开设疫苗生产线以增大本国疫苗产量，保证供应。从这个角度来看，社会经济发展水平在一定程度上影响着城市面对危机能否做到及时调整的韧性能力（见表2）。

表2　世界疫苗研发超临床Ⅲ期的国家（截至2021年7月6日）

研发国家	临床Ⅲ期数量	上市数量（国内/国际上市）	预计产量（亿支/年）
德国	1	1	13
中国	9	4	65

---

① Emergency Use List, WHO, https://www.who.int/teams/regulation-prequalification/eul/, accessed July 6, 2021.
② Exporter Dynamics Database, The World Bank, 2019, https://www.worldbank.org/en/research/brief/exporter-dynamics-database.
③ 《中国新冠疫苗"为什么能"？——新华社记者专访国家卫生健康委副主任曾益新》，新华网，2021年6月7日，http://m.xinhuanet.com/2021-06/07/c_1127535936.htm。

续表

研发国家	临床Ⅲ期数量	上市数量（国内/国际上市）	预计产量（亿支/年）
印度	2	0	20
美国	6	3	67.5
英国	1	1	32
俄罗斯	1	1	5
哈萨克斯坦	1	0	0.6
加拿大	1	0	—

数据来源：临床Ⅲ期数量来自世界卫生组织统计数据，WHO 官网，https://www.who.int/emergencies/diseases/novel-coronavirus-2019/covid-19-vaccines，最后访问日期：2021 年 7 月 6 日；预计产量来源于权威媒体公开报道可查询数据。

二 公共健康危机下城市疫情防控与规划转型

（一）从技术韧性向演进韧性转型的规划理念转型

在全球极端天气频发、国际安全挑战错综复杂的局面下，应对重大突发性城市应急事件已成为我们要面对的常态，越来越多的学者意识到研究与思考"韧性城市"的重要性。目前学界对"韧性"最普遍的定义是"有能力在变化面前坚持，在不断变化的环境中继续发展"。韧性的概念最初被广泛应用于机械学、西方心理学、生态学等学科领域，20世纪 90 年代到 21 世纪初，其研究领域从自然生态学延伸至人类生态学，而后被应用于城市这一复杂的社会生态系统，"韧性城市"的概念应运而生。

在学术研究中，对韧性概念的认识经历了从"工程韧性（Engineering Resilience）"到"生态韧性（Ecological Resilience）"再到"演进韧性（Evolutionary Resilience）"的过程。[1] 其中，工程韧性来源于工程力

---

[1] 邵亦文、徐江：《城市韧性：基于国际文献综述的概念解析》，《国际城市规划》2015 年第 30 卷第 2 期，第 48~54 页。

学,将韧性视为恢复到原始状态的能力,强调系统只有一个稳态,而韧性的强弱取决于系统在受到干扰脱离稳定状态之后能以多快的速度恢复到原始状态。随着生态系统理论的引入,韧性概念被重新认识为,系统在受到扰动后,既有可能恢复到原始平衡状态,也有可能越过某一门槛达到新的平衡状态,即生态韧性。基于生态韧性,有学者进一步提出以适应性循环理论为基础的演进韧性。其中,冈德森和霍林认为系统的发展包括利用、保存、释放以及重组四个阶段[1]:系统首先通过不断吸收元素获得成长,元素间的联结性加强使得系统成型,此时具有较低级别的韧性;随后在放射阶段,固有的联系被打破,从而进入新的发展阶段,韧性强的系统能通过创新重组再次进入利用阶段,形成适应性循环。如果是在重组阶段所需的能量储备,则会从循环中脱离出来,导致系统故障。

如何系统性地认识韧性城市是相关研究讨论的焦点议题。传统的韧性城市规划理念属于技术韧性的思想,也就是通过大型基础设施的修建来使城市抵御灾害,恢复到初始稳态,以实现所谓的稳定性的目标。虽然生命线工程是城市韧性的基础和前提,在这种安全防御(Fail-Safe)理念导向下,城市试图以一种或几种僵化模式来抵抗或抑制不确定性扰动的影响,不仅会造成巨大的浪费,还有可能制造新的脆弱性。

随着研究和实践的深入,学界逐渐推翻了技术韧性思想中必须达到平衡状态的片面认识。国外韧性城市的相关研究起源较早。Ireni-Saban的研究表明,社区韧性取决于社区的公共管理能力,表现在社会倡导力(advocacy)、社区能动力(competency)和社会包容性(inclusion)三个方面。[2] Jabareen 构建包含脆弱性分析(vulnerability analysis matrix)、

---

[1] Holling C. S., Gunderson L. H., "Resilience and Adaptive Cycles," in *Panarchy: Understanding Transformations in Human and Natural Systems*, Island Press, 2001: 25–62.
[2] Ireni-Saban L., "Challenging Disaster Administration: Toward Community Based Disaster Resilience," *Administration and Society*, 2013 (45): 651–673.

城市管治（urban governance）、防护（prevention）和不确定性规划（uncertaintyoriented planning）四个部分的韧性城市规划框架（resilient city planning framework）[1]。吉哈（Jha）等认为韧性城市的特征应有基础设施韧性（infrastructural resilience）、制度韧性（institutional resilience）、经济韧性（economic resilience）和社会韧性（social resilience）四个部分。[2]

国内关于韧性城市的研究始于2006年，由灾害学领域的研究引入，此后逐渐扩充出经济地理学、复杂适应系统和政策管理等视角的理论内涵。[3] 有学者在城市应对气候变化的风险管理需求方面引入韧性城市的概念，认为我国在城市化进程快速推进阶段，迫切需要加强城市气候风险管理意识和能力。[4] 仇保兴认为城市韧性体现在结构韧性、过程韧性和系统韧性三个层面[5]，并提出将复杂适应性（CAS）理论作为方法论来设计和构建城市系统。我国当前的韧性城市实证研究开始引入模型思维，例如以抵抗力、恢复力和创新力为基础的三维度模型[6]，基于DEA理论的模型[7]等多元模型用以评估区域和基础设施系统的韧性。

---

[1] Jabareen Y., "Planning the Resilient City: Concepts and Strategies for Coping with Climate Change and Environmental Risk," *Cities*, 2013 (31): 220-229.
[2] 孙晓乾、陈敏扬、余红霞、庄宏曦、张祺：《从城市防灾到城市韧性——"新冠肺炎疫情"下对建设韧性城市的思考》，《城乡建设》2020年第7期，第21~26页。
[3] 胡晓辉：《区域经济弹性研究述评及未来展望》，《外国经济与管理》2012年第8期，第64~72页。
[4] 郑艳：《适应型城市：将适应气候变化与气候风险管理纳入城市规划》，《城市发展研究》2012年第1期，第47~51页。
[5] 仇保兴：《基于复杂适应系统理论的韧性城市设计方法及原则》，《城市发展研究》2018年第25卷第10期，第1~3页。
[6] 钟琪、戚巍：《基于态势管理的区域弹性评估模型》，《经济管理》2010年第8期，第32~37页。
[7] 张岩、戚巍、魏玖长等：《经济发展方式转变与区域弹性构建——基于DEA理论的评估方法研究》，《中国科技论坛》2012年第1期，第81~88页。

虽然国内外不同学者认识韧性城市的视角不同，但对其本质特性的认识基本一致。[1] 有关韧性城市的研究已逐渐从依靠基础设施建设和重建物质环境的技术韧性，转向强调社会体系运营维护、反应协调能力的演化韧性。我国韧性城市的相关研究和实践虽取得初步进展，但总体而言依旧停留在工程学思维上，社会韧性、制度韧性的作用未被完全发掘调动。有关韧性城市的研究有助于探索社会韧性和制度韧性，进一步推动疫情防控与规划转型、系统性发展和建设健康城市。

（二）从静态设施布局向动态空间构筑转型的规划方法转型

在过去的几十年里，我国应对SARS、H5N1禽流感、甲型H1N1流感、登革热等多次突发、新发传染病疫情的防疫措施逐渐成熟。此次新冠疫情不仅挑战城市公共卫生安全的应急能力，也考验城市规划与城市空间韧性所能提供的应对灾害和未来不确定性的潜力。

城市空间韧性指城市空间具有面临冲击时的适应、恢复、转化和学习的特征，其中空间韧性的部分能力来源于技术韧性。技术韧性指空间功能参与应急资源扩充的效能。[2] 例如，中国武汉政府在短时间内建造了"火神山""雷神山"两座方舱医院，改造武汉会展中心、体育中心等16个空间为方舱医院，迅速对现有医疗资源扩容，集中隔离治疗患者。俄罗斯、伊朗、美国、意大利等国家也纷纷效仿，通过新建、扩建、改建现存的公共空间作为应急医疗空间（见表3）。方舱医院的新建、改建和大规模投入使用，是控制疫情扩散蔓延的重要转折节点。

---

[1] Jabareen Y., "Planning the Resilient City: Concepts and Strategies for Coping with Climate Change and Environmental Risk," *Cities*, 2013（31）: 220-229.

[2] 王世福、黎子铭：《强化应急治理能力的韧性社区营造策略——新型冠状病毒肺炎疫情的启示》，《规划师》2020年第36卷第6期，第112~115页。

表3 部分国家新建、扩建、改建应急扩充医疗空间资源

国家	医疗设施新建、扩建	其他设施改建为"方舱医院"
中国	武汉火神山医院（1000） 武汉雷神山医院（1600）	武汉会展中心、体育场馆 等16处（13000）
俄罗斯	莫斯科远郊"新冠肺炎疫情遏制中心"医院（500）	列宁格勒会展中心（2500）
伊朗	库姆市工业区建立"野战医院"（180）	德黑兰国际展览中心（2000）；购物商场 Iran Mall（3000）
美国	纽约中央公园修建"野战医院"（68）	纽约市贾维茨会展中心（1000） 岸线市海岸线体育场（200） 海军医院船"舒适号"（1000）
意大利	克雷莫纳市医院停车场"帐篷医院"（68）	米兰国际展览中心（600） 渡轮（400）
法国	米卢斯市医院的停车场修建野战医院（30）	—
西班牙	—	马德里 IFEMA 会展中心（5500）
英国	—	伦敦"EXCEL"会展中心国际展览会议中心（4000）
巴西	—	圣保罗帕卡恩布体育场（1800）

注：括号中的数字指扩充病床位数。

除了技术韧性，城市空间韧性还需要制度韧性。[1] 面对疫情的冲击，各国采取了调动各类社会资源和医疗资源的举措，部分国家和地区宣布停工停产，实施居家隔离，调动征用私有医疗资源、酒店等接收患者；有的国家和城市甚至实行封城禁令。由此可见，应急响应措施在疫情防控工作中发挥着关键性作用。

城市发展面临越来越多且不确定的因素，应在初期设计中就将多功能的使用设备纳入考虑。[2] 例如，在社区中建设更完善的公共设施、医疗设施和高质量教育系统；配置多元且灵活性较强的公共空间体系；在

---

[1] 王世福、黎子铭：《强化应急治理能力的韧性社区营造策略——新型冠状病毒肺炎疫情的启示》，《规划师》2020年第36卷第6期，第112~115页。
[2] 黎思宏、周龙：《新冠疫情下城市韧性空间方舱医院改建设计研究》，《北京规划建设》2020年第4期，第39~41页。

道路设计上鼓励步行和自行车等慢性交通，满足不同年龄和不同行动能力的人们的需求，提升市民的身体素质；等等。

应对传统综合防灾规划思路进行改革，强调从静态防灾设施配置转向动态应急能力建设，工程技术措施和应急治理措施要进一步整合，强化由公共医疗设施及资源组成的城市防疫力量，由各类公共空间在应急状态中为城市提供可临时扩充并具备可靠后勤保障的抗疫功能支持，发挥空间韧性潜力，提高城市韧性。

（三）从垂直防疫向全面强化基层能力的规划治理转型

垂直防疫体系的构建与强化面域基层的协同直接影响疫情防控的成效。为完善垂直疾控体系，一方面可以通过疾控设施的硬件建设实现，另一方面可以通过健康监测、病患追踪、物流保障等多种信息技术的应用而实现。但是，仅依靠垂直体系的应急，在面对快速扩散的疫情时仍然存在较大的局限性，需要通过面域基层社区的应急治理能力进行补充。在这方面，社区作为城市的基本组成单元，是除城市口岸以外直面病毒的主战场，是作为阻止病毒扩散的防疫前线，是疫情暴发后最重要的抗疫空间[1]，直接体现面域基层社区的应急治理能力。

在疫情防控常态化期间，社区防疫力量的下沉，以及基层自组织防疫工作及时响应，为加强社区韧性积累了丰富的工作经验。地方社区采用网格化治理工具抗疫防疫，"网格化治理"是大城市社区普遍采用的结构化治理工具，通过将社区空间细分以及根据网格员制度将责任落实到个人，适用于人口规模大、流动性强、事务繁杂的大城市基层治理。在应急情况下，地方层面社区可通过网格员联络各个网格内的家庭，进行疫情摸排、信息的收集和上报。武汉市各社区按 300～500 户的标准

---

[1] 王世福、黎子铭：《强化应急治理能力的韧性社区营造策略——新型冠状病毒肺炎疫情的启示》，《规划师》2020 年第 6 期，第 112～115 页。

划分网格,并配置社区网格员,网格员利用信息系统软件录入每家每户的详细信息,并负责每日的疫情通报。① 在治安和公共卫生管理方面,杭州、北京、上海、武汉等地先后要求全市小区进行封闭式管理,严格控制和管理车辆及人员进出,日常的社区卫生清洁升级为定期彻底消毒杀菌。

然而,社区在兼顾疫情防控、卫生消毒、物资暂存转运、治安维护、检测护理等工作的情况下,人力、物力和空间资源的负荷超出了社区的承受范围。北京吸取在疫情初期武汉大量疑似病患向三甲医院集中造成的二次传播的教训,将社区按疫情风险划分为三个等级,在病例社区设立临时检测点;建设气膜舱核酸检测实验室,大大提升核酸检测效率和安全性;借助手机信令、交通出行、线上消费等大数据分析,使轨迹可追溯、风险可预警,为广大居民的出行活动保驾护航。为精准切断疫情传播源,广州借助大数据手段开展来穗人员健康排查,组织成立由社区居委会、派出所民警、社区卫生中心医务人员组成的三人小组,定期对辖区居民开展入户健康走访,三人小组角色明确,分工配合:社区卫生服务中心人员拥有医疗卫生专业知识,负责健康观察并做好造册登记;镇(街)村(居)人员负责做好居民的沟通工作;公安民警有权对不配合人员采取强制措施。北京的复发疫情短期内新增确诊病例清零,广州疫情防控成效明显,社会秩序井然。由此可见,制度安排与治理能力是空间韧性的关键。

韧性规划是城市疫情防控常态化的重要支撑。城市既需要完善垂直疾控体系建设,也需要进一步对面域基层防控能力进行提升,形成全方位覆盖的治理模式。在社区层面,要补足治理能力的短板,以社区生活圈为单元,打造社区防灾圈,并确定社区层面的应急医疗设施及相关物

---

① 《武汉日记:社区中的"网格英雄"》,2020 年 2 月 27 日,东方网,http://news.eastday.com/eastday/13news/auto/news/china/20200227/u7ai9121319.html。

资的配置标准及相应保障制度，加强对社区人员的应急能力培训，以此作为社区治理能力的重要建设目标（见图2）。

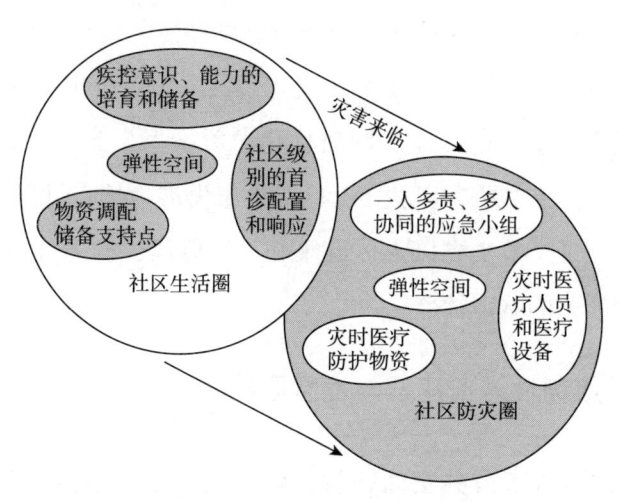

图2 匹配应灾潜力的社区生活圈建设

注：引自王世福、黎子铭《疫情启示的新常态：空间韧性与规划应对》，《西部人居环境学刊》2020年第5期，第18~24页。

（四）健康城市新常态下的韧性规划转型启示

新常态下的城市疫情防控，是城市在面对突发事件之时，能够凭自身力量快速调配资源，恢复正常运转，并主动学习创新，在灾后实现更高质量的提升和发展。健康城市新常态下的韧性规划转型应从技术韧性向演进韧性转变，从静态设施向动态空间构筑转型的规划方法转型，从垂直防疫向全面强化基层能力的规划治理转型。常态化防疫还需要在城市的动态发展过程中，通过建设韧性城市、注重智慧治理、体现人文关怀等综合措施，在应对疫情时保持社会运作和生产系统的总体稳定性。

此次新冠疫情为新常态下的城市韧性规划提出了新的思路，城市规划建设还需要以韧性发展、智慧治理和人文关怀为核心理念。韧性发展强调城市空间韧性建设是关键，城市空间韧性建设需要优化完善应急设施布局，建立由"枢纽—节点—应急流"构成的韧性城市公共空间体系，增强城市各类设施的应急弹性。智慧治理以强化社区响应能力为目标，加强基层社区治理韧性和城市应急制度韧性，完善硬件保障与应急预案，充分挖掘并发挥信息技术在应对公共卫生危机中的作用和能力，构建智慧城市应急治理体系，同时优化"社会—生态全生命周期"的韧性管理体系。人文关怀以城市社会高质量发展为核心目标，必须将以人为本的思想理念落实到以人体健康和人群健康、构建社区安全为本，充满地方归属感的城市社会。

三 健康韧性城市建设与发展思路

（一）加强城市公共空间韧性，建立"枢纽—节点—应急流"构成的韧性城市公共空间体系

城市公共空间作为城市韧性的空间支撑，应具备一定的空间韧性潜力，即各类公共空间除了在常态化下具有多样的形式和综合的功能，同时具有一定的容量弹性和功能的可替换性，在应急状态下能满足多种防灾工作预案的空间调用。这有利于减少灾害损失，支撑城市低冲击地度过灾害时期，并储备恢复正常运转所需的弹性。

城市公共空间韧性的定义可具体表述为：应急状态下城市具备新建、扩建、改建公共设施的能力，包括土地储备、城市规划、建造能力等方面的系统准备；以及通过紧急征用、共享使用等手段，将存量公共空间由常规状态转化为应急状态，提供可扩充的应急资源容量和可靠的后勤保障等功能支持。[①] 在物质空间规划方面，韧性公共空间规划是建设韧性城市的核心。在此背景下，本报告提出搭建"枢纽—节点—应

---

① 王世福、黎子铭：《疫情启示的新常态：空间韧性与规划应对》，《西部人居环境学刊》2020年第5期，第18~24页。

急流"的韧性城市公共空间体系。

城市级枢纽系统包括市、区级以及街道级。市、区级枢纽由大型城市公共空间以及周边具有应急能力的公共设施构成，如城市集中公共绿地、广场、体育馆等大型公共建筑，以及平时一般性的城市医疗和健康设施。街道级枢纽由街道公共设施及其室外公共空间构成，一般会配置相应的公共卫生资源以及应急储备物资，并将其纳入城市常态运营管理。

社区级节点系统可细分为社区管理节点及健康缓冲节点两个类型：一是以社区主要出入口、菜市场及超市等为主的社区管理节点，二是以办公和商业场所的室外公共空间等为主的健康缓冲节点。社区节点系统的建立有利于充分发挥社区治理的在地优势，以街道级应急服务枢纽为统筹，各节点之间相互备份、相互支持，有利于在基层社区与上级政府之间实现信息同步和措施到位。

在各个节点进入封闭管理的前提下审视疫情防控工作：一方面，各级枢纽和节点必须具备内部可靠的运行保障能力和基础资源储备；另一方面，必须关注城市中应急流的正常运转，确保各节点具有外部可靠的交通、能源、通信、物资等支持。本次在部分疫情形势严峻的地区，外卖骑手成为保障百姓生活的重要支撑。如沈阳市于洪区朝鲜族第一中学小区外搭建了便民接泊点，居民下单后，来自外部的菜、粮、蛋、奶、油、茶等生活物资由外卖骑手配送到指定地点，然后再由志愿者"接力"送到居民手中。这些外卖骑手就可被称为在各个封闭节点中进行物资传输的"应急流"。

封闭管理的边界作为一道具有隔离和过滤作用的"半渗透膜"，具有双向的选择和透过性：正向的应急流为各节点输入基础性的食品、生活物资和医疗物资；同时也存在逆向输出的应急流，如感染患者的转诊、各种医疗污染物的转运及处理。这些应急流是应急状态下提供支持和医疗救助的生命线。保障应急流的运转是建立城市公共空间韧性的重要目标,需要更系统地推广移动无接触配送系统,辅以隔离舱、环卫仓等配套设施,保障应急流在空间层面的快速接入和运行。

搭建"枢纽—节点—应急流"的韧性城市应急模式,目的在于强调从静态的防灾设施配置转向动态的应急能力建设,依据人口密度、公交接驳关系、生活圈服务范围等指标重新梳理并完善现有的公共空间系统。不仅要优化城市级公共空间的应急服务能力,也要补全社区级层面在应急服务上的短板;不仅要确保符合标准的应急空间保障和设施资源保障,还应有转换、扩充、协同的能力,搭建整体应急的城市公共空间体系(见图3)。

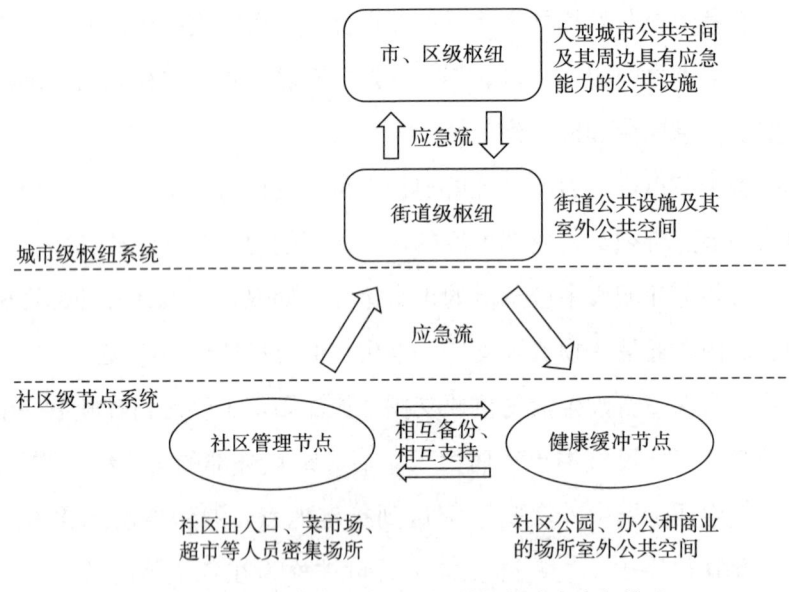

图3 "枢纽—节点—应急流"的韧性城市应急模式

(二)加强基层社区治理韧性,完善硬件保障与应急预案匹配的社区韧性治理体系

韧性社区的营造首先需要满足设施、空间等硬件的配套建设和基层服务人员的配置数量,二者分别从物理网络和服务能力两方面构建韧性

空间体系。此外，同样重要的是各种资源的运作机制。应先期拟定灾前的应急防疫准则、标准和应急预案，以及灾后的针对性策略，补齐基层在应急治理能力上的短板，为市民健康生活和复工复产复业提供保障。

社区韧性是城市整体空间韧性体系的构成基础，因社区缺乏韧性而导致的局部崩溃也将冲击到城市的整体健康。本次新冠疫情防控暴露出基层社区管理存在的一系列问题，如管理混乱、信息滞后、资源与服务缺位等。关于社区韧性的营建，可从国际视野中汲取一定的智慧。从健康城市建设的视角，世界卫生组织（WTO）发布的《健康2020》《哥本哈根共识》等多份国际议程已形成一定共识，即韧性社区必须建立在具有韧性的整体健康系统之上，需从政府治理和居民参与两方面优化社区卫生环境、健全社会网络，最终实现居民个人健康和社区韧性同步发展的目的。2019年WHO东南亚健康城市网络大会成果《到2030年加强全民健康覆盖的基层一线服务》中明确提出，东南亚各国要加强基层卫生服务的组织管理和人员配置，并建立有实效的信息监控和传达系统。[①] 从灾后重建的角度来看，联合国国际减灾战略组织（UNISDR）发布的多项文件都明确了减灾战略需以社区为核心，社区的灾前防御和灾后应对都应得到充分支持。

社区设施空间的硬件保障主要体现在以下两方面。一是完善公共设施配置的韧性。应根据"5—15—30分钟生活圈"规划，在现有的公服设施分级配置的基础上重新梳理、完善公共卫生服务系统，识别在疫情防控期间可持续提供支持服务的设施，并对其提出必要的服务能力要求。一方面，亟须改善的是社区医疗卫生设施薄弱的问题。社区医疗服务系统肩负着基本的病情诊疗和传染病监测、上报的责任，但现阶段我

---

① World Health Organization Regional Office for South-East Asia, *Strengthening Frontline Services for Universal Health Coverage by 2030*, New Delhi: WHO Regional Office for South-East Asia, 2019.

国城市医疗卫生设施是基于常规发病概率配置的，这就导致现有的社区医疗资源难以应对突发公共卫生事件。因此，应以确保居民就近就诊为原则，进一步对社区医院或发热门诊的布局进行调整。另一方面，还应确保一般性的医疗卫生服务设施能在应急时期快速转换为救急救助场所，从社区层面尽可能地支撑突发性、大规模的疫情防控任务，疏解城市级枢纽医院的压力。二是建立节点空间的韧性。充分利用社区治理的在地性和信息即时性优势，根据基层的具体情况，围绕社区出入口、菜场超市等建立社区管理节点，对基层人流、车流进行管治；围绕办公、商业场所等主要公共空间建立健康缓冲节点，提供所需的室内外应急空间。本次沈阳、大连等东北城市的抗疫工作都是在 - 20℃的极寒天气下进行的，医护人员只能在室外就地休息，在一定程度上反映了社区应急空间资源缺乏的问题。因此，社区节点应有足够的空间韧性以满足疫情防控工作在功能增量和空间增量上的需求。

在社区治理方面，预先制定和储备多套应急预案是面对突发事件能进行及时干预的有效手段。根据《中华人民共和国突发事件应对法》第四十二条："国家建立健全突发事件预警制度。可以预警的自然灾害、事故灾难和公共卫生事件的预警级别，按照突发事件发生的紧急程度、发展势态和可能造成的危害程度分为一级、二级、三级和四级，分别用红色、橙色、黄色和蓝色标示，一级为最高级别。"[①] 不同的突发公共卫生事件响应等级对应的是不同的措施，包括学校停课、公共场所关闭、对外交通通道开启防疫检查等。这些应急措施一经启动将造成较大的社会和经济影响，必须在灾前就进行分级应急预案的储备，其内容和启用条件都需要被详细讨论。因此，在总结抗疫经验的基础上进一步拟定社区治理的应急预案是接下来的关键工作。这有利于及时启动应急预案，尽早对灾情进行干预，防止小的风险经由"涟漪效应"的作用

---

① 《中华人民共和国突发事件应对法》，人民出版社，2008。

引发大规模的公众关注和重大社会影响。对于以日常生活为主的社区治理，更应在平日就进行应急潜力的储备。在落实设备空间等硬件保障的基础上，针对不同响应等级拟定人员管理和资源调配的应急预案，并与城市预警系统相连接，提升应急响应能力。

应急预案中的管理韧性、资源下沉和治理能力体系建构是应对突发事件的基础保障。在这方面，可从增强社区管理韧性、下沉社区资源、建构社区治理能力体系三方面进行防疫防灾应急预案的准备。一是要增强社区管理的韧性。首先要在社区建设中加强群众意识与应急能力的常态化培育工作。这有利于在紧急状态下迅速充分地调动社区人员，组成应急小组并从容进入临时应急治理状态。其次需建立社会网络、提高社会动员支持能力，在社区中能在短时间内及时组织受过应急培训的志愿者。此外，应根据不同等级的预警级别，拟定社区应急服务的响应标准、应急措施的规范、防疫期间公共空间的使用导则等，并在日常生活中组织相应的演练活动。二是要下沉与责任相匹配的社区资源。医疗资源方面，市、区级政府应根据实际情况加强社区级医护人员和设备的配置；或组织临时医疗组，灵活采用驻场支援或流动支援等手段扩充医护力量，确保基层医疗机构也具有一定程度的首诊和基础治疗能力。此外还需优化初级卫生保健和高级医院治疗之间的联系，实现与综合医院的双向转诊。居民日常防护和生活物资保障方面，应结合政府部门物资配给要求，充实社区单位的物资保障和调配力量，建立物资供需信息平台。针对应急状态下的封闭管理机制，可采用线上订购、小区团购以及无接触配送到户等模式进行。针对疫情严峻的社区，设立支持点，对口罩、酒精、药品等疾控防护物资进行针对性的调配，防止出现因囤积居奇导致的物资紧缺现象。[①] 三是治理能力体系的建构，包括影响评估与

---

① 王世福、黎子铭：《强化应急治理能力的韧性社区营造策略——新型冠状病毒肺炎疫情的启示》，《规划师》2020 年第 36 卷第 6 期，第 112～115 页。

信息监测的韧性。日常状态下，政府应根据社区的人员构成、环境和设施配套等基本情况建立数据库，进行社区风险评估，并融入智慧城市平台的建设。防疫期间，应加强社区内的风险因素自我排查，实时监测疫情并及时上报。社区应建立疫情数据主动公开机制，通过在微信群、电梯厅等线上或线下公共信息平台公布疫情实况和政府决策，避免谣言传播所导致的社会群体冲突。应注意的是，在当前的信息时代仍需特别关注老年人等信息技术弱势群体，防止出现因信息滞后而出现疫情防控失管、脱管地带。疫情峰值过后仍需进行社区治理的后续投入，以应对疫情复燃的余波、帮助社区关系重建和居民身心康复。

（三）加强城市应急制度韧性，优化社会—生态全生命周期的韧性管理体系

制度安排是城市韧性强化的关键。许多国内外城市应对新冠肺炎疫情的实例都说明越早采取有效的公共卫生干预手段，居民的健康越能得到保障。城市应急制度韧性包括社会应急和医疗应急。以各国在应急状态下调动各类公共空间的举措为例，社会应急措施如中国在1月23日宣布武汉进入"封城"状态、暂停市内交通，西班牙在3月14日宣布进入为期15天的全国警戒状态，等等；医疗应急措施如新加坡1月2日启动公共卫生防范诊所PHPC作为发热监测点，英国国家医疗服务体系NHS在3月20日接管医疗资源，等等。这些实例都为城市规划的空间治理带来革新性的启示：制度安排是城市防疫的关键环节之一。

关注城市韧性的规划理念与方法的转变，将成为城市综合防灾规划转型走向韧性规划的重要视角。在多年的实践中，综合防灾规划里关于各类设施的配置标准已形成比较成熟的系统，应进一步改革传统防灾规划的思路，做到进一步整合工程技术措施和应急治理措施，不仅要有可靠的空间和设施的物理保障，还应有可信的预警渠道、信息传递和可依

据的法律规章等,形成"社会—生态"全生命周期的韧性管理体系模式。

建立健康影响评估制度。健康影响评估,即分析某一规划决策和建设项目对特定人群健康的潜在影响并进行一系列量化评估,提出健康促进建议。[①] 城市规划作为应对公共健康问题诞生的学科门类,具有统筹规划、建设和治理各类空间资源、保障城市公共服务和社会经济发展的空间支撑的公共职能。因此,有必要开展对城市规划与公共卫生的交叉研究,由规划部门与公共卫生部门联合设计一套健康影响评估的程序及规范,并将其纳入城市规划编制、实施以及社区治理的全过程。同时应提高社会各方在健康环境规划建设环节中的参与度,形成最有利于城市和社区健康的空间方案。

建立城市公共空间的制度韧性,包括公共空间的强制使用、直接扩充、公共征用和共享使用四部分的制度设计。强制使用即临时关闭城市公共空间以避免人群聚集、危险扩散,直接扩充即能够随时对公共设施进行新建或改扩建,公共征用即紧急征用所有公共设施和部分必要的私人设施,共享使用即社会或个人主动提供设施服务并纳入城市应急系统中。规划、建设部门应与公共卫生、应急管理等部门协同,加快研究和制定防疫期间公共空间的特别使用细则,提高公共设施特别是大型公共设施的空间通用性;同时需预备常态化医疗设施的紧急扩容改造方案,进行模块化配件的研发及应用。

提升治理能力的综合匹配。加强智慧城市、大数据等新技术在空间治理中的主动应用。运用大数据分析主动识别弱势群体的空间聚集,评估社区公共卫生风险水平,进行分级管理,对于易感人群或脆弱性较高的社区积极迅速地予以医疗资源的支援。或借助实名制的手机信令、出

---

① 丁国胜、黄叶瑨、曾可晶:《健康影响评估及其在城市规划中的应用探讨——以旧金山市东部邻里社区为例》,《国际城市规划》2019年第3期,第109~117页。

行轨迹和线下消费等大数据分析,为疑似感染者提供可追溯的行踪报告,在疫情防控的各空间节点和各工作环节之间实现预警、信息同步和措施到位。

四 面向粤港澳大湾区推动韧性湾区建设策略

(一)建设更具包容性和人文关怀的健康韧性湾区

粤港澳大湾区作为我国人口密度较高、经济活跃程度较强的区域之一,在国家发展战略中具有重要的地位。在此次抗击新冠疫情过程中,粤港澳大湾区内的各个城市在信息对接、交通管制、救助患者、保障物资等方面进行了深度合作,为抗击疫情做出了特殊贡献。在疫情期间,广州市派出的首支"内地核酸检测志愿队"对香港进行了支援,通过与香港相关部门的对接,熟悉检测场地、设备和流程等,为后续支援队伍进行大规模核酸检测打下了一定的基础。① 粤港澳大湾区内地城市与港澳之间区域资源的快速调动和组织,为新冠疫情的防控争取了时间,充分展现了粤港澳大湾区的城市合作与人文关怀。

在疫情期间,除了湾区内部城市之间的相互协调,粤港澳大湾区也积极与世界接轨,开展疫情方面的学术交流会议等活动,为其他国家提供中国抗疫经验。以广州市和深圳市为例,自疫情发生以来,两市分别向韩国、日本、意大利等全球多个国家提供抗疫物资,并派遣相关医护人员前往国外进行抗疫支援。通过海外连线、出版外语版防控手册以及线上研讨会的方式,向国际社会提供疫情防控、医疗救治和社会治理的经验。广州市政府曾多次受邀出席国际疫情防控经验在线研讨会,详细介绍了广州市抗击疫情的相关经验,并对外方的关切问题和需求做了精

---

① 《首支"内地核酸检测支援队"7名"先遣队"队员赴香港协助开展实验室工作》,中国日报网,2020年8月21日,https://china.chinadaily.com.cn/a/202008/02/WS5f26bd1ea310a859d09db835.html。

准回应。① 深圳市在疫情期间也曾经发起抗击新冠疫情海外华人安心行动，通过24小时安心热线、微信服务平台和专家在线直播等方式，缓解海外中国公民，特别是中国留学生因疫情产生的焦虑、紧张等心理问题。② 在人类命运共同体理念的引导下，粤港澳大湾区加强了与国际社会的防疫合作，积极开展疫情防控和救治经验分享，携手应对共同威胁和挑战，维护全球公共卫生安全，为世界抗击新冠疫情贡献了中国智慧和中国力量。

粤港澳大湾区各个城市面临着社会、生活、文化、制度等多方面的差异，这种差异也是粤港澳大湾区不断发展的动力。未来韧性湾区的建设，需要突破知识、经济等方面的隔离，加强制度与基础设施建设上的协调性，增强城市公共服务体系的协同性，同时积极利用大数据与人工智能技术，搭建湾区数字平台，使湾区内各个城市由点成网，提高湾区的韧性和包容性。

对于湾区内部的各个城市而言，在逐步走向疫情常态化的时期，城市的经济、交通、社会人文环境也逐渐走向更具韧性的常态，城市活力也需要逐步恢复。城市活力的恢复，不仅仅是产业经济的复苏，更重要的是城市健康环境包容性的建设。在城市的各个场所、地区需要尽快消除因疫情产生的地域隔阂、心理隔阂以及其他可能会导致社会不稳定的因素。粤港澳大湾区城市人口流动性较大，因此建设更具包容性和人文关怀的城市健康环境对于湾区每个城市来说都是尤为重要的。面对目前以境外输入为主的疫情防控形势，要加大对入境隔离人员的关怀力度，避免采取消极负面的工作态度。对于发生过疫情的地区，可以以社区为单位，利用城市公共空间积极开展各类活动，消除人们之间的隔阂。同

---

① 《深圳线上多渠道为海外华侨华人提供心理服务》，中国新闻网，2020年4月3日，http://www.chinanews.com/hr/2020/04－03/9146982.shtml。
② 《深圳线上多渠道为海外华侨华人提供心理服务》，中国新闻网，2020年4月3日，http://www.chinanews.com/hr/2020/04－03/9146982.shtml。

时，加强疫情相关的思想教育培训和心理疏导，促进新冠康复者融入社区，恢复正常生活，营造积极向上、更加温馨、更具人情味的城市的氛围，让城市逐渐恢复活力。

除此之外，新冠疫情也为城市综合防灾防疫规划的完善提供了启示。各个城市有必要将健康影响评估纳入城市规划、建设与管理的全过程中。在健康影响评估程序的设计时，规划部门需要与公共卫生部门进行联合，同时加大公众参与力度，使最终选择的方案既对公众健康最有利，也有助于社会和政府部门建立统一的健康价值观。另外，规划部门也应当协同公共卫生部门和应急管理部门，完成疏散路径、隔离方案和基本物流体系的应对方案，确保在疫情期间实现人的隔离与物的畅通。

（二）深化区域医疗互惠的韧性制度

在粤港澳大湾区建设中，医疗协同发展是一项重要的工作内容，不仅是打造内地与港澳深度合作的实践路径，更是推动港澳居民更好地融入国家发展大局、便利港澳居民在内地发展的关键举措。《粤港澳大湾区发展规划纲要》中提出了塑造健康湾区的规划目标，强调要更加系统、全面、深入地推进深度合作，在医疗机构准入、中医药发展、医师执业、健康养老等方面协同发展；《粤港澳大湾区药品医疗器械监管创新发展工作方案》则是在密切医疗卫生合作、深化中医药领域合作、加强医疗卫生人才联合培养和交流、研究开展非急重病人跨境陆路转运服务、开展传染病联合会诊、完善紧急医疗救援联动机制等方面进行了相关规定。一系列政策的落实，为深化大湾区的医疗协作提供了一定的制度保障。大湾区的各个城市在不同层面的落实，也促进了粤港澳卫生事业的密切合作。[①]

在医疗科研合作方面，粤港澳大湾区设立联合实验室，并于2019

---

① 杨秋荣：《粤港澳大湾区医疗协同发展方略》，《开放导报》2020年第1期，第73~78页。

年底正式授牌,落地广州。实验室重点研究领域主要是人工智能、新一代信息技术、新材料、先进制造、生物医药、环境科技等方面。在抗击新冠肺炎疫情的过程中,粤港澳三方借助联合实验室这一平台,在病毒溯源、医疗垃圾处理、医疗设备研制等方面发挥了突出的作用,为抗击新冠肺炎疫情贡献了大湾区力量。①

粤港澳大湾区具有丰富的中医药发展与实践经验,珠海市横琴新区在《粤港澳大湾区规划纲要》中"塑造健康湾区""推进珠海横琴粤港澳深度合作示范""配合澳门建设世界旅游休闲中心,高水平建设珠海横琴国际休闲旅游岛"等政策的引导下,在中医药合作方面也取得了诸多进展。粤澳合作中医药科技产业园、国家中医药现代化科技产业创新联盟等一批医药产业园区和平台已经落户横琴,未来横琴新区的发展也将继续向医疗康养服务等方面倾斜,对接高端资源,打造更强的国际竞争力。②

此外,广东省还在 2020 年 10 月 22 日发布了《粤港澳大湾区中医药高地建设方案(2020—2025 年)》(以下简称《方案》),《方案》中指出要充分利用粤港澳大湾区的资源禀赋和发展基础,充分发挥中医药防病治病的独特优势和作用,大力发展中医药新技术、新产业、新业态、新模式,打造中医药发展高地,为港澳长远发展注入新动力,支持港澳融入国家发展大局。通过加大政策方面的支持,突破制度障碍,为建设粤港澳大湾区中医药高地提供制度保障;将责任落实到具体的主体,积极与香港和澳门进行对接,实现区域互动与优势互补,充分发挥制度势能,将广东省打造为中医药高品质发展的增长极;积极推进组织实施,加强对中医药高地建设方案上的组织领导与统筹协调,积极发挥

---

① 《首批十家粤港澳联合实验室授牌》,央广网,2019 年 12 月 20 日,http://www.cnr.cn/gd/gdkx/20191220/t20191220_524905712.shtml。
② 《建议横琴探索粤澳医疗健康产业深度合作模式》,《珠海特区报》2019 年 3 月 11 日,第 5 版,http://zhuhaidaily.hizh.cn/html/2019-03/11/content_164314_977005.htm。

粤港澳大湾区现有的中医药合作机制，加强对于政策落实的监督与引导，加强正面宣传，为粤港澳大湾区中医药高地建设营造良好内外环境。① 在2021年召开的全国"两会"中，全国政协委员孟丽红也提出"关于加快推动粤港澳大湾区中医药及生物医药健康产业示范区建设的提案"，粤港澳大湾区未来的中医药协同发展将继续成为十分重要的方向。

"健康湾区"是粤港澳大湾区建设优质生活圈的必要条件，为了优化大湾区的生活环境，提供更加优质的公共服务，大湾区在未来发展过程中，需破除障碍，加强医疗规则的衔接，继续探索跨境转诊合作试点的开展；加强卫生人才之间的学习与交流，借助高校平台，打造产学研相结合的研究基地，促进大湾区医学研究以及公共卫生事业共同发展与进步；同时，总结新冠肺炎疫情的相关经验，探索区域医疗合作援助的体制机制。粤港澳大湾区各城市应当共同推动医疗协同发展，努力打造粤港澳大湾区医疗健康共同体，提高区域韧性。②

（三）构建粤港澳大湾区城市韧性公共空间体系

韧性湾区建设需着眼于城市层面的韧性公共空间体系建立。城市韧性表现为城市面对灾害等扰动时能够抵抗、吸收③并快速恢复适应的能力。城市空间韧性的特征则是城市空间具有面临冲击时的适应、恢复、转化和学习的特征。④ 城市公共空间和医疗卫生体系是城市韧性的物质基础。在城市层面构建城市韧性公共空间体系有利于促进城市韧性的建立，从而推动区域的韧性建设。

---

① 《粤港澳大湾区中医药高地建设方案（2020—2025年）》。
② 杨秋荣：《粤港澳大湾区医疗协同发展方略》，《开放导报》2020年第1期，第73~78页。
③ 岳靖川：《城市复杂公共空间韧性影响因素体系构建及评价研究》，硕士学位论文，重庆邮电大学，2020。
④ 王世福、黎子铭：《疫情启示的新常态：空间韧性与规划应对》，《西部人居环境学刊》2020年第5期，第18~24页。

粤港澳大湾区是典型的高密度区域性城市群，其人口和经济活动的高度集聚性给城市疫情防控带来了更大的挑战。在城市高强度开发、人口大量聚集的背景下，粤港澳大湾区城市的生态脆弱性和对公共资源的大量需求使得城市韧性公共空间体系构建成为韧性湾区建设的关键所在。此外，粤港澳大湾区作为我国对外开放的窗口，香港、广州更是重要的国际、国内交通枢纽。在疫情背景之下，枢纽城市的"外防输入、内防扩散"是防疫中的重中之重，这也对枢纽城市的韧性公共空间体系建立提出了更高的要求。

面对"外防输入"的客观需求，粤港澳大湾区城市需要构筑抵御境外病毒输入的韧性防线。一方面，对于境外进口货物，海关检疫相关部门需要更多空间对其进行检查和消毒。另一方面，对于境外来华人员，相关部门需要充分利用酒店、宾馆等基础设施作为缓冲空间对其进行充分的隔离观察，避免因境外来华人员输入病毒而导致疫情在国内的扩散。

而在人口规模庞大的粤港澳大湾区城市内部，韧性公共空间体系的分级构建对于"内防扩散"尤为重要。虽然粤港澳城市在行政体制上存在差异，但总体可以"枢纽—节点—缓冲节点"为结构构建韧性公共空间体系。具体来说，广州、深圳等特大城市可以构建"市级—区级—街道级—社区级"的韧性公共空间体系，其中市、区级公共设施作为韧性治理枢纽，街道级公共设施作为节点，社区级公共设施作为缓冲节点；东莞、中山等城市可以构建"市级—街道（镇）级—社区级"公共空间体系，以市级公共设施作为韧性治理枢纽，街道（镇）级公共设施作为节点，社区级公共设施作为缓冲节点；香港、澳门特别行政区可以依据"市级—区级—社区级"的结构构建韧性公共空间体系，其中市级公共设施作为韧性治理枢纽，区级公共设施作为节点，社区级公共设施作为缓冲节点。

在公共空间体系的布局中，医疗设施的配置是应对疫情的关键。粤港澳大湾区现有的城市医疗卫生设施基于常规发病概率配置,不足以应对突发的公共卫生事件。湾区城市需要重新评估和调整现有发热门诊或社区医院的布局,根据疫情防控需要形成多级卫生防疫体系。首先,新发病例的集中收治点是抗疫的主阵地,其需求变化幅度大,且一般情况下不适合在高密度的城市空间中设置,因此在城市空间规划中宜在城市边缘区等地段设置一定的战略留白用地用于建设临时医院或应对其他突发情况。其次,综合医院应作为防疫的关键枢纽,在疫情背景下应采取必要措施(例如预约限流等措施),避免人群在综合医院大量聚集。另外,灵活调整社区医院布局,方便市民就医就诊,避免因长距离就诊和人群聚集带来疫情传播风险。同时,持续促进粤港澳大湾区社区"家庭医生"制度的推广,为重点人群提供针对性的医疗健康管理服务,进一步加强社区的医疗卫生韧性。

此外,为避免城乡医疗防疫脆弱地区受到疫情的冲击,粤港澳大湾区城市政府部门应充分利用大数据分析技术,对不同地区的医疗设施、人口、年龄、籍贯、居住、就业、收入分布等信息进行综合分析,识别高风险地区并优先进行设施补救。利用大数据和智慧城市技术,事先识别社会脆弱人群的空间分布,在疫情中指导防疫人员及物资的分配,提高医疗防疫脆弱地区对疫情的应对能力,并促进疫情后地区生产生活的快速恢复。

(四)强化粤港澳大湾区社区生活圈防疫治理韧性

生活圈的概念源自日本,指"人们为维持日常生活而发生的诸多活动所构成的空间范围"①。2018年住建部发布的《城市居住区规划设计标准》提出以15分钟生活圈、10分钟生活圈、5分钟生活圈划分居

---

① 柴彦威、张雪、孙道胜:《基于时空间行为的城市生活圈规划研究——以北京市为例》,《城市规划学刊》2015年第3期,第61~69页。

住区单元。在此次新冠疫情防治当中，社区生活圈是最基本的防疫治理单元。基层社区不仅是居住邻里和日常生活的载体，也是个体和家庭行动起来保障自我安全的最后一道防线。在区域、城市层面形成的韧性空间体系的最终落实需要社区生活圈层面的韧性治理作为支撑。

粤港澳大湾区的社区生活圈具有人群密度高、流动性大的特点。长期以来，香港采取高密度居住社区的城市发展模式，内地的广州、深圳等城市作为第一批商品房开发和销售的城市，在社区设计上效仿了香港的做法，开发建设了大量同样具有高密度特征的社区。社区人群的高密度提高了疫情传播的风险，也对粤港澳大湾区的社区生活圈防疫韧性治理提出了更高的要求。自改革开放以来，粤港澳地区常见的以"城中村"为主要载体的社区生活圈成为外来务工人员的聚集之地。这些"城中村"具有设施环境差、流动人口多的特征，在疫情防控中极易成为脆弱环节，并有可能首先受到疫情的冲击。因此，粤港澳大湾区的社区生活圈防疫治理需要在策略上对以上挑战做出回应。

首先，粤港澳大湾区城市可以采取精细化社区防疫治理的策略。一方面，粤港澳大湾区的社区生活圈人口多、密度高，需要更为精细化的社区治理。另一方面，粤港澳大湾区较为先进的社会和经济条件也有能力为社区生活圈提供更精细化的防疫治理。当前，大湾区部分城市已存在"网格化治理"等精细化社区治理基础，可以在现有基础上融入防疫要素，通过网格员与社区居民进行密切联系，充分摸排每家每户的详细信息、掌握居民动向，确保社区生活圈防疫"无死角"。同时，在面临突发公共卫生事件时，可通过精细化的社区治理将疫情信息和防疫事项准确快速传达给社区居民，便于提高社区居民疫情防范意识，增强社区生活圈整体防疫韧性。

其次，粤港澳大湾区城市的社区生活圈在人口规模结构、硬件设施条件方面具有差异，若对所有的社区生活圈实行无差别化的治理策略，可能导致资源浪费、社区生活圈脆弱环节无法得到解决等问题。因此，对于不同类型的社区生活圈，宜采取"分类指导、分类防控"的策略，实行差异化的社区治理。例如在粤港澳大湾区城市常见的城中村社区，其破旧的设施和大量的流动人口带来较大的疫情传播风险，在疫情之下宜对其空间进行更为封闭化的管理，在人力资源配置方面需在社区居委会的基础上广泛动员党员和志愿者参与管理社区人员的流动，并利用健康码等信息技术手段加强流动人口的数据追踪。总之，面对粤港澳大湾区复杂多元的社区生活圈，城市政府可利用大数据等手段识别社区生活圈的差异化需求，以"分类指导、分类防控"为原则，更有针对性地提高社区生活圈的防疫治理韧性。

最后，粤港澳大湾区城市虽存在管理体制上的差异，但社区生活圈的特征有较大的相似性。粤港澳三地可在社区生活圈防疫治理上加强沟通合作，分享防疫经验。一方面，可以定期举办粤港澳大湾区社区治理论坛会议，邀请各地相关研究学者、社区防疫工作者、政府有关部门人员等共同交流和探讨粤港澳大湾区社区防疫治理。另一方面，可以组织参访粤港澳大湾区在防疫治理上具有突出表现的社区，便于粤港澳各地具有相似特征的社区生活圈对其防疫治理经验进行借鉴，促进粤港澳大湾区社区生活圈防疫治理韧性水平的整体提升。

粤港澳大湾区重大突发公共事件的应急协同治理机制研究

文宏 林彬 杜菲菲 辛强*

摘　要： 面对频频发生的重大突发公共事件，粤港澳大湾区应急协同治理机制亟须进一步完善。这需要综合考虑粤港澳大湾区地理位置和气候因素的复杂性、经济发展与区域合作的开放性、区域政策与资源分布的差异性以及社会文化与价值观念的多样性。本报告在分析粤港澳大湾区多元特性和重要战略位置的基础上，从自然灾害、事故灾难、公共卫生事件等方面介绍了2020年粤港澳大湾区的突发公共事件情况，并深入挖掘了重大突发公共事件应对过程中存在的应急协同治理问题，从平等协商机制、快速响应机制、综合处置机制、信息通报机制等四个方面提出了对策建议。

关键词： 粤港澳大湾区　重大突发公共事件　应急管理　协同治理机制

---

* 文宏，广东省青年珠江学者（2019），华南理工大学公共管理学院教授、博士生导师，教育部高校思想政治工作创新发展中心（华南理工大学）副主任，华南理工大学社会治理研究中心主任，国家社科基金重大专项课题"社会稳定风险及对策研究"首席专家，主要研究领域为社会风险和地方政府治理。代表性成果有《官员"为官不为"影响因素的实证分析——基于A省垂直系统的数据》等；林彬、杜菲菲、辛强，广州城市风险与应急管理研究中心研究助理，华南理工大学公共管理学院博士研究生。

一 粤港澳大湾区突发事件应急管理体系建设的背景

(一) 粤港澳大湾区的多元特性

2019年2月18日，由中共中央、国务院正式印发的《粤港澳大湾区发展规划纲要》（以下简称《纲要》）明确指出，粤港澳大湾区的发展战略定位和发展目标包括"充满活力的世界级城市群""具有全球影响力的国际科技创新中心""宜居宜业宜游的国际一流湾区"[①]等，这意味着大湾区内各地区在拥有更多发展机遇的同时，在经济、政治、文化、社会、生态文明等方面，面临着更加复杂多元的各种风险，这给粤港澳大湾区重大突发事件应急管理体系的建设发展带来了挑战。

1. 地理位置与气候因素的复杂性

粤港澳大湾区依托得天独厚的地理优势与经济发展基础，目前广州港、深圳港、香港港等大型港口联运能力强劲。截至2020年，共拥有5个亿吨级别的大型港口，由此带动中山、惠州、佛山等港口吞吐量均突破8000吨，形成了港口江河海联运的发展空间。但同时粤港澳大湾区地质构造较为复杂，随着区域经济的快速发展，一旦疏忽规划，则容易引起大湾区地质环境恶化等问题。从大湾区已有的交通设施建设和交通网络中可以看出，在河流入海口两侧缺少疏通市际交通压力与流向的公共设施，各方面的制度落实不到位、设计不完善，保障有待进一步完善，尚未充分转换为地段优势与链接设计还没有充分发挥出效能，在一定程度上影响了自然灾害和公共卫生等突发事件信息分布的空间均衡性。

同时，粤港澳大湾区受热带风暴影响较大，受风暴潮及台风的影响较为猛烈。据报道，2019年，粤港澳大湾区内接连发生多起自然灾害，

[①] 中共中央、国务院印发《粤港澳大湾区发展规划纲要》第二章第三节。

如深圳暴雨引发洪水致使多人被冲走、广东清远桥梁被洪水冲断、珠海金湾区多处遭遇严重水浸等。因此，针对粤港澳大湾区的地理位置与气候特征，全面建立自然灾害应急管理体系刻不容缓。

2. 经济发展与区域合作的开放性

粤港澳大湾区作为中国开放程度最高、经济活力最强的区域之一，具有开放的经济结构、高效的资源配置能力、强大的集聚效应、发达的国际交往网络等显著标志。[①] 随着经济全球化快速发展，依托粤港澳大湾区的自然地理条件及区域协同合作，一批湾区城市群应运而生。[②] 在中国（广东）自由贸易试验区、粤港澳大湾区等国家战略推动下，粤港澳大湾区已与全球超过70%的国家和地区建立贸易联系，与世界主要贸易体的贸易联系均较强，粤港澳的贸易增长势头仍趋强劲。[③] 粤港澳大湾区2020年生产总值超过11万亿元人民币，约占全国GDP的1/7（见图1），由此可见，粤港澳大湾区世界级城市群正在形成，现已成为引领泛珠三角地区经济发展的引擎，对我国区域经济的发展有着重要的意义。

而在"一国两制"的背景下，《纲要》指出，大湾区内部发展差距依然较大，协同性、包容性有待加强，部分地区和领域还存在同质化竞争和资源错配现象。总体来说，粤港澳大湾区凭借本地的经济体量具有显著优势，目前突出表现在商品贸易能力强、港口条件优、要素流动快等诸多方面。但在世界经济不稳定性增多、保护主义倾向抬头的背景下，湾区一体化建设仍然面临很多的困难和壁垒，在经济结构、市场经济体制、资源配置等方面仍有待完善。对于大湾区生产要素的流动性而言，该区域经济发展水平的差异性可能会对生产要素的便捷流动产生不

[①] 蔡赤萌：《粤港澳大湾区城市群建设的战略意义和现实挑战》，《广东社会科学》2017年第4期，第5~14页。

[②] 冯家威：《湾区经济增长动力的制度分析——基于四大湾区数据的实证分析》，《特区经济》2020年第1期，第18~22页。

[③] 宋周莺、祝巧玲、徐婧雅：《粤港澳大湾区的贸易竞合关系及其优化路径》，《地理研究》2020年第9期，第2065~2080页。

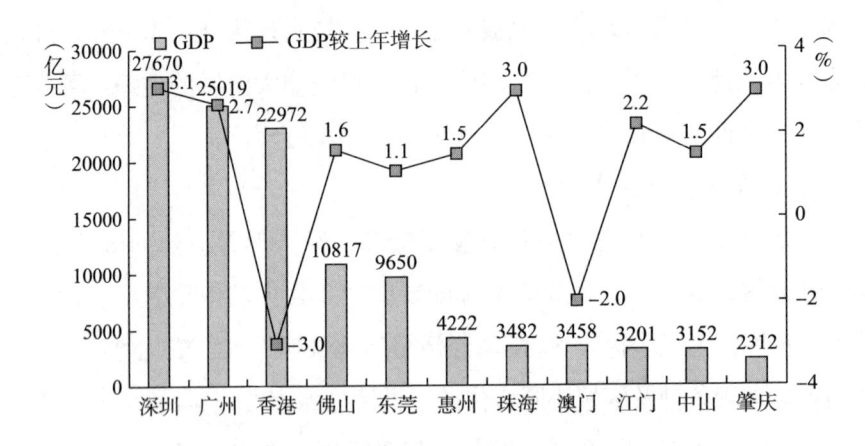

图1　2020年粤港澳大湾区城市GDP排名

资料来源：作者根据各城市统计年报整理所得。

利影响，而大湾区重大突发事件应急体系的建成与运行需要大量的人流、物流、资金流作为重要支撑，因此需要进一步提升跨境协同创新效率与市场深度融合。

3. 区域政策与资源分布的差异性

区域发展政策本质上是为了更好地适应经济和社会发展的客观规律，不仅在局部区域的社会经济发展中起助推作用，也为整体区域带来发展机会。① 然而在"一国两制"的宏观背景下，大湾区内各城市间的战略定位、制度基础及政策有所侧重，如人才吸引政策、落户政策、劳动力市场化水平、港澳特殊性等，存在区域间经济发展状况及社会文明程度不均的现象，对粤港澳大湾区各地区社会资源和公共服务的有效衔接提出了挑战。

就人口资源体现的引力差异来看，目前大湾区人口增长除主要依靠自然增长外，来自于国内其他地区的人口迁移也是大湾区内其他城市人口增长的主要动力，形成了以广州、深圳、香港、澳门为枢纽的核心区

---

① 白雪、关逸民：《粤港澳大湾区人口与经济空间格局演变》，《地理信息世界》2020年第2期，第68~74页。

与人口聚集区。同时，核心城市区域发展空间的经济和人口基数较大并已处于相对饱和状态，导致经济发展方式和人口空间布局面临资源能源约束困境，人口红利逐渐减退。例如，2008 年以来，广东省政府为推动粤东、粤西和粤北实现经济社会跨越式发展，实施产业和劳动力"双转移"政策，使得省内经济和人口重心出现向西北或东北方向移动的态势。

4. 社会文化与价值观念的多样性

粤港澳大湾区在"一带一路"的倡议下为沿线城市带来文化交流、信息共享、精神传递、要素流动等，使粤港澳地区的文化互动显现出多维层次性与联结紧密性。[1] 同时，粤港澳地区历史悠久的广府文化得以发展和传承，在其发展过程中不断吸收和融合中原文化和海外文化，逐渐形成自身独有的务实、开放、兼容、理性、创新的特点[2]，呈现出多中心的空间结构，如深圳、广州、香港、澳门已经形成了比肩并立的四极。[3] 未来粤港澳地区将应对"从经济发达区域向政治、经济、社会、文化、生态五位一体全面发展的挑战"，很有可能引导我们走入岭南文化振兴的第三个现场。[4] 因此，如何在尊重异质性城市文化元素的基础上推动区域文化走向深度融合，产生文化对区域治理的带动效应，是粤港澳大湾区重大突发事件应急管理体系建设面临的现实问题与思路选择。

（二）粤港澳大湾区在突发事件应急管理体系中的重要战略位置

1. 突发公共事件频发，应急协同治理势在必行

粤港澳大湾区是加强内地与港澳合作联系的重要载体，同根同源的

---

[1] 李磊、柯慧敏、马韶君：《群际互动与区域文化协同发展：基于粤港澳大湾区的案例研究》，《公共行政评论》2020 年第 2 期，第 160~175 页。
[2] 广东省志编纂委员会编《广东省志 1979—2000（专记卷）》，方志出版社，2015。
[3] 王晓华：《差异、多元共生与粤港澳大湾区的文化建构》，《广州大学学报》（社会科学版）2018 年第 12 期，第 40~46 页。
[4] 戴剑平：《新时代背景下地域电影发展的新概念、新体系和新思路——"粤港澳大湾区电影发展战略高端论坛"学术研讨会综述》，《当代电影》2017 年第 12 期，第 189~192 页。

文化背景为实化粤港澳合作提供了重要契机，而加快建设突发事件应急管理体系更是精准靶向应急协同难点、助力缓解协同难题、保持湾区繁荣稳定的重要途径。

由于粤港澳大湾区由香港特别行政区、澳门特别行政区和珠三角九市的"9+2"模式组合而成，且其区域内各要素交叉流动，人员信息庞杂，在这一流动社会的现实背景下，大湾区区域内部的重大突发公共事件更具有紧急性、多发性和复杂性特征，因此跨区域合作的应急协同治理更是势在必行。从地理位置上看，位于东南沿海的粤港澳大湾区占据明显的区位优势，但与此同时也常面临着台风、洪涝等自然灾害，因多样文化所引起的社会安全事件，由不确定因素所导致的事故灾难，以及类似新冠疫情等公共卫生事件的突发事件所带来的巨大挑战。地理位置的紧密相连与社会制度和法律制度的相异给粤港澳大湾区协同治理重大突发公共事件带来了一定的考验。

实现应急协同治理是不断完善应急管理体系以实现治理能力现代化的钥匙和武器。粤港澳大湾区建立应急协同治理机制，有助于在资源有限的情况下积极规避资源错配等无效问题，通过深化互利合作、充分发挥比较优势以实现资源配置最大化；应急协同性的增强还有利于为大湾区的合作发展提供新的实践切入点，在"一国两制"的现实背景下深化、实化粤港澳的交流与合作，优化创新协同环境，加快建立互利共赢、错位发展的大湾区高质量发展格局，提高互联互通水平，实现资源的高效、便捷、有序流动。

2. 发挥"头雁"示范效应，以前瞻引领长远发展

高度的开放水平和强劲的经济发展势头不仅赋予了粤港澳大湾区建成国际一流湾区和世界级城市群的重要前提条件，还凸显了其在国家发展大局中的重要战略地位。

引领示范作用突出，为推进内地与港澳的合作与高质量发展提供典

范，发挥"头雁效应"。粤港澳大湾区应急协同治理机制的建立，是广东这一改革开放的排头兵与港澳自由开放经济体对协调、协同发展模式的新探索，是对积极打造人民群众满意的优质生活圈的新尝试，更是对坚持以人民为中心来智能管理城市群，从而保持大湾区繁荣稳定的新实践。粤港澳大湾区通过不断探索与尝试，能够从实际意义上为珠三角、长三角等城市群发展提供实践经验，充分发挥其在全国应急管理体系中的先锋模范作用。

以前瞻性引领长远发展，加强跨区域府际协调治理，为未来出现的城市群及新区域的协同治理提供丰富经验。我国当前正处于社会风险愈加突出和社会矛盾愈加复杂的社会结构大转型和大调整时期，粤港澳大湾区善于在面临诸多挑战的重要战略机遇期识变、求变、应变，建立应急协同治理机制，以增强人民获得感和提高政府工作效率。广东省作为全国经济大省，与毗邻的香港特区和澳门特区进行深入合作发展，协同治理重大突发公共事件，共建美丽稳定湾区、共治突发应急事件、共享协同发展硕果，不仅为加强内地与港澳的合作交流和深度融合提供实践样本，还能为后续区域合作的长远发展提供有效经验。

3. 打造湾区高质量典范，中国样本彰显大国担当

当前，世界处于世界多极化、经济全球化、社会信息化和文化多样化等加速发展的大背景下，各类重大突发公共事件频发，全球风险社会的形成趋势愈加明显。面对愈加多发和复杂的全球风险，对重大突发公共事件的应急协同治理成为各国政府亟须考虑的重大问题。

粤港澳大湾区是中国在新时代以更加积极开放的态度融入全球化的重要标志，是"一带一路"建设的重要支撑，也是国际交通物流枢纽和国家文化交往的重要窗口。在将大湾区建设成国际一流湾区和世界级城市群的进程中，加快建立重大突发公共事件的应急协同治理机制，不仅为中国国内跨区域交流合作提供实践样本，也为世界各国在面对全球

性风险时如何实现应急协同治理提供重要借鉴意义,力求将大湾区打造为高质量发展的典范。

中国样本彰显大国担当。粤港澳大湾区重大突发公共事件应急协同治理机制的建立,不仅是对"一国"之本的坚守和"两制"之利的充分发挥,更是向全球各国全面展示中国特色社会主义制度优越性的重要窗口。大湾区建立治理共谋、信息共享、资源共用、平台共建的应急协同治理机制,不仅为人类命运共同体注入发展新动能,还十分有助于全球各国相互学习应急协同治理的先进经验,在应急管理过程中积极共建共享信息资源、协同协调资源配置,从而有效提高应急管理效率,以积极应对全球风险社会的形成。

二 粤港澳大湾区面临的突发公共事件现状

(一)现状概述

粤港澳大湾区与美国纽约湾区、旧金山湾区、日本东京湾区并称为世界四大湾区,它不仅是我国在全球舞台上参与竞争的重要空间载体,同时也是国家重点建设的世界级城市群。它不仅拥有高度开放的经济结构、国际领先的产业结构、卓越的资源配置能力和发达的国际交流网络,与此同时,它也拥有高密度的基础设施、快节奏的生产生活方式、多元复杂的人群构成和活跃的人口流动,相较于内陆城市,其聚集的致灾因子更复杂,城市的脆弱性更加凸显。粤港澳大湾区九市二区地理位置接近,不仅山水相连、河海交汇,而且拥有共同的自然生态体系,是台风、洪涝、滑坡、泥石流等较大自然灾害多发地区,也因为这一区域进出境口岸众多,事故灾难、公共卫生事件、社会安全事件的相关性和联动性强,所以是突发公共事件的重点防控地区。2020年,粤港澳大湾区突发公共事件总体形势保持平稳。下文将从自然灾害、事故灾难、公共卫生事件等三个方面介绍2020年粤港澳大湾区发生的突发公共事件情况。

1. 自然灾害方面，城市洪涝为主要灾害

2020年6月5日到9日，广东省遭遇近15年以来最强的一次"龙舟水"强降雨过程，多地降水量突破历史纪录。广东"龙舟水"期间共经历了四轮强降雨过程，特别是6月5日到11日，广东省遭遇近15年来最强的一次"龙舟水"过程，具有"强降水持续时间长、大暴雨点多面广、单点累积雨量大、短历时降水强烈"等特点，多地降水量突破历史极值，惠州龙门龙潭镇录得过程最大累计雨量为955.1毫米，韶关曲江区樟市镇录得最大24小时降雨量为516.5毫米。全省共有35条河流超警，佛冈等地出现超历史实测最大洪水。多个地区发生严重山洪、地质灾害，农田被毁、村庄被淹、道路受损、河堤决口、房屋倒塌、通信中断，全省10个地市共37个县（区）287个乡镇43.16万人受灾。在国家防总和应急管理部、中国气象局的有力指导下，在省委、省政府的坚强领导下，广东省迅速打响第四轮"龙舟水"防御战，加强短临精细预报，统筹协调各方力量，统一发布应急响应，精准调度，细致指导，提前转移危险区域群众，强化应急通信保障，高效指挥抢险救援，全力以赴保障人民群众生命安全，最大限度降低灾害损失。面对超历史纪录的暴雨洪水，全省没有发生群死群伤，江河湖库没有发生重大险情。

2. 事故灾难方面，安全生产为多发领域

广东省应急管理厅数据显示，广东省安全生产形势总体持续保持平稳，趋势持续向好。全年共发生生产安全事故3758起，死亡2580人（见图2），受伤2319人，直接经济损失42122.3万元，同比分别下降35.84%、18.33%、49.82%和7.38%。其中，发生较大事故38起，死亡146人。广东海事监管海域发生重大水上交通事故1起，死亡11人。

其中，广州市天河区中铁五局四公司在建轨道交通十一号线沙河站

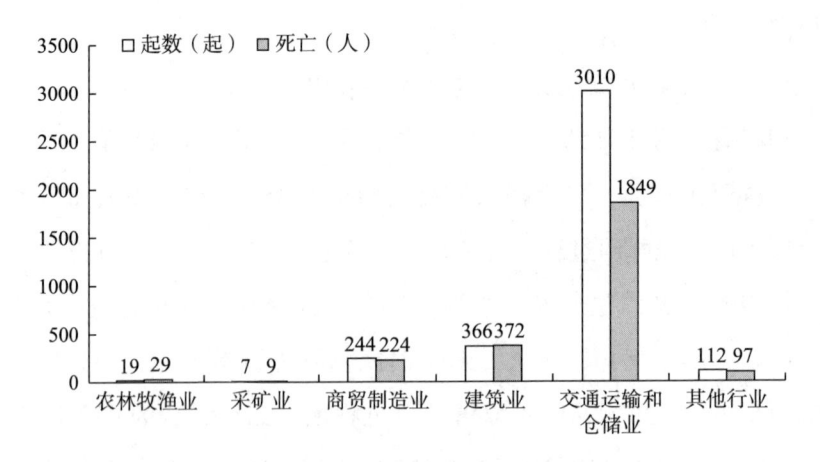

图2 2020年广东全省各行业事故情况

资料来源：广东省应急管理厅。

横通道"12·1"较大坍塌事故引起了社会各界的高度关注。2019年12月1日上午9时28分，广州市在建轨道交通十一号线四分部二工区1号竖井横通道上台阶喷浆作业区域上方路面，即广州大道北与禺东西路交界处出现塌陷，造成路面行驶的1辆清污车、1辆电动自行车及车上人员坠落坑中，两车上共3人遇难，直接经济损失约2004.7万元。调查结果显示，这是一起由地下施工遭遇复杂地质条件引发的较大责任事故。

3. 公共卫生事件方面，新冠疫情肆虐湾区

2020年，新冠疫情快速传播、多点扩散，成为全球公共卫生事件。广东省卫生健康委员会官网公布，截至2020年12月31日，全省累计报告新冠确诊病例2046例，其中境外输入650例，在院28例。香港卫生署卫生防护中心公布，截至2021年1月1日0时0分，香港累计报告新冠确诊病例8889例。截至2021年2月5日，澳门累计报告新冠确诊病例48例。

为防止疫情传播蔓延，各地政府纷纷启动应急响应，综合施策，采取居家隔离、停工停产、延迟开学、不鼓励外出旅游等措施，在一定程度上遏制了疫情的传播，与此同时，全球经济受到了严重冲击，特别是国际航空、境内外旅游、休闲娱乐等产业均呈现出发展停滞甚至倒退态势，另外，体育产业、石油市场和金融市场也出现动荡。在粤港澳大湾区内，新冠疫情对湾区经济造成巨大负面影响，其中交通运输、餐饮、旅游、电影等行业受疫情冲击最为严重。

（二）特征总结

粤港澳大湾区的应急管理协同机制的构建，有赖于在总结归纳突发事件类型的基础上，通过分析相关事件的特点，从而总结其发生规律，最终得出在湾区应对突发事件的经验总结，为应急管理协同机制的构建提供参考路径。对此，本报告在梳理2020年粤港澳大湾区内突发事件的基础上，从突发事件的四大类型切入，旨在有针对性地提出构建粤港澳大湾区应急协同机制的建议。

1. *自然灾害：以暴雨等气象灾害为主，春夏频发且易引发多元次生灾害*

粤港澳大湾区内九个城市均为珠三角城市，因此气候环境相似，均属于亚热带季风气候。处在这一气候带的地区，在自然灾害的体现上以水灾为主，在湾区范围内又多以暴雨和沿海风暴潮的形式出现。

在时间维度上，特点表现为春夏季节出现水灾的频率较高，且降雨量较大，易导致山体滑坡、泥石流等灾害的发生。具体而言，处于春雨季节时，华南准静止锋一般会在冬末春初带来较为丰沛的降水，而雨势较大时，可能会演化为暴雨，持续时间也随之延长，持续降水可能达到10天以上；处于夏雨季时，由于受来自太平洋的暖湿东南季风影响，降雨多集中于夏季的7~9月，不仅降水量会比春雨季更大，而且雨季持续的时间会更长，民间俗称"龙舟水"。值得注意的是，在夏季时粤港澳大湾区内的城市群还有可能受亚热带气旋——台风的影响。相较于暴雨，台风不仅会带来大量且持续的降雨，还因其风力较大，对城市的破坏力也更强。在空间维度上，特点表现在城市以内涝风险为主，沿海地区以台风侵扰为主，而山区多体现为山体滑坡动向的出现。具体而言，在大量降雨所带来的巨大压力下，土壤含水量的升高对粤港澳大湾区拥有不同地形的地区均提出了严峻的考验。一是对内陆城市群而言，由于部分城市排水基础设施较为薄弱，极有可能出现降雨量超过原本排水设施排水承载力的情况，且这种现象在老城区更容易出现，从而引发较大规模的城市内涝问题；二是对于沿海地区而言，因受台风登陆的影响较大，加之大湾区内航行船舶众多且珠江口水域通行环境复杂，如何降低台风对地区的负面影响是沿海城市重点关注的问题；三是对于山区而言，粤港澳大湾区内土质疏松，经不起长时间大雨量的冲刷，因此在雨季容易出现土壤松动而引发不同程度的山体滑坡，甚至引起泥石流。

2. 公共卫生事件：以传染病扩散为主，控制良好但对经济发展势头冲击大

随着粤港澳大湾区建设的深入发展，对外贸易与合作的加强，越来越多的产业亟须大量的人力资源支持，这使得外来人口涌入大湾区的各城市群内，虽然为湾区的经济发展奠定了坚实的人力资本基础，但也在一定程度上增加了传染病扩散的风险。

在时间维度上，表现为传染病短期冲击时间短，长期影响力较大。2020年，相较于其他地区，新冠疫情并未在粤港澳大湾区内引起大规模的人员感染，这得益于自2003年"非典"疫情以来，粤港澳三地政府、卫生行政部门以及公共卫生机构已注意到此类风险，且通过建立信息通报机制、定期召开联席会议、加强人才培训、开展应急演练的方式，共同防治重大传染病和应对突发公共卫生事件。因此，在疫情形成后，其扩散和蔓延的趋势很快就得到了有效控制。但后续由于出现境外输入性病例的风险增大，各城市群一直处于严防反弹的神经紧绷状态，

使得疫情对湾区的发展带来了较为长期的影响。

3. 事故灾难：分散性出现特点较为突出，但存在破坏力升级风险

由于事故灾难中人为因素有较大影响，因此 2020 年粤港澳大湾区内各地区的事故灾难并未呈现出太多普遍性的规律，而是呈现出较强的独立性，换言之，灾难发生特点较难寻觅。然而，在事故灾难的后果上却有共性，即存在牵连式的隐患和风险。具体而言，粤港澳大湾区城市群中的任意一座城市若是发生安全生产类、环境恶化类或者交通安全类事故，均会对湾区内的生产基础性设施或者环境造成一定程度的影响。由于湾区内各城市群在地理位置上相隔较近，且随着发展战略计划的推进，各城市间的交通网络、通信网络的联结及生产线之间的合作日趋频繁。因此，若某一城市事故灾难较为严重，极易波及其他城市群，甚至对湾区经济发展构成较大威胁。

4. 社会安全事件：发生概率较低但对意识形态工作提出了更高要求

粤港澳大湾区地处改革开放和意识形态斗争的"两个前沿"，开放程度高，国际互动多。虽然少有表面上的社会安全事件，但有不少社会安全隐患。一是作为境外媒体扎堆常驻的地区，受西方思潮渗透强度大。尤其是香港和澳门地区，因面向国际的地理位置，所以外部不稳定风险的倒灌比较严重。二是存在宗教渗透的风险。随着互联网时代思想文化传播方式的更新迭代，不良宗教文化和传统极有可能抓住湾区内各区域交流更为紧密的机会，乘机加速传播和扩散。三是粤港澳大湾区内的文化差异在创造文化交流和共融条件的同时，也提供了因文化摩擦的产生而引发群体性事件的可能性。由此可见，粤港澳大湾区城市群间交流与合作的搭建，虽然提供了思想碰撞的良好平台，但这一区域联结性的存在，也对意识形态风险的掌控和监管工作提出了更高的要求。

三 应急协同治理机制运转中存在的问题与成因

粤港澳大湾区在应对重大突发事件中，存在应急协同治理机制方面

的问题,包括平等协商机制、快速响应机制、综合处置机制、信息通报机制等方面,下面具体分析应急协同治理机制存在的问题及成因。

(一)平等协商机制

1. 协商机制缺位

维持粤港澳大湾区的自然价值和环境稳定,是大湾区未来建设和实现可持续发展的关键。但现阶段粤港澳大湾区环保合作机制尚未形成,其中的一个重要体现即为粤港澳三地并未充分利用和发挥关于环境保障以及自然灾害事件共同应对的对话协商平台的作用。

自香港、澳门回归后,为发挥"一国两制"特有的制度优势、有效应对具有地理跨域性的环境保护问题与自然灾害事件,粤港澳三地在行政层面曾积极促成并签订三方合作的府际协议,如2005年《泛珠三角区域环境保护合作协议》、2014年《粤港澳区域大气污染联防联指协议书》等。但在实施过程中,由于相关制度机制差异等因素的影响,协议规定内容较为笼统,缺乏足够的可操作性,如联席会议等协商平台活跃度较低,未得到有效利用,且相关协议并未匹配相应的责任条款和惩罚机制,难以对未能有效履行责任的相关方进行追究甚至惩戒。机制的缺位导致粤港澳三地在面临突发性的自然灾害事件时,无法有效地通过既有府际行政协议或由此建立的沟通协商平台实现对话以及进一步的合作,挫伤三地合作的积极性,从而大大降低了共同应对的效率。

2. 法律保障缺失

《规划纲要》中提到"绿色发展,保护生态。大力推进生态文明建设,树立绿色发展理念,坚持节约资源和保护环境的基本国策"。绿色发展和保护生态的关键,在于常态化情境下的有效保护以及非常态化情境下的应急处理,而这背后必然需要法律层面给予的保障。

在现实实践中,针对大湾区三地就环境保护以及自然灾害事件实现对话的法律保障始终未能有效构建。在载体层面，如前文所述，粤港澳三地开展府际合作的形式和依据主要为府际协议，在法律层面属于软法的范畴。而与之相匹配和互为支撑的硬法则是引导政策落地、监督责任归属的重要依据。截至目前，粤港澳大湾区政府层面的共同应对和处置协议并未形成，实现府际协同的法律法规有待制定，非常态情境下的政府对话协商机制还需形成法律保障。同时，三地关于自然灾害事件应对依据的差异，也为三地展开有效对话设置了无形的障碍。由于历史传统的影响，香港的环境法律主要参考或直接沿用英国的法律法规，与之相对应的则是沿用葡澳政府时期制定的法律法规的澳门现有标准。而以上两者的标准与贯彻执行国家标准的广东省环境法规形成了较大差异，也为三地进行协商、实现政策对接增加了难度。

3. 协商动力缺乏

《规划纲要》也提及，要完善突发事件应急处置机制，建立粤港澳大湾区应急协调平台，联合制定事故灾难、自然灾害、公共卫生事件、公共安全事件等重大突发事件应急预案，不定期开展应急演练，提高应急合作能力。突发公共卫生事件向来是重大突发公共事件中的重要构成，其破坏的严重性以及处置的重要性长期以来都受到高度重视。

对此，粤港澳三地也开展了相关的机制建设，在 2002 年发起内地、香港、澳门卫生行政高层联席会议，2004 年签署《泛珠三角区域疾病预防控制和卫生监督框架会议》，等等。由此可见，粤港澳三地在突发公共卫生事件方面的机制和协商平台的构建上已有一定的基础。

而与此相对应的则是三地协商动力的缺乏，其背后源于三地在突发公共卫生事件应对上的理念差异。由于粤港澳三地可供支配的资源呈现不均等的特点，三地在应对突发公共卫生事件时的理念和意愿便也存在差异，进而影响三地实现对话和跨域协同治理的动力。以 2020 年新冠肺炎疫情为例，在防疫初期，粤港澳三地在疫情防控上并未及时通过既有平台进行有效协商,而是主要采取各自防控的做法,通过封关、强制检疫与居家隔离等方式阻隔疫情向各自区域蔓延,未能有效发挥协同治理效应。

4. 法律支撑不足

与自然灾害事件应对相似,粤港澳大湾区关于协商解决突发公共卫生事件的相关法律法规仍未完善,而这也在《规划纲要》中被列为重要目标之一。区别于硬法的明文规定与权责明确,属于软法范畴的区域合作协议及相关文件本身并不具备法律效力,不能得到法律层面的有效保障,其中内容的落实与否也缺乏有效监管。而对于突发公共卫生事件应对而言,信息的及时共享和交换是有效阻遏事态扩散、降低事件影响的关键因素之一。

当前粤港澳大湾区虽然已经在部分领域构建了联合发布有关信息的渠道和平台,具体通过联席会议等形式交流情况,但由于缺乏相关法律法规的保障和监督,关于突发公共卫生事件的定期交流平台和共同信息发布渠道并未构建,既有协商平台在非常态化情境下的突发公共卫生事件时期也被有意或无意地忽视,从而大大降低了三地政府部门之间实现信息交互与沟通的效率。

(二) 快速响应机制

1. 应急监测与预警机制有待进一步加强

快速响应机制指的是在突发公共事件发生前,对可能发生的危机事件进行预防、预测、预警的一系列组织结构和行动运行程序,以达到政府部门对突发公共事件快速响应的目的。目前,尽管大湾区在城市信息化建设上处于领先地位,已经具有颇为丰富的智慧城市建设技术和经验,但在面对重大突发公共卫生事件时,其在实现精准预警,推动实时信息共享,依托数据信息实现快速响应,促进各部门、各地区、各层级政府间的联合共振等方面仍然存在一定问题。根据上文对粤港澳大湾区面临的突发公共事件现状的分析可知，目前在大湾区内尚未形成统一成熟的风险监测机制和预警响应机制，无论是从效率上还是效能上看，现有的风险和预警监测机制都不足以应对大湾区内多元复杂的风险灾害，由此阻碍了大湾区强化有效预警、提高有效处置能力。

2. 体制机制等诸多因素差别较大

一是在于地区间应急管理机构设置差别较大，难以有效进行统一和联动。就香港而言，其并未成立专门的应急管理中心，而是成立了一支由政府统辖的志愿应急队伍，尽管这支队伍有专门的纪律，但其性质还是"辅助应急部队"，没有决策权和管理权。澳门同香港类似，没有专门的应急管理中心，紧急应急机构统筹包括行政长官办公室下设的警察总署、民安队、应用指挥紧急平台等。[1] 与此同时，珠三角九市的应急管理工作由广东省应急管理厅统筹领导。综合上述情况，目前大湾区内各区域的应急管理体制差异较大，总的应急协同平台的建设尚在规划中，粤港、粤澳之间的应急管理合作有待进一步深化，这也就加大了地区间协商共建应急预案、建立落实预警机制的难度。

二是地区间的协作、联动意识有待提高。粤港澳大湾区包括二区九市，各地区的经济发展水平、社会发展状况各具特色，在面临重大突发性公共卫生事件时，各区域响应的时间有先后，情况有不同，往往会各自采取行动措施，而忽视了区域间的联动和互动。此外，先进科技在应急体制中的效用发挥得也不充分。粤港澳大湾区作为全国的科技前沿阵地，在大数据、物联网、人工智能、云计算等先进科学技术的应用方面有得天独厚的优势。在应急协同治理的机制下，只有区域间的数据实现开发共享，先进科学技术的效用才能得到真正的发挥。

---

[1] 秦春花：《粤港澳大湾区应急管理的体制机制再造问题研究》，《法制与社会》2020年第26期，第100~101页。

（三）综合处置机制

1. 区域协调难且缺乏创新区域协调合作机制

粤港澳大湾区城市群发展依靠较为发达的基础设施网络，构建空间组织紧凑、经济领域紧密、互联互通的城市群。在面对重大应急突发事件的治理方面，由于粤港澳大湾区为三个不同的地方，在语系、海关、制度方面存在差异，从而导致地理边界的人为割裂，无法实现国内行政区之间的无缝连接。

2. 跨区域联动与属地管理的矛盾

粤港澳大湾区包括广东珠三角城市群及港澳地区，内部关系复杂，城市之间具有很大的差异性，存在地区规模较大、交互范围广泛的特点。在行政区划方面，有内地的一般行政区和港澳特别行政区；在政策方面，珠三角政策比较倾向于东部；在发展方面，国际化都市、副省级城市、一般地级市等成员发展差异较大。在实践中，跨区域协同要求实现联动机制与内地传统的属地管理，条块分割的行政体制现象存在组织结构问题[1]，制约着粤港澳大湾区在应对重大突发事件时的协同治理。

3. 粤港澳大湾区协同立法不到位

粤港澳大湾区协同立法与现行法律存在冲突。在"一国两制"的制度下，香港和澳门拥有高度的自治权和立法权，因此，粤港澳大湾区在立法权限的层次划分上存在复杂性。同时，由于粤港澳大湾区的跨法系背景[2]，各地出台的地方性法规和行政规章存在较大差异，这些地方法规可能与协同立法产生的新法规产生利益冲突，从而影响协同立法工作的进程。

---

[1] 朱宏伟、王琪：《粤港澳大湾区协同机制建设研究》，《经济研究导刊》2019年第25期，第57~59页。

[2] 朱宏伟、王琪：《粤港澳大湾区协同机制建设研究》，《经济研究导刊》2019年第25期，第57~59页。

4. 缺乏统一的规划以及整体统筹能力

粤港澳大湾区的府际关系和府际治理有其特殊的一面①，比如，区内存在港澳两个特别行政区，粤港澳三个独立关税区及三个独立的法律体系，从网络型府际治理的角度来看，三个地区在行政主体、行政事权上都有各自的特点，在应对重大突发事件应急治理中，没有统一的决策机构，多数依赖中央层面的协调来促进跨部门协作，所以，存在合作方面的局限性。

（四）信息通报机制

从政府体系内部的角度，政府内部的信息通报机制一般是指政府信息协调能力，可以根据一般信息的处理过程划分为政府收集、分析、处理和反馈四个部分，目的在于实现突发事件信息在政府体系内部的闭环管理。良好的信息通报机制有助于第一时间获取潜在威胁信息，并及时准确反馈给政府部门，这能帮助政府快速研判事件发展态势，提升各部门对突发公共事件的预警响应效率，从而实现快速、准确、科学决策的应急治理目标。

1. 应急队伍缺乏跨地区训练

当前，我国应急队伍是根据其专业属性来划分、按照地域属性的方式管理建设的，这很容易带来应急管理队伍不易整合的问题。各地区队伍之间由于时空差距的客观存在，常态化共同演练的机会并不多，缺乏沟通和交流，但是突发公共事件通常暴发速度极快，留给应急处理的"黄金时间"十分有限，一旦地区应急队伍之间角色转换缓慢、协调配合不到位，就容易弱化整体协同治理的制度优势。

2. 政府管理体制中"双重领导，条块分割"

我国政府管理体制中，最基本的结构性关系是"条块关系"。"条

---

① 陈文理、喻凯、何玮：《府际治理：构建粤港澳大湾区网络型府际关系研究》，《岭南学刊》2018年第6期，第47~53页。

块关系"指的是在政府组织的各个层级中,"条条"业务部门和"块块"层级政府之间相互影响、相互作用,竞争与合作关系的存在使得条块矛盾始终存在。突发公共事件应对体制中主要受双重管理和条块分割因素影响。第一,双重管理体制的阻碍。双重管理体制主要表现为,一方面要服从上级领导,保证上下级行动统一,另一方面还要协调同级之间各部门管理。但是,地方部门如若面对不统一的上级政令与同级决策,就会陷入两难的局面,阻碍部门职能的发挥。第二,条块分割的阻碍。面对突发公共事件的不确定性和紧迫性,通常要求应对单位必须具备一定的灵活应变能力,但许多事件涉及多个部门职责,相同行政级别单位之间就很难协同,导致应急信息不畅通,管理效率低下,应对救援迟缓。在突发公共事件应对中,很容易错过事件处置的最佳时机,造成资源浪费,难以达到突发事件的应急协同治理的要求。

从政府与民众之间的角度,政府与民众之间的信息开放共享、沟通交流,将有助于提高政策制定、实施和评估环节的科学性与合理性,加强治理主体之间的沟通交流和信息共享,吸纳民众意见,既能赢得民众信任,同时也能增强政策透明度。民众等社会治理主体能够及时了解到城市所处的安全状态,深化各主体协同默契,增强社会公众应对危机事件的信心,为突发公共事件协同治理的实现提供有力的保障。

3. 风险沟通机制的不完善

突发公共事件的应对过程同时存在"危险"与"机遇",政府有力的应对行动要得到民众的理解和支持,有效的风险沟通机制不可或缺,它能保障政府与民众之间的信息通报转化为赢得民众信任的有力工具。第一,在过去一段时间里,技术手段的缺乏,以及突发事件复杂的变化态势,导致政府通常难以及时准确发布事件的动态信息,在突发事件应对过程中只做到了较低程度的信息透明度。第二,缺乏为公众提供参与治理的渠道，民众所思、所想、所需等意见和建议并没有被广泛吸纳与借鉴，进入政府视野中的问题又没能得到有效的回应和反馈，导致政府与民众之间难以实现信息互动，民众对政府的信任程度不高。

四 应急协同治理机制建设中的应然目标与建议

应急协同治理机制的运作应是动态且有序的过程，应急主体之间进行平等协商是应急管理的基础，安全监测和预警是前提，这两个环节做得好，后续对突发公共事件的综合处置和信息通报才能有章可循，稳扎稳打。从自然环境来看，粤港澳大湾区地处东南沿海地区，地质构造复杂，受地理位置影响，时常面临风暴潮以及台风的威胁；从社会环境来看，湾区人口构成多元，资本结构复杂，要素流动迅速。总之，大湾区内面临的潜在风险问题不容忽视。建立完善快速响应机制，不仅可以防范湾区内的潜在风险，还可以对突发公共事件进行有效的预防、预测和预警，在粤港澳大湾区的应急管理体系中应该予以重视。该部分针对上文提及的粤港澳大湾区在快速响应机制中存在的问题，提出如下建议。

（一）平等协商机制

1. 建立有效协商机制

机制的建立并非止步于协议的制定，而是依靠长期有效的落实和监督。要从根本上解决协商效率低下、机制难以维系的难题，需要从不同层面予以考虑和入手。

首先，在宏观统筹层面，由于粤港澳大湾区自身区域涉及"一个国家、两种制度、三个独立关税区"的特殊性，三地政府治理模式呈现较大差异，因而在落实既有的府际协议时难以再进一步展开深度对话。因而，粤港澳大湾区可参考如欧盟等跨区域、跨制度性质组织的自然灾害事件联合治理经验，在常态化情境下制定三地总体的应对协商指引,并结合《规划纲要》的指导意见以及党和国家的会议精神定期制订和修改涵盖大湾区对话交流、联防联控的共同行动计划。

在府际互动层面,鉴于已有府际协议内容较为笼统的问题,粤港澳大湾区三地政府以及各地方政府可在《规划纲要》的整体框架下重新审视并调整府际协议的合作内容,提高协议的操作性与合理性,并完善相关责任条款和惩罚机制,使"有措必行,有错必纠"。同时,活化利用已有的沟通协商平台和渠道,在形式和内容上结合三地政府治理的特性予以优化,使得平台成为真正凝聚三地环保共识、加强信息共享、提升自然灾害处置能力的有效载体。

2. 提高法律协同水平

依法治国是坚持和发展中国特色社会主义的本质要求和重要保障,也是坚持"一国"之本、善用"两制"之利的关键要求。因此,法律协同是粤港澳大湾区实现可持续发展的必由之路。为破解粤港澳三地对自然灾害事件应对协商效率低下的问题,需要从增强法律层面的根本保障着手。

首先,法律基础是对话协商机制得以开展的根本依据和保障。考虑到大湾区特殊的跨域性和跨制度性,在参考世界三大著名湾区相关立法实践的基础上,粤港澳大湾区可参考联邦性质的纽约湾区立法尝试,采用软法性质的府际协议与硬法性质的政治协定相结合的形式完善相关法律基础。而硬法性质的政治协定,需要上级政府部门的统筹与制定,将中央政府部门纳入具有法律效力的政治协定的制定议程当中并充当重要主体。

其次,法律协同的关键在于弥合法律差异,强调其中的共性。因而,在面对标准差异阻碍协商开展的问题时,粤港澳三地需要贯彻"求同存异"的原则,在既有标准差异的背景下,尝试参照如欧盟等跨制度性联合体的相关环境保护与自然灾害处置标准,或采用具有中国特色的试点做法，先在部分区域开展构建统一标准的尝试，从而在不断总结经验和定期交流的基础上再考虑逐步扩大，实现渐进式的法律协同优化。

3. 提升对话协商地位

公共安全属于公共服务，其背后不仅反映出政府部门的治理能力，更关系到广大人民群众的生命健康安全。因而，粤港澳大湾区内部应摒弃原有出于地方保护主义或政绩导向的传统认识，对突发公共卫生事件的危害以及协同治理的重要性给予充分重视，并从提升三地政府间对话协商的地位开始着手，提升三地的协同水平。

首先，大湾区内部需要弥合三地在突发公共卫生事件应对上的理念差异。实际上，港澳地区具有"一国"优势与"两制"便利的得天独厚优势，因而可充分结合中央政府给予的资源支持与协助以及特区自身享有的高度自治权和被赋予的一定自由裁量空间。因此，相对于各自防控而言，三地可充分利用这一优势，在灵活应对本地疫情的同时展开全方位、高频率的对话协商，既能快速有效地实现信息共享，又能在交流过程中学习对方先进经验、提升自身应对能力。

其次，提升三地协商过程的信息透明度，能有效提高三地在危机情境下的信任程度，从而在根本上提升对话协商机制的受重视程度。危机情境下的信任可谓是危机管理成功与否的关键。因而，在平等协商得以开展的基础上，提升突发公共卫生事件的相关数据、资料等的透明度和精细程度，达成内部在这方面的统一，能有效增强大湾区内部的信任，进而提升三地进行长期协商和沟通的积极性。

4. 完善法律上的支撑

粤港澳大湾区三地缔结的卫生安全协议及机制发挥效用的关键，在于法律层面的保障和支撑。因而，在完善粤港澳大湾区突发公共卫生事件应对的相关法律法规时，需要从常态化与非常态化两种情境予以考量。

制定总体防控规划是有效破解协商不足难题的一大关键。而与自然灾害应对立法类似，在制定应对处置突发公共卫生事件的总体规划过程中，中央政府部门需要发挥协调和推动的作用，与大湾区内部各政府进行充分沟通、收集意见，针对既有的信息共享平台与信息发布渠道缺失的问题进行精准立法，在具有一定法律效力的总体规划及相关文件中明确规定以上内容。在常态化情境下，中央政府部门需要监督三地政府定期开展信息交流、认真贯彻规划内容、实现常态化的协商互动并维护信息共享平台的运作。而在具有紧迫性的非常态化情境下，大湾区内部政府需要充分发挥平台和渠道的作用，及时将各自区域的相关信息予以上报，并通过平台实现信心交互，达成相配套的防控意见，从而在高效的信息交互与协商交流基础上发挥危机协同治理的最大效益。

（二）快速响应机制

1. 探索应急响应优势互补新机制，实现湾区统筹发展

粤港澳大湾区由香港、澳门以及珠三角九个城市构成，从沿海向内陆延伸，区域与区域间发展既相互独立，又彼此依赖。各个城市在应对重大突发公共卫生事件时拥有的资源、优势、特色、禀赋各不一样，因此，充分发挥各地区的优势和特色，取人所长，补己所短，实现地区与地区间的通力合作，是应急管理过程中保障快速响应机制运行的有效措施之一。首先，建立粤港澳大湾区应急协调平台。《规划纲要》对粤港澳大湾区的应急合作做出了明确规定和指示："完善突发事件应急处置机制，建立粤港澳大湾区应急协调平台。"[1] 应积极搭建应急协调平台以作为粤港澳大湾区内突发事件的应急处置机构，充分发挥其统筹全局、指挥协调的效用。其次，统筹规划大湾区内的总体应急资源，结合

---

[1]《中共中央 国务院印发〈粤港澳大湾区发展规划纲要〉》，中国政府网，2019年2月18日，http://www.gov.cn/zhengce/2019-02/18/content_5366793.htm#1。

粤港澳大湾区资源互补、经济互通、地域互联、技术互促的实际情况，站在高位，立足全局，统筹规划应急资源，实现良好的引导和应急资源的合理布局。如香港在建筑工程管理及应急处置方面的经验非常独到，广东在冶金、化工等工业安全管理上积累了较为有效的经验，港澳的城市精细化治理效果颇好。根据各个区域的特色和优势，整合多方资源，以建立起长效稳固的快速响应机制。最后，要兼顾不同类型的灾害要求，做好应对自然灾害事件、突发公共卫生事件等突发性事件的应急要求，实现应急资源的弹性布局。

2. 加强城市间互动联系，构建双边、多边突发事件预测预警机制

首先，打造统一的应急管理预防、预测、预警信息共享新平台。运用数字化、网络化、智能化的新技术手段，横向上整合公安、气象、海洋、自然资源、林业等各部门的基本应急信息，纵向上上联省市、下联各镇、街道，促进应急管理信息共享的"横向到边，纵向到底"，打通救援队伍、应急物资、专家库、法规库、案例库、应急知识库等应急资源之间的沟通渠道。建立数据"一张图"，搭建起统一指挥、快速响应、信息共享、可视化管理的应急指挥平台。[①] 其次，重视各个城市间的深入合作，共同开展湾区内监测、预警工作的思想引导。在出台应急预案编制指南、加强应急预案修编工作的基础上，不仅要加大对气象、防汛科技的投入，提高对自然气象和地理环境变化的观测精度和准度，还要强化对公共卫生事件的监测和把控，通过科学精准、系统专业的监察体系，做好公共卫生事件监测工作，谨防疫情扩散。最后，建立人才共享数据库。一是在大湾区内部建立以应急预测预警为主要研究方向的专家智库，并进行分类建档，这样无论是面临自然灾害事件还是突发公共卫生事件，都能及时从档案库中调取专家的信息。二是打造常规应急

---

① 张志强：《立足粤港澳 融入大湾区 深入推进东莞应急管理事业稳步前行》，东莞时间网，2019年6月14日，http://news.timedg.com/2019-06/14/20838023.shtml。

救援基地和专业应急救援队伍，并实现人才以及人才资料在各个地区之间的共享流通，这样当面临突发公共事件时，便能实现地区间人才的流动和互补，提高应对突发公共事件的效率。

（三）综合处置机制

1. 克服行政区划因素的边界硬约束，创新区域协调合作机制

一方面，在科技、文化方面，优势互补，建立应急协同治理合作关系。另一方面，建立并完善区域治理联动机制。德国在区域协同治理方面实现均衡的原因是在法律法规、空间规划、宏观政策和公共事务方面进行突破，对于粤港澳重大突发事件应急协同治理[①]，可以借鉴德国区域联合会经验，打破行政框架制约，探索成立粤港澳大湾区联合会，作为三地派出机构，在坚持"一国两制"的前提下，协调大湾区不同法律制度框架下的公共卫生事件、自然灾害事件等具有跨界性的关键领域，推动联合协同治理。另外，建立区域关于重大项目的沟通机制。对于协同治理具有跨界性的突发事件项目，涉及区域共同利益时，要在利益平衡的前提下，突破行政划分的属地管理局限，建立应急协调联动机制，实现跨地区合作、跨地区推动。

2. 坚持党的统一领导，发挥制度优势

面对跨界性较强的突发公共卫生事件和自然灾害等领域，从国家层面上，应急管理部、卫健委与公安部三个主体部门应树立"全国一盘棋"的思想，与港澳联席会议协同配合；加强党对应急管理统一领导和协调，建立新的高规格议事协调机构，突破体制性障碍，推动三地形成高效的跨界危机常态治理体系；三地要设立突发事件信息整合中心，并对重点问题组织三地应急与相关部门分析、研判三地自然灾害、公共

---

① 王云峰：《粤港澳大湾区区域协同治理路径研究》，《学术探索》2020 年第 8 期，第 136～141 页。

卫生事件等的灾难形式，实现突发事件信息的互联互通，构建一个应急信息共享的网络。[①] 具体可以利用现代信息技术，建立信息交流平台，实现数据共享；粤港澳三地要制定统一标准，确保应急响应过程中的互联互通；三地要依托物联网技术，高效调动队伍与物资；坚持优势互补[②]，集中力量办大事，统一规划应急队伍、装备与资源、避难场所的发展，为区域应急协调管理合作提供有力的保障；构建相互合作的组织文化，增强应急人员之间的相互信任，努力构筑共同文化认同；打破各种应急处置中不合理的权限壁垒，形成共同应急的和谐大局面。

3. 利用他山之石构建协同立法机制

由于三地在地理位置、历史问题、经济发展格局、地方文化等方面存在差异，立法权呈现多元化的特点，因此，构建粤港澳大湾区协同立法的机制成为当务之急。建立利益补偿机制；借鉴京津冀、东三省、长三角地区的成功经验，相应成立专门的协同立法机构；加强法律法规的立改废释工作，避免出现协同立法过程中的博弈倾向；等等。在具体实施步骤与范围方面，粤港澳大湾区应以共同事务实践为先，逐步拓展到一般性的大湾区共同事务。

4. 深化改革，创新与借鉴同步

一是通过行政协议或三区政府间协议等方式推进大湾区重大突发事件的处理，增进互信与合作。地方政府与职能部门之间的合作也可以通过联合办公或联合政策发布进一步深化。二是建立跨越行政区划限制的跨区域联系平台，如成立政府间关系委员会、政府间关系协调机构等。[③] 三是由中央政府设立官方和统一的协调和管理机构，如联合

---

① 魏满霞、黄绮琪：《粤港澳大湾区联动治霾现状、困境及对策》，《探求》2019年第4期，第40~45页。
② 叶林、宋星洲：《粤港澳大湾区区域协同创新系统：基于规划纲要的视角》，《行政论坛》2019年第3期，第87~94页。
③ 陈文理、喻凯、何玮：《府际治理：构建粤港澳大湾区网络型府际关系研究》，《岭南学刊》2018年第6期，第47~53页。

办公的特别行政区和地区管理局以统一的方式计划、部署和处理大湾区的发展，发挥集中系统的优点。此外，还有一个独立的立法、行政和司法的监管机构，它可以通过制定规则、执行规则和裁决争端来有效协调政府间的关系。

（四）信息通报机制

1. 建立预警通报制度

建立预警通报制度是完善政府应急协同机制的首要环节，通过信息收集、评估、分析事件紧急程度，预估可能造成的损失。如当某个环节产生利益冲突时，立即加强监测，要积极、快速反馈，必要时发布紧急宣言。例如在处置社会治安事件当中，如果遇到治理结果与预期目标出现较大偏差这种情况时，需要及时向上报备，以让上级政府综合决策，保证在最短时间内做出最有力的决策，高效调配资源，有效强化协同，从而达到纠正偏差和解决矛盾的目的。对于突发公共卫生事件、重大疫情要建立动态监测网络，强化疾病预防控制中心（CDC）责任，各级各类医疗机构及其执行职务的医务人员严格执行《中华人民共和国传染病防治法》《突发公共卫生事件应急条例》中的有关规定，及时报告突发公共卫生事件和疫情。各地区之间及时通报，有利于整合职能和资源，为后续的资源调配建立坚实基础。

2. 畅通政府信息的处理机制

政府信息协调能力体现在处理过程当中，这需要建立合理的利益协商、矛盾化解规则，提高个人、组织的工作效率。一是优化信息分析处理机制，尽可能避免信息收集、审核人员主观偏好的影响，尽量避免因人为因素影响决策科学性，关键要着力提高技术人员的鉴别能力和决策人员的专业水平。二是优化部门间共享机制，激发各部门获取和分享信息的主动性，从而有效打破"信息孤岛"局面。三是优化部门职责和权力，调整相关的奖惩制度，以达到"权责相配"、主动而为的目标。以机制建设为导向，打通信息沟通和共享的渠道，缩小各方的利益差异，在彼此了解的基础上加深合作，通过多种渠道加深信任感，以此来实现良好互动。

3. 运用信息技术简化政府信息传递流程

以制定规则和运用技术来解决信息资源的分割问题，增强信息的开放共享程度、信息互动和传递的效率。上级政府需要依据掌握的事件信息做出决策，信息的不充分、不完整容易导致决策滞后等问题，因此需要做好以下工作。一方面，要强化规则制定。这就需要研究制定促进公共安全信息共享的政策法规，尤其是破解跨地区、跨部门所面临的信息资源分割的障碍，同时，明确信息交换的原则和条件标准，建立统一标准的数据库系统，保证信息互动的规范化。另一方面，要提高技术支撑能力。在建立政府体系内部的信息联动平台基础上，加强日常维护和优化，监测和上传潜在风险的动态信息，同时，还要维护好对外发布信息、开展交流的平台，这有利于防止不实消息的扩散，避免公众的主观臆断，营造良好的社会氛围，还能够借助政府、公民、企业和非政府组织等之间的良性互动，增进对政府的信任。

年度观察

加快构建双循环新发展格局：
意义、挑战和建议

张中祥[*]

一 加快构建双循环新发展格局的意义

构建以国内大循环为主体、国内国际双循环相互促进的新发展格局是中央2020年5月推出的重大战略，是中国主动而为。内循环不畅，供应体系与国内需求不适配，此时有为而治，是与时俱进的战略部署。以国内大循环为主体，言外之意就是要把满足、升级国内的需求作为发展的出发点和落脚点，从生产、分配、流通到消费更多依托国内市场。

早在1998年，扩大内需就已被党中央确立为中国经济发展的一项长期战略。当年是为了应对亚洲金融危机，提出要立足扩大国内需求，加强基础设施建设。在1998年12月召开的中央经济工作会议上，把扩大国内需求、开拓国内市场作为中国经济长期持续健康发展的基础和长期战略方针。后来随着中国加入WTO，中国经济发展较快，无论是外贸总额还是外贸对经济的贡献率都一直增长，到2006年达到高峰。因

---

[*] 张中祥，天津大学马寅初经济学院创院院长、卓越教授，国家能源、环境和产业经济研究院院长。主要研究领域为能源环境经济学、产业经济学、中国经济等。发表英文论文200余篇，是中国高校人文社会科学领域1956~2008年以第一作者在国际核心期刊上发文量最多的10多位作者之一。在IDEAS对全球经济学家按作者发表论文的页数统计中，位列世界200多位。

为外需旺盛、经济发展形势好，这个内需战略并没有严格落实。当前，疫情冲击并导致全球性经济深度衰退、国际贸易和投资大幅萎缩、国际金融市场动荡、中美贸易摩擦不断加深，扩大内需的问题被再次提出，全社会对此要有高度认识。

选择走双循环、国内大循环为主体的路子，是符合基本经济规律的。大国经济都是内需推动型经济，随着经济的发展，一个国家的经济体量越大，其国内循环的比重就越高。而且随着经济发展，服务业占比会提高，服务业里有相当一部分是没法进行外贸的。随着服务业在整个经济中的比重提高，出口占经济总量的比重在下降。无论美国还是中国都已经出现了这样的情况。

构建以国内大循环为主体、国内国际双循环相互促进的新发展格局，关键在于循环起来。这个循环要畅通起来，就必须打通生产、分配、流通、消费等主要环节上的"堵点瘀点"。能否打通这些堵点，像对外开放一样开放国内市场，实现对外开放与对内开放相互促进，形成国内统一大市场，是构建新发展格局的关键和难点。

二 加快构建双循环新发展格局的挑战

1. 从全局角度上，要把潜在的需求变成现实需求

目前部分存在的行业垄断、地方保护主义，造成了生产不能非常有效，产品也不能完全实现地区间流通和消费，这些阻碍了把中国潜在市场变成大市场、变成真正的统一市场。除了打破各地条块分割、消除阻碍跨地区商品和服务流通的障碍、畅通内需市场、释放内需潜力外，面临的重要问题就是地方税收。地方税收很大一部分是要靠当地的企业交税，保护地方的企业就是保护地方的财政税收。税收制度不改革，这个问题就很难彻底解决，这是一个非常大的挑战。

2. 现有中等收入群体的消费能力和中等收入群体的进一步扩大

中国在相当长一段时间通过外贸、国际市场来消化国内过剩产能，现在国际环境恶化，世界经济增长放缓，外需减少。要防止经济增长下滑，填补国内需求缺口，就要把发展的立足点放在扩大居民消费上，因此提高现有中等收入群体的消费能力非常必要和紧迫。同时，中央也在讲要扩大中等收入群体。进城的农民工是未来由低收入阶层进入中等收入群体中人数最大的一部分，解决进城农民工的就业问题，提高他们的收入，提供稳定、可承担得起的居所和公共服务，对提高全社会消费能力至关重要，也事关新型城镇化建设和新发展格局建设的成效。

3. 关键技术上受制于人制约国内循环畅通

当前，中国的高端装备、核心零部件还是短板，供应链上游核心技术受制于人，"卡脖子"问题比较突出。在中美科技博弈的背景下，这些问题现在变得越来越突出，中美之间的贸易战不是问题，真正担心的应是科技战，中美科技博弈不断升级并且可能长期存在，这些问题现在不仅直接关系到中国企业的发展，甚至影响整个产业的生死存亡。这些供给上的瓶颈或"卡脖子"关键核心技术是新发展格局形成中最大的供给方障碍、堵点。

三 加快构建双循环新发展格局的建议

构建以国内大循环为主体、国内国际双循环相互促进的新发展格局，坚持供给侧结构性改革这个战略方向，扭住扩大内需这个战略基点，进一步深化改革，扩大开放，打通影响双循环畅通的"堵点瘀点"，发挥数字化为双循环提供的韧性与活力，统筹短期防疫抗疫和长期发展，实现新发展格局下中国经济高质量发展。

1. 不能把两个循环割裂开来，中国依然要进一步扩大开放，畅通"外循环"

虽然强调国内循环，但并不是不要国外循环，国外循环也很重要。国内为主体，主要是指现在中国的经济体量已经很大，不能再靠国际市场来带动，实际上也带不动。高水平的开放很关键，只有通过利用国际市场才能获得一些中国稀缺的资源——包括自然资源，也包括高水平的人力资源——发挥国内产业已经形成的国际市场能力。国际合作仍然是技术进步的最佳路径，可以从全球获得更高质量的创新资源。外循环越通畅，内循环就越有质量，越有效益，真正形成国内国际双循环相互促进。在这方面，粤港澳大湾区特别是广州、深圳等特大城市可以发挥非常好的作用，要在高水平的开放和标准引领方面做表率。在新发展格局下，一个依然开放、扩大开放的中国将对世界经济做出更大的贡献。

2. 畅通内循环从消费入手

中国现在的经济发展吃力，原因就是中低收入群体的消费仍然呈较大幅度负增长，消费跟不上。中小企业受疫情影响很大，各级政府应该关注有发展潜力但面临暂时困难的企业，帮助他们渡过难关，保住就业岗位。对中低收入群体，要通过积极的财政政策帮助其克服困难。只有解决了这些问题，居民收入和消费才能稳定下来，市场需求才有保障，经济才能复苏。从长远的角度来看，还要借助国家新型城市化建设，打造城市群、都市圈，这样就会带动大量居民住宅的建设，带动基础设施建设，既可以带动消费，也可以带动大量投资。深度推进城镇化建设，解决以农民工为主的新市民建安居房问题，让农民工能够在城市里安居下来，这样他们就可以做长期的安排、长期的消费打算，推动经济增长。

3. 关键核心技术领域提升自主创新能力是畅通国内循环的关键

关于核心技术，这里提出四个视角，以供深入讨论这个问题。

一是"卡脖子"技术并非唯一标准，不能够泛泛地讲"卡脖子"技术，关键是看这个技术或产品的重要性和影响，也就是这些技术是否事关产业安全底线和战略主动，是否能承受部分其他国家毫无下限的打压，是否面临某些国家完全断供的风险，从而严重影响国内产业链、供应链安全。如果是这类"卡脖子"技术，国家应当给予更加精准、更大力度的支持。任何时候任何国家把关系到民生的技术政治化都不合时宜。

二是要拉紧国际产业链对中国的依存关系，这也是降低关键核心技术断供可能性和影响的有效方式。以高铁为例，中国的高铁发展很快，但在全产业链中并没有竞争优势，一些关键技术和关键部件依存度仍然较高。日本、法国、德国等技术非常先进，非常依赖中国市场，所以只要中国拉紧高铁国际产业链对中国市场的依存关系，就能大大降低对外依存度高的关键技术和部件断供的可能性和影响。除了高铁，中国可以看看还有哪些技术具有这样的作用。国家具有一些"撒手锏"技术至关重要，因为这些技术可有效形成对外方人为断供的强有力反制和威慑能力。

三是要认识到中国的举国体制优势并不能让所有的科技领域都所向披靡、取得期望的效果。中国凭借集中力量和资源办大事的举国体制优势的确在经济建设和一些科技领域取得了举世瞩目的成绩，但并不是所有的事情利用举国体制都可以达到预期效果。例如技术迭代比较快，需要高度市场化的合作，用户对成本比较敏感、对满意度要求比较高，同时用户选择机会多的技术，举国体制具有一定的局限性，预期效果存在非常大的不确定性。因此，以实事求是的态度认识和尊重这个局限性，对选择哪些核心技术利用举国体制优势、采取联合攻关，以期短期内取得突破至关重要。

四是其他国家面临与中国一样甚至更甚的担忧也是需要考虑的因素。现在中国很担心别的国家断供，其实别的国家也会担心中国可能的一些动作，因为中国已经很强大，而且还在不断发展，中国有规模经济的优势，可以把东西做得便宜。当中国具有强大实力的时候，也会引起其他国家的担忧，而且这种担忧比中国还严重。因此，需要从宏观层面考虑度的问题。

4. 数字化为中国经济提供韧性与活力，应发挥以数字经济为基础的新基建的带动作用

疫情防控常态化期间，人们虽然接触少了，但生产生活并没有因此陷入大规模停滞。企业和社区借助数字技术，防疫抗疫、组织有效生产、提供便民服务、提升社会治理能力，推动了企业数字化转型升级，催生了一批新业态和新模式，充分体现了数字经济为中国经济贡献的活力与韧性，让中国经济在巨大的挑战面前走出了新气象。因此，今后要积极发挥以数字经济为基础的新基建对整个经济的带动作用。新基建不能搞"全国卷"，要根据不同地区经济基础分类实施，提高投资的区域针对性，同时要从全产业链的角度来审视新基建问题，要通过"数据财政"反哺新基建。

（本文根据2020年11月27日"新发展格局与粤港澳大湾区建设——2020年度粤港澳大湾区发展广州智库论坛"上的发言整理而成）

粤港澳大湾区最大的创新是共同打造优质制度供给高地

陈文玲[*]

现在中国已经进入从高速发展转向高质量发展的新阶段，我们提出了五大发展理念，也就是新发展理念，其中创新理念在现代化建设全局中居于核心地位。中央把科技自立自强作为国家战略的重要支撑，特别提出了"四个面向"：面向世界科技前沿、面向经济主战场、面向国家重大需求、面向人民生命健康。中央还提出了以国内大循环为主体、国内国际双循环相互促进的新发展格局。这"三新"是中国当前和今后一个时期国家重大的战略调整和战略选择。

在这种情况下，世界格局正在发生深刻的调整与演化，国际力量对比也发生着深刻的调整和变化，以中国为代表的新兴经济体和发展中国家整体崛起，使南北关系发生了很大的变化，使整个世界出现了"东升西降"的趋势。目前"西强东弱"是现实、是历史，但"东升西降"是趋势、是未来。所以从历史的长周期看，中国总体上处于上升期，美国总体上处于下降期，这样一个历史大的逻辑是不会改变的，这次新冠

---

[*] 陈文玲，中国著名经济学家，中国国际经济交流中心总经济师、执行局副主任、学术委员会副主任、研究员。主要研究领域为国际战略、国际经济、宏观经济、流通经济、现代商业、医药卫生体制改革等。先后荣获"建国60年中国流通领域有突出成就人物""中国商业服务业改革开放30年卓越人物""改革开放40年商业领域、现代物流领域杰出人物"等荣誉称号。

疫情又加快了这一趋势的发展。

在这种情况下，粤港澳大湾区有特殊的历史使命，它不仅能发挥广东这个经济大省的优势，还拥有香港、澳门独特的优势。香港过去、现在、未来都是中国不可多得的、不可复制的资源，是国家重要的财富，而且处于非常重要的国家战略的前沿，在国际化战略、商务制度、国际化规则标准对接等方面具有不可替代的优势。澳门也是一个开放度非常高的国际化大城市。广东的优势叠加香港、澳门的优势，"一国两制"、三个关税区、三种法律制度、三种货币体系，不应该是劣势，而应该成为集成优势。这种集成优势既可以把新中国成立70余年、改革开放40余年积累的经验变成制度的优势，也可以把香港、澳门积累的国际经验变为优势。在新的开放布局中，粤港澳大湾区具有独特的不可复制的优势。我们要把粤港澳大湾区发展战略真正落实或者落地，必须从制度创新上下功夫，制度创新是粤港澳大湾区形成集成优势的核心要素。

当然，技术创新要自立自强。未来的产业链、供应链、服务链、价值链，在数字化基础设施形成之后，一定会加入区块链、数据链，加上创新链和信用链，会构成相互咬合、密不可分的产业分工、产业链接。这种链接是市场化形成的，国际上的产业链接是国际市场机制发挥配置性作用形成的，是供给与需求相匹配的过程；国内的供应链也是市场机制起决定性作用，也是供给与需求相互寻找、相互匹配的过程。现在中国处在科技上将强未强的阶段，我们和美国在原始创新上有很大的差距，在基础教育、基础技术、共性技术、颠覆性技术上都有重大差距，这些差距需要我们通过创新去弥补。这绝不仅仅是技术创新，绝不仅仅是通过技术这一个领域的创新就能解决中美两个大国的竞争博弈，或者是长周期的博弈问题。

我认为必须进行根本性、制度性的创新，谁的制度最优，谁才能赢得未来。比如说我们现在要形成以国内大循环为主体、国内国际双循环相互促进的新发展格局，不是说只是国内循环。我们首先要考虑粤港澳大湾区能不能形成循环，粤港澳大湾区的商流、物流、信息流、资本流、数据流、人的流动是不是顺畅？如果自身的问题都没有解决，何谈国际大循环？其实在 3G 的时候是世界三套标准，到 4G 的时候是两套标准，到 5G 的时候中国才在世界上领先。所以，我认为我们要在制度上创新，不仅是技术创新，也不仅仅是标准、规则创新，根本性的是制度创新。比如说如何经过制度创新？怎么继续支持企业创新？是用政府补贴的方法还是用政府政策采购的方法？方法不同，效果也完全不一样。

市场化运作的流程、运作的方式会获得更大的收益，企业不会白拿钱，企业要完成招投标任务，国家投资一定要有收益。一些地方政府头脑一热就建园区，建完以后很快发现园区荒芜了。我们现在说芯片短缺、光刻机短缺，国内很多地方政府就在推进这些项目。全世界半导体、芯片市场总的容量才 5000 亿美元，中国 2017 年进口 2655 亿美元的半导体的核心零部件，2018 年进口 3000 多亿美元，2019 年进口 3400 亿美元，而全球总共 5000 亿美元的市场容量，这不是单纯靠钱就能实现的。

我们要反思，我们的制度供给到底是怎样一种制度供给。如果粤港澳大湾区不能在制度创新和集成上走在中国的前列，我们就很难实现中国和整个世界市场的制度相融合、相对接、相衔接，就会遇到非常大的阻碍。有的阻碍是属于西方有意遏制我们的前行步伐、打压我们，有的是属于我们制度设计的落后、制度改革的落后，是优质制度供给不足的问题。我们能不能把政府补贴变成政府采购的公共政策？能不能除了有关国计民生和国家重大核心技术或者关键技术、涉及国家安全的技术之外，其余的重大国家项目都实行政府招标采购？公共品的采购体系能不能建立起来？粤港澳三地要素的流动和互联互通，本来应该是没有问题的，但实际上一个国家怎么还不能实现互联互通呢？商流、物流、资本流、人流、数据流，哪个方面没有障碍？在一个国家这样的大框架下，制度和体系应该怎么衔接？怎么对接？所以，制度创新是粤港澳大湾区最大的创新，也是最根本的创新。如果没有制度的创新，粤港澳大湾区还是"粤是粤"，"港是港"，"澳是澳"，就不可能形成整体的集成优势。

粤港澳大湾区怎样才能形成制度集成优势？我认为要从四个层次推进粤港澳大湾区的制度创新。

第一，香港、澳门这些地方国际化程度高，具有先进的标准、规则、人才、居住环境、税收、现代商务制度等，广东要向港澳学习对接或衔接。

第二，数字经济、新经济、先进制造业等方面中国内地发展迅速，还有现代商业模式、现代生活场景等方面中国内地走在前面，香港和澳门应该同广东对接。比如5G，中国主导标准化项目占全球比重超40%，这方面香港和澳门肯定要同内地对接。此外，内地也非常注重社会治理，比如说公共卫生体系等方面发展很快；内地的知识产权保护方面，目前设立了3个知识产权保护的法院（上海、广州、北京各一个），16个知识产权保护的法庭，这些方面港澳和广东完全可以对接。

第三，对于尚未过时、合理的、对于全球的经济发展具有共享意义的标准和规则，粤港澳三地应该共同向高标准的国际标准和规则看齐。

第四，现在有很多的新经济、新业态，特别是5G，将来会产生革命性的变化，数字经济也会产生变化。对于新的科技革命带来的若干未知的领域或者已知但是规则和制度还是空白的领域，粤港澳三地要创新的标准和规则。

所以，粤港澳三地应通过共同努力，把粤港澳大湾区变成人才的高地、知识的高地、先进制造业的高地、高质量发展的高地，最重要的是变成制度创新的高地、优质制度供给的高地。只有这样，粤港澳大湾区才能真正在国家战略这盘大棋上发挥更大作用。

（本文根据 2020 年 11 月 27 日 "新发展格局与粤港澳大湾区建设——2020 年度粤港澳大湾区发展广州智库论坛" 上的发言整理而成）

立足新发展格局和国土空间新格局全面提升粤港澳大湾区战略优势

高国力[*]

一 对两个格局的思考和认识

1. 基于我国进入新发展阶段提出来的以国内大循环为主体、国内国际双循环相互促进的新发展格局

围绕新发展格局还需要在理论层面和实践层面持续地探索和创新，有很多问题还有待深入研究，要客观理性地认识新发展格局。新发展格局的提法与我国长期以来很多战略提法是一脉相承的，并不是一个重大的战略转轨或战略变化。同时它又是基于新的国际国内环境和进入新发展阶段与时俱进的调整，也可以说是我国发展战略思路的升级版。国际大循环或国内大循环和国际大循环相互促进，也是跟我国改革开放后提出的进一步扩大开放、提升开放型经济的水平相关的。"一带一路"就是体现落实国际大循环的一个重要的总抓手，是国际大循环内涵的体现。所以国内国际双循环相互促进与我们一直倡导的要利用两个市场、

---

[*] 高国力，国家发展改革委国土开发与地区经济研究所所长、研究员、博士生导师。主要从事区域经济发展的相关理论和政策研究，研究领域涉及开发园区、土地管理、区域规划等。参加和主持国家科技攻关课题、国家自然科学基金课题、国家软科学基金课题及国家各部委、地方各级政府委托的重大课题和项目数十项，先后出版《区域经济不平衡发展论》多部著作，并在《宏观经济研究》等国内外刊物上公开发表论文数十篇。

两种资源，要实现内需和外需的互相支撑、互相推动等，都是相关的、相承的。

我们一方面要理性地认识国内国际双循环的一脉相承和与时俱进，同时要明确基于2021年进入"十四五"时期，也就是进入新发展阶段之后，新发展格局丰富的内涵。

第一，通过构建中小微循环网络体系，支撑构建双循环新发展格局。中央一再强调，不是各地方都搞自己小而全、自我封闭、自我循环的新发展格局。新发展格局从全国来看是整体，各地方要服务或融入国家层面大循环的构建、国家层面新发展格局的构建。我借用中小微企业的说法，提出一个中小微循环的网络体系的构建，来支撑双循环新发展格局的构建。

中型的循环，可以概括为打通区域和城乡之间的循环网络。在新发展格局的构建中，如何进一步顺畅、提质增效，让城乡和区域间的循环网络体系能够进一步地该加密的加密，该衔接的衔接，该增效的增效，真正让大国的城乡和区域之间能够进一步顺畅，避免出现"梗阻"现象。

小型的循环网络，可以概括为行业和产业之间网络通道的构建。包括一产、二产和三产之间，也包括一产内的种植业和农产品加工业，二产内的主导行业和其他的支柱行业、关联行业等，也包括制造业和服务业，相互之间如何进一步围绕产业链的上游、中游和下游，围绕供应链从原材料到中间产品到零部件到元器件到最终产品进一步打通，特别是消除制度性的隐性交易成本，让循环网络体系能真正取得实效，这是支撑新发展格局非常核心的环节。

微型循环网络，可以理解为企业和产品层面的循环通道或循环网络体系的构建。包括头部企业和与它关联配套的中小微企业之间，包括企业从生产车间到物流车间到仓储到分拨到配送，怎么能够顺畅、高效打通,还包括微笑曲线,从事研发环节的车间或领域或链条,与制造部门、后续的营销环节如何进一步地打通,真正让微型循环体系也能够流动快起来、成本降下来,真正成为支撑新发展格局的活力和细胞所在。

国内国际大循环的新发展格局最终还是要靠国家不同地方的灵活多样的、高效的中小微循环体系的构建、探索和支撑,才能够真正形成。

第二,因地制宜定位自身循环网络体系,支撑国家层面新发展格局的构建。现在国家层面提的是以国内大循环为主体、国内国际双循环相互促进。中国内需市场非常有潜力,我们有4亿的中产群体,特别是新型城镇化过程中还有几亿农村人口要进城,背后蕴含的投资需求和消费需求很大,所以从国家层面来讲,以国内大循环为主体是非常有战略前瞻性的。但是具体到国家不同的地方,特别是不同的省市县,由于经济社会发展水平不同,人口规模、国土空间范围不同,蕴含的投资和消费需求也大不相同,所以不同的地方应该因地制宜地确定自身的内外循环体系所处的主体地位,因地制宜地准确判断自己循环网络体系的优先级和轻重级,以共同支撑国家层面新发展格局的构建。例如粤港澳大湾区、长三角地区这样的已经比较发达的地方,要进一步打通和周边、国内其他地方特别是中西部内陆的通道网络循环,而打通与国外其他板块的循环网络,显得更为迫切、更为重要,如此才能带动我们内部的经济快速发展。

2. 党的十九届五中全会提出要构建国土空间开发保护的新格局

构建国土空间开发保护的新格局对于中国这样的人口和国土面积大国来讲尤为关键。粤港澳大湾区或者其他很多重要板块的发展,必须首先考虑国家生态环境相对脆弱、敏感,资源相对短缺、紧张的基本国情,要把整个国土空间里的两大类空间的底线、红线牢牢把握住,划牢落地。

第一个是农业空间。要集约高效,坚决守住18亿亩耕地的红线,要解决 14 亿人口吃饭的问题,要把饭碗牢牢端在我们自己手里,特别是永久性保护农田。当然不同的地方规模不一样,在全国农业生产中的地位不一样,但是都应该有这种意识和理念,这是我国新发展格局也好,下一步现代化建设也好,要牢牢把握的第一个国土空间保护的底线。

第二个是生态空间。如果不把生态空间维护好、保护好,那整个现代化建设就缺少永续发展的保障。所以对于我们划定的生态红线,特别是国家层面 25 个重要的生态功能区,一定要真正地降低它们的开发强度,疏解它们内部超载的人口、产业和功能,真正提升它们生产生态产品和生态服务的能力,真正为我们国家的绿色发展提供长远的保障,实际上这也是保障现代化建设的一项很重要的支撑。

第三个是城市化空间。国土空间最终要靠城市化空间的高质量、高品质、高竞争力来体现现代化进程的主动力和主引擎。城市化空间,特别是像粤港澳大湾区这样的地方,作为城市化空间很重要的国家战略区,应该把城镇增长的边界划定划牢,不能轻易突破,在存量空间上要进行转型、提质增效、升级。

二 对粤港澳大湾区的认识和思考

1. 要打造粤港澳大湾区世界级的产业集群,这是强化粤港澳大湾区战略引领的核心和关键

粤港澳大湾区要建设世界一流的湾区经济,如果没有世界级的有国际竞争力的产业集群做动态的更新、优化、升级来支撑,很难成功。要重视产业链的安全,防止断裂,防止"卡脖子"技术大面积蔓延,特别是在强调引进国内国际大型跨国企业的同时,一定要考虑带动粤港澳大湾区内部自身关联配套产业企业的崛起和聚集。要形成一种根植性的或嵌入式的产业体系和网络,要避免形成产业"孤岛"或企业"飞

地"，防止世界级产业集群建设走不稳、走不远。

要认真梳理粤港澳大湾区中哪些是全球性的产业链，并通过国际大循环把它保障支撑起来；哪些是区域性产业链，并通过国内大循环把它建立畅通起来。到这个阶段不能再笼统地提产业链、产业集群发展，一定要下沉几个层次，要做产业、行业、产品、技术、工艺的落地下沉和细分。

要考虑粤港澳大湾区里的不同城市的特色，要在着力打造自己的产业地标和产业业标上下功夫、探索。产业地标比较好理解，如北京的产业地标就是中关村，上海的就是张江，深圳的就是以华为为中心聚集的粤海街道。产业业标也尤为关键，一个城市必须有自己叫得响的、有品牌的、有竞争力的行业、企业或业态，比如一说深圳，就想到华为。粤港澳大湾区更多的城市要有自己叫得响的产业业标，为世界级产业集群打下根基。

2. 粤港澳大湾区要建设现代化的、国际化的都市圈，一定要走在前面，要做先行先试的样板

"十四五"期间，国家的战略将从城市群转向都市圈，都市圈是城市群的空间再聚焦，也可以视为城市群的升级版。都市圈的发展可以进一步划分为四个圈：轨道交通圈、就业通勤圈、产业协作圈和品质生活圈。围绕这四个圈，粤港澳大湾区可以超前谋划、布局、储备相关的重大项目，可以及时与国家层面的政策和规划进行对接，进一步使都市圈这个新业态能够在粤港澳大湾区先行、落到实处。现在粤港澳大湾区已经形成的除香港、澳门之外，还有广佛肇、深莞惠、珠中江几大板块，要推动现代化、国际化的都市圈真正走向完善，特别是使都市圈内基础设施和公共服务进一步畅通、聚焦，打造宜居宜业宜游的功能区，这些都是值得思考的。建设都市圈是粤港澳大湾区提升实力的先行之举，是聚集高端产业、人口、业态的一个重要保障。

同时还要打通都市圈和周边地区之间、都市圈和更远的地区之间的联通。在通道上、产业链上，在一些要素和资源配置的机制上、模式上、路径上，要进一步多元化、灵活化。这样做最大的好处就是为粤港澳大湾区提供源源不断的腹地、用地和市场空间支撑，这是能够让粤港澳大湾区在全国有活力、有空间、有动力的一个很重要的保障。所以，未来特别是在双循环的新发展格局中，对中西部内陆空间的抢夺会加剧，现在已经开始了抢人大战，下一步对市场空间的争夺也会进入更加激烈的阶段。

（本文根据2020年11月27日"新发展格局与粤港澳大湾区建设——2020年度粤港澳大湾区发展广州智库论坛"上的发言整理而成）

粤港澳大湾区建设的新阶段、新理念和新格局

杨宜勇[*]

一 粤港澳大湾区建设的新阶段

什么是新阶段？2016年1月，广东省委、省政府把大湾区建设写入省政府工作报告。转眼四年过去了，粤港澳大湾区建设第一阶段需要总结一下：过去的阶段取得了哪些成绩？还留有哪些遗憾？存在哪些不足？我们怎样使1.0版升级到2.0版？另外，国内有一些湾区也在突飞猛进，如果我们不总结经验，可能人家就赶在我们的前头。比如要思考：大湾区和珠三角是什么关系？珠三角人口5600万，大湾区人口7000万，粤港澳大湾区是以珠江的东江、西江、北江三条水系为核心，把肇庆也纳入进来。所以我们一定要总结第一阶段的成绩，提升第二阶段大湾区建设的标准，要给国内其他湾区重要的实践提供可以借鉴、可以复制的经验，不能仅仅找中央要政策，政策都是不可复制的。我们到底有哪些制度创新，还应该有哪些制度创新，这是我们要深刻总结的。

---

[*] 杨宜勇，经济学博士，现任国家发展和改革委员会宏观经济研究院社会发展研究所所长、高级研究员、国家发改委高级职称评定委员会委员。入选国家有突出贡献中青年专家，是百千万人才工程国家级人选，享受国务院政府特殊津贴。主要研究领域为宏观经济、社会治理、社会政策、文化旅游、医疗卫生、养老服务和工程咨询等。

大湾区建设最后能够成功就是合作大于竞争，如果还是一味地恶性竞争，或者竞争大于合作，我认为大湾区的体制机制的建设，恐怕还有进一步改进的空间。所以说要转变意识，不能老在低水平的第一阶段徘徊或停滞不前。

二 粤港澳大湾区建设的新理念

粤港澳大湾区的建设要贯彻新发展理念，也就是习近平总书记说的创新、协调、绿色、开放、共享理念。比如说泸州市做完"十三五"规划之后，又在"十三五"规划之上做泸州的创新发展规划、协调发展规划、绿色发展规划、开放发展规划、共享发展规划。因为"十三五"规划制定后，还要紧扣习近平总书记的五大发展理念，把这个作为全民总动员的抓手，让泸州的"十三五"规划再充分地落地。

所以我认为粤港澳大湾区的建设现在有一个总体规划，还比较笼统，要细化出五个规划，如大湾区创新发展规划、大湾区协调发展规划等。大湾区的建设与珠三角建设、粤港澳三地合作建设相比，在体制机制协调方面必须有一个深化，要"新瓶装新酒"。比如，现在发展这么快，最高层的协调机制是一个季度至少开一次会；省有大湾区办，香港、澳门有大湾区办，可以把各区的大湾区办的对外联络处放在前海，天天能有实质性的沟通。再比如，大湾区的绿色发展，比如水系、生态、环境保护、填海、发展海洋经济等问题，都需要协调。此外，关于大湾区的开放，怎么利用好香港、澳门？传统的开放渠道怎么再努力开发深圳、广州新的开放渠道？最后，大湾区能不能成功就在于能不能共享发展成果。未来大湾区的发展不能另搞一套，必须是扎扎实实全面贯彻新发展理念。

三 粤港澳大湾区建设的新格局

我们两年前就提出，高质量发展是主题，供给侧结构性改革是主线，2020年5月习近平总书记提出新发展格局之后，进入"十四五"时期，要更加坚守高质量发展这个主题，坚守供给侧结构性改革这条主线。新发展格局与高质量发展和供给侧改革是高度契合的。

所以说下一步，在新发展格局下的粤港澳大湾区的建设，要关注怎么实现高质量发展，包括经济的高质量发展和社会的高质量发展，特别是供给侧结构性改革，产业链、资金链、人才链、技术链"四链"融合的问题。

比如十几年前澳门就率先提出实行十五年的义务教育，此时香港就很被动，香港还是十二年义务教育，最后香港在教育方面是学澳门的。现在内地还是九年义务教育，那我们怎么处理好十二年和十五年义务教育的关系，这值得思考。

粤港澳大湾区的建设涉及三地，可能要在体制机制方面学习借鉴欧盟的经验。比如四大自由流通，但是我们是不对等的；比如香港和澳门的居民可以自由到内地就业，但内地的居民不能自由去香港就业；资金的流动也是，香港的资金流进来很容易，我们的钱要流出去很难。四大自由流通，首先要对等，对等很重要。

粤港澳大湾区的建设从经济学原理上来说，就是降低制度成本，扩大要素资源配置的范围，进而扩大生产可能性的边界。粤港澳大湾区的建设要学习东京湾区、纽约湾区和旧金山湾区建设的经验，但是在四个湾区里我们的人均GDP为2.3万美元，是最低的，东京湾4.5万美元，纽约湾9万美元，旧金山湾12万美元。粤港澳大湾区的城市里，在人均GDP方面，最高的香港是最低的江门的5倍。内部差距这么大，我们怎么站在一条起跑线上进行大湾区的建设？有关的宣传片中提到动力、合力、活力、魅力、实力，但是有作用力就有反作用力，有动力就有阻力，有合力就有离散力，最后都是要正面的力量大于负面的力量才能够取得成功，所以我们要看到前景，看到机遇，也要看清挑战，要找到解决挑战的办法。

在粤港澳大湾区协同创新中，我认为体制创新、制度创新比技术创新更重要。制度不创新，技术很难创新。标准引领也很重要，大湾区的建设，很多就是没有标准意识。高标准发展体系很好，比如 ISO，现在是日本的企业建立了数字企业认证的标准，是不是像 BAT、PMD 这样的企业和其他数字企业都用 ISO 来认证？养老服务业也是，现在是英国人在主导养老服务产业的标准。所以说大湾区要有国际标准意识，有这个能力、有这个意识，就可以在 ISO 上申请一个标准委员会，真正去打造标准，用标准来引领各种平台的建设。

（本文根据 2020 年 11 月 27 日"新发展格局与粤港澳大湾区建设——2020 年度粤港澳大湾区发展广州智库论坛"上的发言整理而成）

广州城市品质提升与城市产业转型

胡 军[*]

广州作为我国国家中心城市以及改革开放的先行地和排头兵，未来要想加快实现老城市新活力、"四个出新出彩"，必须主动适应"双循环"新发展格局，走出一条依靠国内市场需求拉动、建立新的产业体系和形成创新能力的路径。

广州经济社会已进入高质量发展新阶段，处在爬坡过坎的关键时期。在新的宏观背景和发展形势下，站在国家中心城市的战略高度，充分发挥粤港澳大湾区发展极核与综合性门户城市的引领作用，推进城市品质和产业转型同频共振，构建现代化产业体系，是广州在"双循环"新发展格局下育先机的现实选择。

一 以激发实体经济创新和提升"亩均绩效"作为导向，推动城市品质更新

1. 围绕实体经济提质增效部署创新链，建设自主可控的立体化现代产业体系

制造业是落实国家创新战略的核心领域，必须把发展实体经济作为

---

[*] 胡军，暨南大学原校长，教授、博士生导师，粤港澳大湾区发展广州智库学术委员会主任。兼任中国产业经济研究会副会长、中国企业管理研究会副理事长、广东省高校价值工程研究会会长、广东省中青年经济研究会副会长、广东省政府经济发展研究中心特约研究员、广州市政府经济发展顾问、暨南大学产业经济研究所所长、国家重点学科——产业经济学学科带头人。广东省"千百十"学术带头人，享受国务院特殊贡献专家津贴。主要研究领域为产业经济与产业组织、企业文化与跨文化管理。

提升城市竞争力的重要着力点。广州在建设国际科技创新枢纽过程中，应更加重视制造业的发展，甚至有必要在中长期规划中就制造业增加值的比重，明确提出"底线目标要求"。

要牢牢把握创新驱动这个国内大循环的核心动力源，盯住关键核心技术进行攻关，积极打造世界级产业链的核心链，提高产业链、供应链的稳定性和竞争力，增强"广州制造"在全球价值链中的话语权，争取产业标准制定权、产业链的治理权，打造高端工业互联网发展平台，重视产业创新与制度创新。

构建涵盖本地、区域和全球的多层次、立体化的产业链体系，实现关键核心技术自主可控，支撑国家中心城市建设以及经济高质量发展。创新的主攻方向应该主要是技术积累而不仅是商业模式，要突出关键共性技术、前沿引领技术、现代工程技术、颠覆性技术创新，形成一批并跑、领跑的原始创新成果，抢占全国乃至全球的创新制高点。

2. 通过"亩均绩效"指标，引导要素配置体制性障碍的深度矫正

推进城市功能和产业转型同频共振的本质就在于，平衡资源保护与经济增长之间的关系。城市经济活动均以土地为载体，城市品质更新最终要落实在土地的高效利用上。推动广州以提升"亩均绩效"为导向优化城市产业空间的利用，科学控制用地规模，构建清晰可执行的"亩均效益"指标体系和评价管理机制，引导产业转型升级，促进经济集约式发展，优化用地结构，以土地高效集约利用为关键点，释放更大的城市空间，焕发城市活力。

二 以城市更新和功能疏解促进城市功能品质提升做优，推动产业新旧动能转换

1. 通过城市更新提升城市能级

完善常态化城市更新工作体系，推动城市更新与城市功能升级有机

结合。用足用好国家、省、市"三旧"改造和城市更新政策，把旧城改造与危破房改造、小区整治和青山绿地工程相结合，通过"拆违复绿""拆危建绿""拆墙透绿"等形式提升城市形象和品质。重点推进城中村整村改造和片区改造开发，稳步推进老旧小区、城中村改造，微更新，不断提升城市形象。

2. 从推进产业转型升级角度，厘清需强化和疏解的城市功能清单，有序调整非核心功能存量

前者主要指对国家中心城市功能具有不可或缺的支撑作用、具有广州特色的创新型经济，后者主要包括不符合广州国家中心城市功能定位的被严重弱化的区域性专业批发市场、物流基地等。引导非核心功能包含的环节有序地向周边地区进行转移，逐步减少一般性生活服务业超额部分的供给量，有序调整中心城区的冗余城市功能存量。打好高低端产业置换和接替的"时间差"，综合施策，推动产业链在区域间的合理布局与协同，在更高层次上导入新的资源要素，从而推动产业要素合理分配，完善产业内大循环体系。

对中心城区置换出来的空间，要加大高端服务业和新业态与新模式的导入，提升创新能力和发展能级。对郊区释放出来的空间，要着眼未来产业发展导向，系统性导入战略性新兴产业、先进制造业、功能性服务业等，实现郊区和中心城区的联动升级，建设具有国际竞争力的都市圈现代产业体系和产供销融合对接产业链。在城市功能和产业疏聚过程中，注重软件方面的功能调整和综合提升，加强政策和制度创新，在土地利用、容积率调整、新兴产业培育等方面加大支持力度。

（本文根据2020年11月27日"新发展格局与粤港澳大湾区建设——2020年度粤港澳大湾区发展广州智库论坛"上的发言整理而成）

开展数字创新　建设城市大脑　赋能城市发展

张振刚[*]

一　广州应实施数字经济创新战略

科技革命浪潮滚滚而来，我们正处于一个伟大的数字经济时代的开端，如果说前三次工业革命是人去学习和适应机器，那么由于网络化、智能化、数字化技术的驱动，第四次工业革命将是机器适应人的时代，以算法、算力和数据为基础的数字创新将会催生新的场景、新的产业、新的模式、新的业态。

2020年3月30日，中共中央、国务院发布的《中共中央 国务院关于构建更加完善的要素市场化配置体制机制的意见》指出，要"加快培育数据要素市场""推进政府数据开放共享""提升社会数据资源价值""加强数据资源整合和安全保护"。2020年是数字经济元年，数据将作为比肩土地、劳动力、技术、资本的第五生产要素，在经济发展中发挥极其重要的作用。

---

[*] 张振刚，华南理工大学工商管理学院教授，博士生导师。兼任广东省社会科学界联合会副主席、中国学位与研究生教育学会学术委员会委员、广东省软科学研究会理事长、广东省人民政府决策咨询委员会专家委员会委员、广州市新型城市化发展决策咨询专家委员会委员、广东省人民政府发展研究中心特约研究员、国际知识与系统科学协会（ISKSS）会员、中文社会科学引文索引数据库（CSSCI）评审专家、《中国科技论坛》《科技进步与对策》编委等职。主要研究领域为系统决策、技术创新、发展战略、企业管理等。

广州市政府于2020年4月2日发布了《广州市加快打造数字经济创新引领型城市的若干措施》，并在广州市中心城区划出了81平方公里土地，作为人工智能和数字经济试验区。这意味着在若干年以后，这里将可能会成为一个动力澎湃的新经济增长极。

数字经济创新战略的实施，首先要解决数字化治理问题。如果说以前政府的数据共享还是一个难解的题，那么现在安全多方计算技术正在趋于成熟，一方拥有的秘密输入数据不会泄露给另一方，但另一方可以获得所设计的算法运算的结果，这将使得政府数据的适度开放成为可能。广州市正在积极推进数据开放的工作。例如，今后企业需要开展具体项目的征信活动，通过建立一个安全多方算法模型就可以获得结果，而不需要获得具体的数据。

二 以数字创新赋能产业高质量发展

在智能化、网络化和数字化时代，经济和社会将会以更加高质量的形态发展。在数字化、智能化、网络化加速发展的时代，主要体现为三个特点。第一，广连接。广东在2022年将全面实现IPV6网络连接，从理论上说，IPV6网络将会使得世界上每一粒沙子都拥有IP地址。第二，大数据。工业大数据和商业大数据将呈现爆炸式增长态势，数据渗透到价值链的各个环节和产品的全生命周期中。第三，高集成。一是纵向集成，企业内部研发、采购、生产、服务、财务等所有环节实现无缝衔接，产品的全生命周期管理实现智慧化管理。二是横向集成，价值链上的企业之间综合集成。比如广州狮岭皮具产业集群内部，企业之间签订了1000多个数据接口协议，使得企业之间的数据顺畅流动成为可能，数据赋能极大地推动了产业集群的共生发展。三是端到端集成，大数据赋能制造端、服务端、客户端的有效联通，使得"制造＋服务"成为可能。例如，广州已经成为全世界定制化家居业发展水平最高的城市之一，被联合国工业发展组织授予首批"全球定制之都"称号。由于工业互联网和消费互联网的支撑，通过企业数字化转型升级，三家著名的定制化家居产业的头部企业已经成为平台型企业，建立了协同发展的定制化家居产业生态。数据赋能、高效协同使得尚品宅配的 2.0 智能化定制家居一次配齐、一站配齐、一屋配齐、一生配齐、最短在 22 个工作日完成交钥匙工程成为可能。

云计算、大数据、物联网和人工智能，还将赋能场景研究，促进产业发展。广州正在推进 100 个场景开发试点项目，探索新兴产业的发展新模式。场景实验将为新兴技术的产业化、市场化、商业化、大规模化推广提供一个基础性的验证和预见。

三 打造世界级智慧城市大脑，促进城市治理能力提升和服务水平提高

2019 年中央经济工作会议指出，要构建全国高质量发展的新动力源，打造世界级创新平台和增长极。世界级创新平台和世界级增长极，承载了一个伟大时代最先进的生产关系和生产力，将汇聚高端要素，引领科技创新，推动产业发展。因此，需要建立先进的智慧城市大脑，提高城市的综合治理能力与精准化、多元化的服务水平，为世界级创新平台赋能。

通过智慧城市大脑建设，增强城市的综合治理能力。广州已经成立了政务服务数据管理局，统筹、规划、促进城市大脑的数据融通。建设智慧城市大脑，要打造数字孪生城市，通过传感器联通虚拟空间与实体空间，实时呈现城市的运行状态，准确预测城市发展趋势，辅助决策资源的科学高效配置，提高城市的安全和应急治理能力。

通过智慧城市大脑建设，构建城市准确化、精细化和丰富化服务体系，增强城市的综合服务水平，从而建设生活、生产、生态协调发展，

创新、创业和创造条件优越，共创、共生、共赢环境良好的城市发展生态，使得城市更加丰富、高效、便捷、安全、绿色环保。

通过智慧城市大脑的建设，将营造良好环境，促进广州实现老城市新活力，实现"四个出新出彩"，吸引高端人才汇聚广州，吸收高端创新资源汇聚广州港，将把广州建设成为创新之城、开放之城、活力之城、智慧之城、场景之城、宜居之城，全方位地为广州高质量发展赋能。

（本文根据 2020 年 11 月 27 日"新发展格局与粤港澳大湾区建设——2020 年度粤港澳大湾区发展广州智库论坛"上的发言整理而成）

粤港澳大湾区发展广州智库

粤港澳大湾区发展广州智库，是由中共广州市委宣传部、广州市社会科学界联合会和华南理工大学联合共建，以全面贯彻习近平总书记亲自谋划、亲自部署、亲自推动的建设粤港澳大湾区国家战略部署为使命，以推动粤港澳大湾区发展为目标，围绕广州发挥粤港澳大湾区核心增长极作用，开展前瞻性、战略性、系统性研究的新型高端智库。

智库依托华南理工大学广州市金融服务创新与风险管理研究基地、粤港澳大湾区规划创新研究中心、暨南大学广州南沙自由贸易试验区研究基地、粤港澳大湾区经济发展研究中心、广东外语外贸大学广州国际商贸中心研究基地等多家广州市人文社科重点研究基地，以服务党和政府决策为宗旨，以推动咨政育人、打造高端平台和推动粤港澳大湾区发展为主要功能，创建强强联合、优势互补、开放合作、深度融合的协同机制，通过跨境、跨地区、跨部门、跨体制聚合优势研究资源，实现各类优质智库要素集聚，是中共广州市委宣传部、广州市社会科学界联合会、华南理工大学建设开放、协同、联合、高效的智库综合体的重要探索，是广州特色新型智库在运行机制、科研机制和管理机制等模式上的重大创新。

粤港澳大湾区发展广州智库将进一步增强咨政研究活力，提高研究质量，提升协同研究能力，更好地服务于广州对接国家发展战略，力争建设成为特色鲜明、实力雄厚、影响广泛的新型高端智库，成为粤港澳大湾区研究有核心竞争力的权威智库，为粤港澳大湾区协调发展提供智力支持。

图书在版编目(CIP)数据

粤港澳大湾区建设与广州发展报告. 2020 / 麦均洪主编. -- 北京：社会科学文献出版社，2023.7
ISBN 978 - 7 - 5201 - 9006 - 0

Ⅰ.①粤… Ⅱ.①麦… Ⅲ.①城市群 - 区域经济发展 - 研究报告 - 广东、香港、澳门 - 2020 Ⅳ.①F299.276.5

中国国家版本馆 CIP 数据核字（2023）第 109655 号

粤港澳大湾区建设与广州发展报告（2020）

主　　编 / 麦均洪

出 版 人 / 王利民
责任编辑 / 周　琼
文稿编辑 / 李月明
责任印制 / 王京美

出　　版 / 社会科学文献出版社·政法传媒分社（010）59367126
　　　　　　地址：北京市北三环中路甲29号院华龙大厦　邮编：100029
　　　　　　网址：www.ssap.com.cn

发　　行 / 社会科学文献出版社（010）59367028
印　　装 / 三河市龙林印务有限公司

规　　格 / 开　本：787mm × 1092mm　1/16
　　　　　　印　张：16.75　字　数：219千字
版　　次 / 2023年7月第1版　2023年7月第1次印刷
书　　号 / ISBN 978 - 7 - 5201 - 9006 - 0
定　　价 / 118.00元

读者服务电话：4008918866

版权所有 翻印必究